Basiswissen
Software-Projektmanagement

Prof. Dr. Bernd Hindel studierte in Erlangen und Green Bay (USA) Informatik. Nach der Promotion am Lehrstuhl für Programmiersprachen der Universität Erlangen wechselte er in den Bereich Zentrale Forschung und Entwicklung der Siemens AG in Erlangen. Von 1995 bis 2001 war er Mitglied der Geschäftsleitung eines mittelständischen Software-Hauses und ist seit Anfang 2001 Vorstand der method park Software AG. Er ist Mitglied in nationalen und internationalen Gremien zum Thema Software-Qualität, wissenschaftlicher Direktor des iSQI (International Software Quality Institute) und Gastdozent an der Universität Erlangen-Nürnberg.
bernd.hindel@methodpark.de · www.methodpark.de

Dr. Klaus Hörmann ist Expert Consultant bei der Q-Labs Software Engineering GmbH und berät namhafte Unternehmen bei der Prozessverbesserung, schwerpunktmäßig in der Automobilindustrie. Zuvor war er Berater am Fraunhofer Institut für Experimentelles Software Engineering (IESE) in Kaiserslautern, leitete dort das Kompetenzzentrum für Softwaretechnologie und Weiterbildung und hatte die Geschäftsführung der Softwaretechnologieinitiative (STI e.V.) inne. Er studierte Wirtschaftsingenieurwesen in Karlsruhe und promovierte dort in Informatik. Er ist außerdem ISO 15504 (SPICE) Lead Assessor, Trainer und Coach für SPICE Assessoren, autorisierter Trainer für CMMI und hat die Ausbildung zum SCAMPI Lead Appraiser durchlaufen.
k.hoermann@dr-hoermann.com · www.dr-hoermann.com

Dipl.-Ing. (FH) Markus Müller studierte Elektrotechnik in Kaiserslautern und an der University of East London sowie Software (SW) Engineering an der Fernuni Hagen. Seit 1994 ist er in führenden Unternehmen in SW-Projekten als Berater, Team- und Projektleiter tätig. Seit 2001 arbeitet er bei Q-Labs als Senior Projekt- und Key Account Manager in der Automobilbranche. Er ist »Project Management (PM) Professional« gemäß PMI-Zertifizierung. Als Bootstrap und SPICE Lead Assessor hat er über 25 Assessments und mehrere Verbesserungsprogramme geleitet. Weiter hält er seit mehreren Jahren Seminare für SW-PM und bildet sehr erfolgreich ISO 15504 (SPICE) Assessoren aus.
markus.mueller@q-labs.de · www.q-labs.com

Dr. Jürgen Schmied studierte und promovierte an der Universität Würzburg im Fach Informatik. Danach war er zunächst als Berater für Software-Engineering-Themen tätig. Seit 2001 leitet er als Vorstand der method park Software AG den Bereich Training und Consulting. Er tritt als Referent bei internationalen Fachtagungen und Seminaren zu den Themen Software Process Improvement und Software-Projektmanagement auf und organisiert beim iSQI die Arbeitsgruppe, die für den Lehrplan und die Akkreditierungen des »iSQI Certified Project Manager« zuständig ist. An der Universität Würzburg hält er Vorlesungen zum Thema »Management im Software Engineering«. Weiter ist er Mitglied in verschiedenen Gremien, u.a. im Programmkomitee der InterPM (Konferenz zur Zukunft im Projektmanagement).
juergen.schmied@methodpark.de · www.methodpark.de

Bernd Hindel · Klaus Hörmann · Markus Müller · Jürgen Schmied

Basiswissen Software-Projektmanagement

Aus- und Weiterbildung zum Certified Project Manager

nach iSQI-Standard

 dpunkt.verlag

Mehr über die Autoren, Musterlösungen der im Buch gestellten Übungsaufgaben
sowie Seminartermine der Autoren finden Sie unter
www.software-projectmanager.de

Fachliche Beratung und Herausgabe von dpunkt.büchern im Bereich Wirtschaftsinformatik:
Prof. Dr. Heidi Heilmann · Heidi.Heilmann@t-online.de

Lektorat: Christa Preisendanz
Copy-Editing: Ursula Zimpfer, Herrenberg
Herstellung: Birgit Bäuerlein
Umschlaggestaltung: Helmut Kraus, Düsseldorf
Druck und Bindung: Koninklijke Wöhrmann B.V., Zutphen, Niederlande

Bibliografische Information Der Deutschen Bibliothek
Die Deutsche Bibliothek verzeichnet diese Publikation in der Deutschen Nationalbibliografie;
detaillierte bibliografische Daten sind im Internet über <http://dnb.ddb.de> abrufbar.

ISBN 3-89864-230-5

1. Auflage 2004
Copyright © 2004 dpunkt.verlag GmbH
Ringstraße 19 b
69115 Heidelberg

5 4 3 2 1 0

Vorwort

Die Erfahrungen aus unserer Arbeit im iSQI [iSQI] zeigen: Obwohl Standards, Konferenzen und Seminare zum Projektmanagement existieren, sind und bleiben Software-Entwicklungsprojekte schwierig. Projektmanagement – angepasst an die spezifischen Eigenheiten und Randbedingungen der modernen und innovativen Softwarebranche – ist dringend notwendig, um Projekte und damit natürlich auch die Unternehmen zum Erfolg zu führen. Dies wird immer wichtiger, denn in immer mehr Produkten ist immer mehr Software enthalten (siehe auch Kapitel 1). Deshalb verwundert es kaum, dass gerade das Thema Software-Projektmanagement von der Industrie stark nachgefragt wird, umso mehr überrascht es, dass es bislang zum Thema Software-Projektmanagement noch keine Standards gab. Aus dieser Situation heraus entstand 2002 beim ASQF [ASQF] ein Arbeitskreis, in dem zusammen mit Vertretern aus verschiedenen Unternehmen ein Lehrplan für das Thema Software-Projektmanagement erarbeitet wurde, der die Grundlage für dieses Buch ist. Seit 2004 führt das iSQI diese Arbeit fort.

Probleme in Software-Entwicklungsprojekten lassen sich aber auch aus der Assessment-Erfahrung der Autoren aufzeigen: Von den so genannten »reifen« Prozessen, wie sie von »maturity models« wie CMM, CMMI oder SPICE (siehe Kapitel 11) gefordert werden, sind leider viel zu viele Unternehmen weit entfernt, nicht nur im Projektmanagement! Und eines ist sicher: Projektmanagement ist ein grundlegender Prozess, auf dem alle anderen Prozesse aufbauen! Der Projektmanagementprozess plant und steuert die anderen Prozesse. Und so kann dieses Buch – im Sinne von Prozessverbesserung – auch als Anstoß gesehen werden, sich selbst im Projektmanagement zu verbessern oder Impulse für Verbesserungen im eigenen Unternehmen aufzunehmen. Gerade im letzteren Fall sind es eher die vielen kleinen Verbesserungen, die ein Unternehmen weiterbringen, als der große Umbruch (»big bang«). Iteratives Vorgehen ist heute nicht nur ein Schlagwort bei der Softwareentwicklung, sondern auch bei der Prozessdefinition. Greifen Sie sich daher die für Sie wichtigsten Punkte aus diesem Buch heraus und führen Sie sie schrittweise in Ihrem Unternehmen ein!

Aber eines wird mit Sicherheit auch trotz dieses Buches in Zukunft so bleiben: Projekte sind und bleiben schwierig, und es wird auch weiterhin Probleme geben, aber das liegt in der Natur der Sache. Denn Projekte ohne Risiken (und damit letztlich auch mit eher wenigen Problemen) gibt es eigentlich gar nicht. Und so bleibt uns nur zu hoffen, dass wir Ihnen die eine oder andere wertvolle Hilfestellung an die Hand geben können, und dass Ihre Projekte mittels systematischen Projektmanagements erfolgreich ins Ziel geführt werden!

Unser Dank gebührt allen, die uns aktiv oder in Form von Reviews bei der Erstellung des Buches unterstützt haben. Ganz besonders möchten wir die Kollegen erwähnen, die bereits bei der Entwicklung des Lehrplans zum iSQI Certified Project Manager aktiv mitgewirkt haben. Unser Dank gilt daher vor allem Frau Hartmann (method park Software AG), Frau Deinbeck (q.punkt), Herrn Hodina (Lutz & Grub) und Herrn Frick (Frick & Partner). Darüber hinaus danken wir den Kolleginnen und Kollegen unserer Firmen Q-Labs und method park, die in zahlreichen fruchtbaren Diskussionen zum Gelingen dieses Buches beigetragen haben. Für ihre konstruktiven Anregungen bedanken wir uns zudem bei Frau Prof. Heilmann.

Viel Erfolg in Ihren Softwareprojekten wünscht Ihnen
Ihr Autorenteam

Bernd Hindel, Klaus Hörmann, Markus Müller und Jürgen Schmied
Erlangen, Stuttgart
April 2004

Geleitwort

Was macht den Erfolg eines Personalzertifizierungsprogramms, wie dem iSQI® Certified Project Manager aus? Was sind seine Besonderheiten im dichten Dschungel von anderen so genannten »Certified«-Schulungen?

Allen voran ist »Unabhängigkeit« das allerwichtigste Kriterium. Dazu ist eine Rollenteilung notwendig. Eine unabhängige Organisation mit einem guten Ruf, die die Inhalte betreut, deren Weiterentwicklung organisiert und die Zertifizierungen abnimmt, auf der einen Seite, und Firmen, die sich akkreditieren lassen, um Schulungen nach einem vorgegebenen Lehrplan durchzuführen, auf der anderen Seite. Dadurch ist sichergestellt, dass die Prüfungen tatsächlich neutral und unabhängig durchgeführt werden und Zertifikate eben nicht einfach gekauft werden können oder gleich mit einer Schulung »mitgeliefert« werden.

Als zweites Kriterium ist »Transparenz« nicht nur ein Erfolgsfaktor, sondern eine Voraussetzung. Jederzeit muss klar sein, welche Organisation welche Rolle hat, welche Personen für was verantwortlich sind, welche Voraussetzungen für die Zulassung als Ausbildungsunternehmen notwendig sind, welche Themenbereiche in Prüfungen abgefragt werden, wer die Auswertung übernimmt – und natürlich welche Kosten hier entstehen.

»Professionalität« und »Akzeptanz in der Wirtschaft« sind die nächsten beiden Faktoren, die wesentlich auf den Erfolg eines Zertifizierungsprogramms Einfluss haben. Professionalität bei den Inhalten kann am besten erreicht werden, indem die Gruppe, die den Inhalt des Lehrplans und der Prüfungen erstellt, inhaltlich hochkarätig, jedoch heterogen in ihrer Zusammensetzung aufgebaut wird. So wird eine Ausbildung oder Prüfung, die nur von einem »Fachmann« erstellt und vermarktet wird, nie so erfolgreich sein, wie wenn eine Gruppe von Spezialisten aus Industrie, Forschung und Serviceanbietern sich dieser

Aufgabe annimmt und in einem Prozess Lehrplan und Prüfungen ent-
wirft. Die Akzeptanz in der Wirtschaft wird damit auch gleich deutlich
erhöht, wenn in dieser Gruppe die Firmen vertreten sind, die in ihren
Unternehmen Personal mit den Kenntnissen benötigen, die durch die
Prüfungen abgefragt werden. Ursprünglich vom ASQF begonnen, hat
das iSQI sein Personalzertifizierungsprogramm erst auf Anregungen
von Mitgliedsfirmen gestartet, die einen Bedarf nach zertifizierten Personen artikuliert hatten, und hat bei der Zusammenstellung der Exper-
tengremien auch auf die Einbindung von Industrie, Wissenschaft und
Trainingsanbietern geachtet. Mit der Umstellung in 2004 vom ASQF
auf das iSQI wird die Internationalisierung des Personalzertifizierungsprogramms besser und schneller vorangetrieben, als dies beim ASQF
möglich gewesen wäre.

Aber wer oder was ist nun dieses »iSQI«, das sich dieser Aufgabe
angenommen hat?

Entstanden aus den Bedürfnissen der bayerischen Softwareindustrie,
gefördert durch das Bayerische Wirtschaftsministerium und das Soft-
ware-Forum Bayern e.V. im Rahmen der Software-Offensive Bayern,
ist das »International Software Quality Institute« die zentrale Anlauf-
stelle für Software-Qualität in Bayern, Deutschland, Europa und darüber hinaus. Neben dem Hauptsitz in der Universitätsstadt Erlangen
gibt es bereits heute mehrere Niederlassungen in Europa und den USA.

Zusätzlich zu den regelmäßigen Veranstaltungen zum Thema Software-Qualität, wie zum Beispiel Seminare und Konferenzen, ist das
Institut Entwickler und damit Ausgangspunkt für alle relevanten nationalen wie internationalen Standards und Normen auf dem Gebiet der
Software-Qualität. Dabei wird von der Vielzahl an Personalzertifizie-
rungen bis hin zur Mitarbeit an internationalen Standards der
Anspruch Bayerns als »Software-Qualitäts-Standort« weiter unterstri-
chen. Bayern liefert mit seiner ausgeprägten Software-Industrie die idealen Rahmenbedingungen für die Aktivitäten eines international agie-
renden Software-Qualitätsinstituts.

Das vorliegende Buch zum »iSQI® Certified Project Manager«
entstand unter Einbeziehung der Arbeiten des »German Software Project Management Board«, das die Inhalte des Lehrplans und die ersten
Prüfungsfragen entwickelt hat. Seit 2002 existiert hier ein deutschspra-
chiges Expertengremium, welches sich den Besonderheiten des Projektmanagements von Softwareprojekten angenommen hat. Bisher gab
es hierfür lediglich »Vertiefungskurse« oder »Aufbaukurse«, die ver-
suchten, das Thema Softwareentwicklung zu behandeln. Das iSQI war
und ist der Meinung, dass Software-Entwicklungsprojekte nicht mit

Projekten wie der Verkabelung großer Gebäude oder der Veranstaltungsorganisation vergleichbar sind, und hat deshalb die Koordination dieses Expertengremiums übernommen und wird nun die Internationalisierung weiter vorantreiben.

Wir leben in einer gerade auch für das Software-Projektmanagement sehr interessanten Zeit. Möge das vorliegende Buch die Aus- und Weiterbildung von fähigen und guten Projektmanagern unterstützen.

Robert Treffny
iSQI Director of Administration

Inhaltsverzeichnis

1 Überblick, Einführung und Grundlagen

Dieses Kapitel klärt zunächst einige wichtige Fragen zum Buch und führt anschließend in die Thematik des Projektmanagements ein. Wichtige Grundbegriffe, die für die weiteren Kapitel erforderlich sind, werden erläutert.

Zahlreiche Statistiken zeigen: Nur wenige Softwareprojekte werden erfolgreich (hinsichtlich Zeit-, Budget- und Funktionsvorgaben) abgeschlossen. Sehr viele Entwicklungsprojekte werden nur mit erheblichen Defiziten zu Ende gebracht, noch viel zu viele scheitern gänzlich [Standish]. Projektmanagement – angepasst auf die spezifischen Eigenheiten und Randbedingungen der modernen und innovativen Softwarebranche – ist daher dringend notwendig, um Projekte und damit auch Unternehmen zum Erfolg zu führen.

Chaos in der Softwarebranche?

Und Software geht mittlerweile jeden an! Software ist nicht nur im heimischen oder Büro-PC zu finden, sie hat längst in unser aller Leben Einzug gehalten, jeder ist davon betroffen. Software wurde der Innovationsfaktor bei technischen Produkten schlechthin. Heute ist ganz selbstverständlich in jeder Waschmaschine, jedem Trockner, Kühlschrank, Fernseher, Stereoanlage, Kraftfahrzeug – und diese Liste ließe sich endlos verlängern – Software enthalten. Während zum Beispiel vor etwa 20 Jahren in der Automobilbranche der Software vergleichsweise nur wenig Bedeutung zukam, so ist sie heute aus einem Kraftfahrzeug nicht mehr wegzudenken. Software prägt also unser Leben und Software ist damit ein wesentlicher Faktor in vielen Industriebereichen. Der Erfolg dieser Unternehmen hängt maßgeblich von dem Erfolg ihrer Software-Entwicklungsprojekte ab. Trotzdem schneiden viel zu viele Software-Entwicklungsprojekte – bezogen auf Kosten, Termine und Qualität – viel zu schlecht ab.

Zum Thema Projektmanagement wurden eine Vielzahl von Veröffentlichungen herausgegeben und Standards definiert. Doch zum speziellen Thema Software-Projektmanagement gibt es – auch international

– keine Standards. Sicherlich werden auch im Software-Projektmanagement Methoden benutzt, die nicht nur softwarespezifisch sind (zum Beispiel die Themen Projektorganisation oder Projektkontrolle). Es gibt jedoch eine ganze Reihe von softwarespezifischen Eigenheiten im Projektmanagement, die so kaum zusammengestellt wurden. Ganz offensichtliche Softwarespezifika im Projektmanagement sind beispielsweise in Kapitel 2, Vorgehensmodelle, oder auch bei dem Thema Aufwandsschätzung und Reifegradmodelle zu finden. Diese (und weitere) Themen werden in diesem Buch softwarebetont behandelt.

Organisationen   Welche Organisationen spielen weltweit eine Rolle beim Projektmanagement? Hier sind vor allem zwei zu nennen:

▨ International Project Management Association (IPMA), von der jeweils nationale Vertretungen gebildet wurden. In Deutschland hat dies die GPM (Deutsche Gesellschaft für Projektmanagement: *www.gpm-ipma.de*) übernommen. Aber auch die GPM (wie auch die IPMA) beschäftigt sich nur ganz allgemein mit Projektmanagementmethoden, nicht mit dem Thema Software-Projektmanagement im Speziellen. Der Lehrstoff der GPM ist sehr schön in dem zweibändigen Werk [GPM 01] aufbereitet. Die IPMA bzw. GPM bietet auch eine mehrstufige Zertifizierung zum Thema Projektmanagement an.

▨ Die zweite sehr bedeutende Organisation ist das Project Management Institute (PMI) in den USA. Vom PMI gibt es ebenfalls ein Standardwerk [PMBOK 00], in dem die Inhalte zum Thema Projektmanagement definiert sind. Auch das PMI bietet eine Zertifizierung von Projektmanagern an.

Neben diesen beiden bedeutenden Organisationen engagiert sich noch eine Vielzahl von weiteren Organisationen für das Thema Projektmanagement. So gibt es beispielsweise auch von der Gesellschaft für Informatik (GI) einen Arbeitskreis für Projektmanagement. Die British Computer Society bietet ebenfalls einen Lehrplan zum Thema Projektmanagement an, u.v.m.

Die Liste der Standards sollte jedoch noch zumindest um PRINCE2 ergänzt werden. PRINCE2 [Prince2] ist eine Public-Domain-Projektmanagementmethode, die zu geringen Kosten (in England kostenfrei) erhältlich ist. Besitzer ist die englische Regierung. PRINCE2 ist in England sehr verbreitet und erfreut sich auch international einem wachsenden Zuspruch. Zur elektronischen Dokumentation, die als CD erhältlich ist, gehören auch umfangreiche Dokumentvorlagen.

Aufbau des Buches   Nachdem dieses Buch als Begleitbuch zum Kurs *iSQI Certified Project Manager* gedacht ist und somit auch auf die gleichnamige Prüfung vorbereiten soll, finden Sie im Anhang pro Kapitel eine Liste mit

Verständnisfragen zum Lehrstoff. Diese entsprechen jedoch nicht den offiziellen Prüfungsfragen des iSQI. Die Lösungen können von der Webseite der Autoren (*www.software-projectmanager.de*) bezogen werden. Prinzipiell ist der gesamte Buchinhalt prüfungsrelevant, denn das Buch orientiert sich recht eng am Lehrplan des iSQI Certified Project Manager. Jedes Kapitel wird durch wenige *kursiv gedruckte Sätze* eingeleitet, die seine Zielsetzung beschreiben. Am Ende eines jeden Kapitels werden die wichtigsten Dinge kurz zusammengefasst. An einigen Stellen im Buch wird das Projektbeispiel »Mobile Odors« angesprochen. Im Anhang finden Sie einige ausgefüllte Beispieldokumente zu diesem Projekt.

Doch jetzt zurück zum eigentlichen Thema Projektmanagement!

1.1   Problemstellung und Motivation

Bereits in der Einführung zu diesem Kapitel wurde aufgezeigt, dass eine Vielzahl von Projekten schief läuft. In der Chaos-Studie der Standish Group wurden zusätzlich auch Misserfolgsfaktoren untersucht.

The Standish Group (Chaos-Report USA, 2001)	
23 % der Projekte werden abgebrochen	
49 % der Projekte sind über dem Kosten- und/oder Zeitplan	
28 % der Projekte im Zeit- und Kostenplan	
Zum Vergleich: Stand 1995	
31 % der Projekte werden abgebrochen	
53 % der Projekte kosten 189 % der ursprünglichen Planung	
nur 16 % der Projekte im Zeit- und Kostenplan	
Misserfolgsfaktoren (Chaos-Report USA, 1995):	
Unvollständige/ungenaue Anforderungen	13,1 %
Mangelnde Einbeziehung der Beteiligten	12,4 %
Ressourcenmangel	10,6 %
Unrealistische Erwartungen	9,9 %
Mangelnde Unterstützung vom Management	9,3 %
Sich häufig ändernde Anforderungen/Spezifikationen	8,7 %
Mangelhafte Planung	8,1 %
Wird nicht mehr benötigt	7,5 %
Mangelndes IT-Management	6.2 %
Mangelndes Technologiewissen	4,3 %
etc.	

Abb. 1–1

Misserfolgsfaktoren

Anforderungen   Als ganz klarer Favorit der Misserfolgsfaktoren stellt sich dabei das Thema Anforderungsmanagement heraus. Bereits der erste Punkt »unvollständige/ungenaue Anforderungen« ist diesem Thema zuzuordnen, aber auch der zweite Punkt »mangelnde Einbeziehung der Beteiligten« geht in diese Richtung. Zwar wird hierunter nicht nur die mangelnde Einbeziehung des Endanwenders/Kunden verstanden, sondern beispielsweise auch die Projektkommunikation zwischen verschiedenen Teilteams. Aber der Kunde/Endanwender ist hier ebenso gemeint. Ohne jeden Zweifel kann auch der Punkt »unrealistische Erwartungen« dem Thema Anforderungsmanagement zugeordnet werden. Als ein Schritt im Anforderungsmanagement sollte – falls notwendig – eine Machbarkeitsanalyse durchgeführt werden. Auch »sich häufig ändernde Anforderungen/Spezifikationen« gehören zu dem Thema Anforderungsmanagement. Zählt man die Prozentpunkte zu diesem Oberthema zusammen, so kommt man auf ca. 44 % alleine für das Thema Anforderungsmanagement. Mangelndes Anforderungsmanagement ist damit der Misserfolgsfaktor schlechthin für Softwareprojekte.

Aber dies ist nicht alles, wie Abbildung 1–2 zeigt.

Abb. 1–2

Warum gehen
Projekte schief?

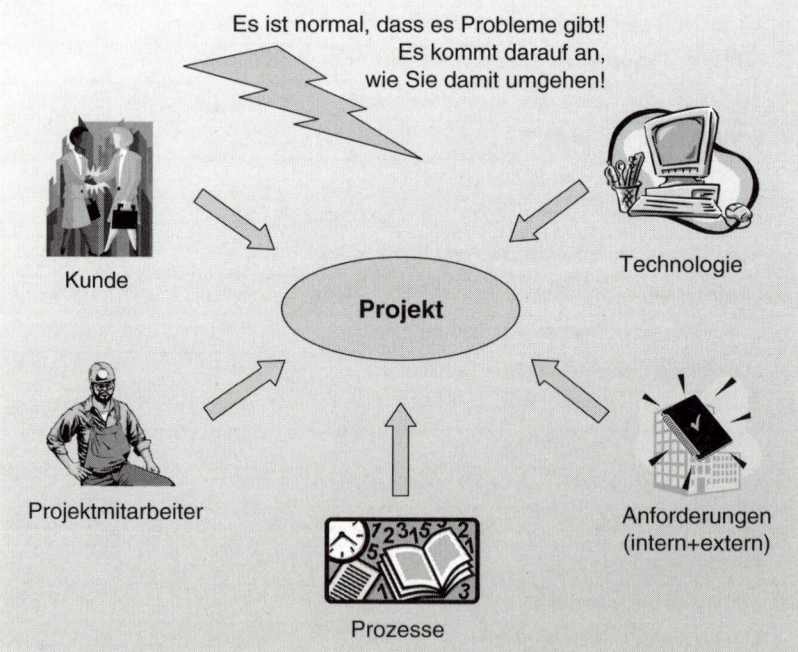

Der gerade angesprochene Punkt »Anforderungsmanagement« spiegelt sich in Abbildung 1–2 in der Rubrik Anforderungen wider, die dort jedoch in »intern« und »extern« unterteilt ist. Was ist damit gemeint?

- Interne Anforderungen können beispielsweise durch andere Abteilungen im entwickelnden Unternehmen entstehen. Wird etwa ein Produkt erstellt, das nach der Entwicklung gefertigt werden muss, so könnten beispielsweise aus der Fertigung zusätzliche Anforderungen an die entwickelnde Abteilung gestellt werden, so dass das Produkt später leichter, d.h. effizienter, gefertigt werden kann.

Interne und externe Anforderungen

- Externe Anforderungen sind Anforderungen eines externen Kunden und/oder Endanwenders. Der Auftraggeber sitzt also nicht im auftragnehmenden Unternehmen, sondern es handelt sich um eine klassische Auftraggeber-Auftragnehmer-Beziehung.

Ein weiterer Risikofaktor für Projekte sind neue Technologien. Nicht selten werden diese sofort eingesetzt, anstatt sie vor dem ersten Einsatz im Projekt zu evaluieren. Das Entwicklungsprojekt bekommt dann Probleme, wenn sich später in der Projektarbeit herausstellt, dass diese neue Technologie (noch) nicht das leisten kann, was man sich erhofft hatte. Durch den dann notwendigen Wechsel der Technologie und dem damit verbundenen Wechsel der Entwicklungswerkzeuge kommt das Projekt dann sehr schnell in Verzug.

Neue Technologien

   Ist denn überhaupt klar, was für ein System entwickelt werden soll? Existiert eine klare, eindeutige Zieldefinition für das Projekt? Sinnvollerweise geschieht dies nicht nur in der Form, dass spezifiziert wird, was gemacht werden soll, sondern dass eben auch definiert wird, was im Projekt bewusst nicht realisiert werden soll. Dies hilft Missverständnisse zwischen Auftraggeber und Auftragnehmer zu vermeiden. Diese Fragestellungen zeigen am Beispiel des Prozesses Anforderungsanalyse, dass in den Entwicklungsprozessen selbst Risiken für das Projekt verborgen sein können. Sind die definierten Prozesse adäquat für das gestartete Entwicklungsprojekt?

Ungeeignete oder nicht gelebte Prozesse

   Projekte werden immer noch durch Menschen bearbeitet und erledigen sich nicht durch Technologien, Werkzeuge oder Prozesse von selbst. Ganz im Gegenteil, zum überwiegenden Teil hängt der Projekterfolg an der Motivation und Teamfähigkeit aller beteiligten Personen (dazu gehören nicht nur die Projektteams an sich, sondern zum Beispiel auch Unterauftragnehmer und das Management!). Und das gute Miteinander im Projekt und zum Kunden ist entscheidend für den Projekterfolg. Umgekehrt betrachtet heißt dies aber auch, dass genau dieses eines der größten Probleme für ein Projekt darstellen kann.

Projekte werden von Menschen gemacht!

Risikomanagement

In der Praxis sind natürlich noch eine Vielzahl weiterer Risikofaktoren anzutreffen. Wie hiermit umgegangen werden sollte, wird in Kapitel 8 dargelegt.

Magisches Dreieck

Die Folge von eintretenden Risiken wird aber immer sein, dass das Projekt nicht in dem Maße fortschreitet, wie ursprünglich geplant, oder dass das Projekt einfach mehr Geld kostet. Und gerade das Thema »Kosten« ist neben den beiden Faktoren »Zeit« und »Qualität« einer der wesentlichen Faktoren, an denen ein Projekt gemessen wird. Kosten, Zeit und Qualität spannen das so genannte »magische Dreieck des Projektmanagements« auf, manchmal auch sinnigerweise das »Konfliktdreieck des Projektmanagements« genannt (siehe auch Abb. 1–3).

Abb. 1–3
Magisches Dreieck des
Projektmanagements

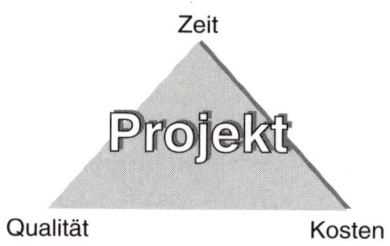

Von einem Konfliktdreieck wird deshalb gesprochen, da die drei Faktoren in Konflikt zueinander stehen. Wird beispielsweise der geplante Endtermin des Projekts um einige Monate vorgezogen – etwa da zu diesem früheren Termin eine wichtige Messe stattfindet, auf der das neue Produkt vorgestellt werden soll –, so geht dies immer zu Lasten der Kosten (weil zum Beispiel zusätzliches Personal notwendig ist) und/oder zu Lasten der Qualität (es würde zum Beispiel ausreichen, auf dieser Messe nur einen Prototyp zu präsentieren, d.h., gerade an der Qualitätssicherung würde gespart werden).

Fehlerbehebungskosten

Ein großer Posten bei den Projektkosten sind häufig die Fehlerbehebungskosten. Hierzu betrachten wir Folgendes: Wie hoch sind die Kosten, um einen identifizierten Fehler im Produkt auszubessern, in Abhängigkeit davon, wie lange dieser Fehler unentdeckt im Produkt (bzw. seiner Dokumentation) enthalten war. Natürlich besteht eine Abhängigkeit derart, dass je länger ein Fehler unentdeckt im Produkt verbleibt, desto höher sind die Kosten, diesen wieder zu beseitigen. Allerdings ergibt sich in der Regel kein linearer Zusammenhang zwischen der Zeit und den Kosten, sondern ein exponentieller. Das heißt, es lohnt sich ungemein, Fehler möglichst frühzeitig zu finden und zu eliminieren, d.h. wiederum qualitätssichernde Maßnahmen möglichst frühzeitig durchzuführen [Ebert & Dumke 96, S. 111 ff.]. Ganz offensichtlich wird dieser extreme Verlauf der Fehlerbehebungskosten bei Produkten, die massenweise verkauft werden, wie etwa bei PKWs. Sind die ersten Fahrzeuge erst einmal ausgeliefert, dann sind Rückrufaktionen richtig kostentreibend. Hinzu kommt noch der kaum materiell einschätzbare Imageverlust beim Verbraucher!

Zusammenfassend zeigt Abbildung 1–4 die wichtigsten Erfolgsfaktoren für Projekte.

Erfolgsfaktoren
▨ Für Projektabwicklung geeignete Unternehmensorganisation
▨ Hoher Stellenwert von Projektleitung im Unternehmen
▨ Definierte Entwicklungsprozesse, die auch angewendet werden
▨ Verfügbarkeit von Ressourcen
▨ Qualifikation der Mitarbeiter
▨ Funktionierendes Qualitätsmanagement
▨ Kommunikationsprobleme meistern (Einbeziehung der Stakeholder)
▨ Verteilte Entwicklung beherrschen (Unterauftragnehmer, standortübergreifende Entwicklung, Globalisierung, etc.)
▨ etc.

Abb. 1–4

Erfolgsfaktoren für Projekte

1.2   Grundlagen: Wichtige Begriffe

Ein Projekt ist

Projekt

- ▨ ein komplexes Vorhaben,
- ▨ welches zeitlich durch einen definierten Anfangs- und Endtermin begrenzt ist sowie
- ▨ durch die Einmaligkeit seiner Bedingungen, wie zum Beispiel Projektziele, Projektabgrenzung, an der Umsetzung mitwirkende Organisationen und Ressourcen etc., gekennzeichnet ist.

Häufig müssen in Projekten verschiedene Fachgruppen oder -abteilungen zusammenarbeiten und gerade hieraus ergeben sich bereits Schwierigkeiten, denn verschiedene Fachgruppen haben oft Probleme beim gegenseitigen Verständnis. In Projekten sind neuartige und unbekannte Probleme zu lösen, es existieren damit besondere Risiken. Und eines gilt fast immer: In Projekten existiert ein hoher Zeitdruck für die Mitarbeiter. Bei Projekten sollte immer klar sein: Was sind die Ziele, und ein Projekt benötigt nicht nur Ziele, sondern auch Budget und Personal, um diese Ziele zu erreichen. Dies klingt trivial, wird aber gar nicht so selten vergessen!

Beispiel   **»Was ist ein Projekt, was ist kein Projekt?«**

Eine Hotline-Tätigkeit ist definitiv kein Projekt, sondern Alltagsarbeit, denn es gilt, tagein und tagaus Fragen von Verbrauchern entgegenzunehmen, zu protokollieren und zu beantworten. Wenn Sie jedoch zum ersten Mal ein Produkt auf den Markt bringen und deshalb bis heute noch keine Hotline in Ihrer Firma installiert haben, so ist das Neuaufsetzen dieser Hotline mit Sicherheit ein Projekt. Dieses Projekt wird einen bestimmten Anfangs- und Endtermin haben (die Hotline muss funktionsbereit sein, sobald das erste Produkt verkauft wurde). Dieses Projekt ist auch ein komplexes Vorhaben, denn Sie wissen wahrscheinlich noch nicht, wie man idealerweise eine Hotline betreibt, welches Personal bzw. welche Qualifikationen und welche Werkzeuge hierzu benötigt werden.

Projektmanagement   Nach DIN 69901 wird unter Projektmanagement die Gesamtheit von

- Führungsaufgaben,
- Führungsorganisation,
- Führungstechniken und -mitteln

für die Projektabwicklung verstanden. Dabei ist der Begriff »Führung« als die Steuerung der verschiedenen Aktivitäten im Projekt in Hinblick auf die übergeordneten Projektziele zu interpretieren. Die Definition nach DIN stellt dabei besonders die Verbindung zwischen

- »Was ist zu tun« mit
- »Wer macht das« und
- »Wie wird das gemacht«

heraus.

Projektphasen   Projekte werden üblicherweise in mehrere Phasen unterteilt (siehe Abb. 1–5).

Abb. 1–5
Projektphasen

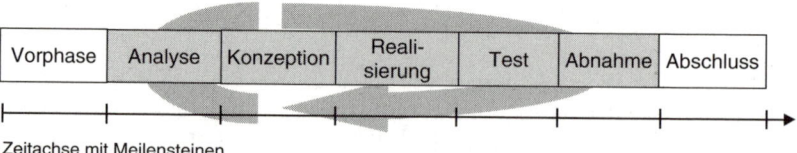

| Vorphase | Analyse | Konzeption | Reali-sierung | Test | Abnahme | Abschluss |

Zeitachse mit Meilensteinen

Projektphasen bestehen aus

- zeitlich verknüpften Projektvorgängen,
- die in einem logischen Zusammenhang stehen.

Projektphasen werden durch Meilensteine voneinander abgetrennt. Erfolgreiche Firmen haben definierte Phasenübergänge, d.h. eindeutig definierte Meilensteine. Das bedeutet, die Kriterien sind eindeutig festgelegt, um überprüfen zu können, ob ein Meilenstein erreicht wurde oder nicht. Üblicherweise gehören zu diesen Kriterien, ob geplante Qualitätsprüfungen – wie zum Beispiel Reviews – vollständig und erfolgreich durchgeführt wurden.

Ein Prozess ist eine Folge von Aktivitäten mit eventuell parallelen und alternativen Aktivitäten, die Eingangsdaten in Ausgangsdaten transformieren. Die einzelnen Aktivitäten werden gegebenenfalls hierarchisch weiter zerlegt.

Prozess

Ein Software-Entwicklungsprozess ist damit eine hierarchische Gruppierung von Aktivitäten – wie zum Beispiel Anforderungsanalyse, Design, Implementierung und Test –, die die Anforderungen der so genannten Stakeholder in das Endprodukt, das Softwaresystem, umsetzt. Dies geschieht – wie in Abbildung 1–6 illustriert – unter Hinblick auf die übergeordneten Projektziele sowie unter Einsatz von Ressourcen bzw. der vorhandenen Infrastruktur.

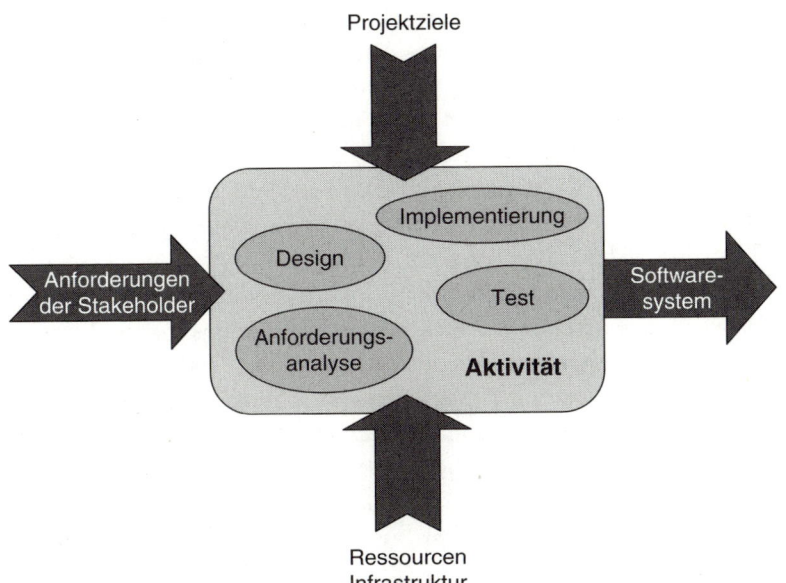

Abb. 1–6
Software-
Entwicklungsprozess

Abbildung 1–7 zeigt sehr schön die grundsätzlichen Aktivitäten im Projekt und deren Zusammenhänge. Im unteren Bereich wird ein einfaches Phasenmodell dargestellt.

Regelkreis des
Projektmanagements

Abb. 1–7

Regelkreis des Projektmanagements

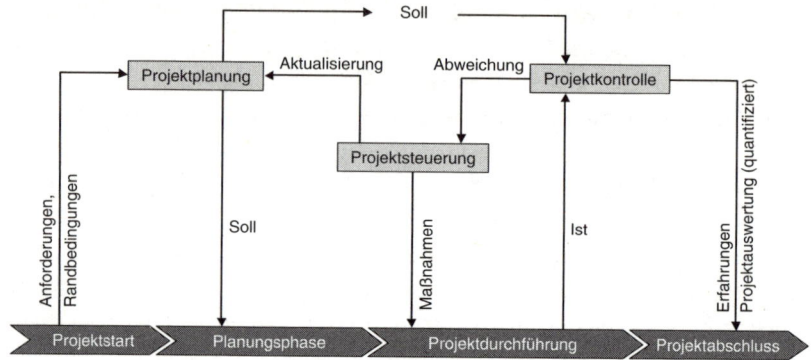

Zunächst werden die Anforderungen sowie eventuelle weitere Randbedingungen als Grundlage für die Projektplanung verwendet. Gegebenenfalls wird zunächst erst ein Grobplan erstellt, bevor dieser zu einem Feinplan detailliert wird. Der Projektplan ist damit die Sollvorgabe an die Projektdurchführung. In der regelmäßigen Projektkontrolle wird der Soll-Ist-Abgleich zwischen Projektplan und der tatsächlichen Projektdurchführung erstellt. Ergibt sich eine Abweichung, so ist mit geeigneten Gegenmaßnahmen darauf zu reagieren, es wird von der Projektsteuerung gesprochen. Am Projektende gilt es nun, die im Projekt gemachten Erfahrungen zusammenzutragen und hieraus für zukünftige Projekte zu lernen. Üblicherweise erfolgt hier auch eine quantifizierte Projektauswertung derart, dass zum Beispiel eine Nachkalkulation, d.h. Gegenüberstellung von geplanten und tatsächlichen Kosten, stattfindet oder dass Metriken, die während des Projekts gesammelt wurden, ausgewertet werden.

Klassifizierung von Projekten

Es wird nicht in allen Projekten identisch vorgegangen. Beispielsweise wird in Forschungsprojekten meist nicht so großen Wert auf Qualitätssicherung gelegt wie etwa bei einem Produkt, welches in Großserie produziert wird. Bei einem Forschungsprojekt geht es primär um den Nachweis, dass eine neue Idee effizient umsetzbar ist. Bei einem Großserienprodukt gehört zur ersten Zielsetzung immer, dass die Qualität des Produktes einwandfrei ist. Auch wird man etwa in Großprojekten anders vorgehen, als wenn man ein Projekt mit nur wenigen Personen durchführen soll.

Beispielsweise lassen sich Projekte wie folgt klassifizieren:

■ Nach Projekttyp, d.h. etwa reine Softwareprojekte, integrierte Hardware-/Softwareprojekte, Forschungsprojekte, Rationalisierungsprojekte, Wartungsprojekte, Entwicklungsprojekte etc.

- Nach Aufwand, d.h. zum Beispiel gemessen in Personenjahren. Ein Projekt mit hoher Anzahl an Personenmonaten kann entweder sehr lange dauern (bei wenig zur Verfügung stehendem Personal) oder ein sehr großes Team haben (oder beides in Kombination). Beide Faktoren lassen sich auch als getrennte Dimensionen zur Projektklassifizierung darstellen.
- Nach Dauer, d.h. zum Beispiel in Kalendermonaten gemessen.
- Nach Teamgröße, in Anzahl der Mitarbeiter gemessen.
- Und weitere Arten der Klassifizierung

Stakeholder sind eine wichtige Quelle für Ziele und Anforderungen des Projekts. Unter einem Stakeholder wird eine Person oder eine (Teil-) Organisation verstanden, die von dem Projekt oder dem Projektergebnis betroffen ist. Hierzu können beispielsweise gehören: Geschäftsführung, Marketing- und Vertriebsleitung, Entwickler, Anwender des Systems, Wartungs- und Servicepersonal, Schulungspersonal.

Stakeholder

2 Vorgehensmodelle in der Softwareentwicklung

Dieses Kapitel gibt einen groben Überblick über die wichtigsten Vorgehensmodelle und erläutert kurz deren Vor- und Nachteile.

Stellen Sie sich vor, Sie treten in einer neuen Firma Ihre Arbeitsstelle an. Sie bekommen als Erstes die Aufgabe, ein neues Projekt, für das Sie als Projektleiter eingestellt wurden, durchzuführen. In dieser Firma gibt es bis dato keine Richtlinien, wie Projekte durchgeführt werden. Sie beginnen sich selbst zu organisieren, d.h., Sie werden sich aus Ihrer bisherigen Erfahrung heraus überlegen,

Vorgehensmodelle – wozu?

- wie Sie Ihr Projekt zeitlich strukturieren wollen (Sie definieren Phasen und Meilensteine),
- welche Personen was im Projekt ausführen sollen (Sie definieren Rollen und deren Aktivitäten),
- welche Dokumente bis zu welchem Meilenstein fertig sein sollen (Sie definieren Dokumentvorlagen für Projektpläne, Pflichtenhefte, Designdokumente etc.),
- welche Methoden und Werkzeuge zur Erstellung der Projektergebnisse eingesetzt werden sollen.

Sie haben sich hiermit einen eigenen individuellen Werkzeugkasten, bestehend aus Dokumentvorlagen, Checklisten, Phasen- und Rollenmodell, zum Thema Projektdurchführung geschaffen. Doch was ist, wenn weitere Projekte in Ihrem Unternehmen gestartet werden, die nicht von Ihnen, sondern von anderen Projektleitern geführt werden sollen? Sollen diese Projektleiter wieder von vorne beginnen? Sollen sie genau wie Sie zeitaufwendig ihre eigenen Dokumentvorlagen entwickeln? Oder wäre es nicht vorteilhaft, den Werkzeugkasten, den Sie sich geschaffen haben, an alle zu verteilen und damit nutzbar zu machen? Genau dies soll mit einem Vorgehensmodell im Unternehmen erreicht werden.

Das Rad neu erfinden?

Definition   Ein Vorgehensmodell stellt also Methoden und Elemente der Softwareentwicklung inklusive des Projektmanagements zu Prozessen und Projektphasen eines standardisierten Projektablaufs zusammen.

Vorteile eines   Vorgehensmodelle dienen dazu, dass eben nicht in jedem Projekt das
Vorgehensmodells   Rad zur Projektdurchführung neu erfunden werden muss.
        Sie helfen dabei, Erfahrungen zu sammeln und nutzbar zu machen.

- Sie geben – nicht nur neuen – Projektleitern die Sicherheit, das Richtige zur richtigen Zeit zu tun.
- Sie sind die Vorlage für die tägliche Arbeit im Projekt.
- Vorgehensmodelle dienen der Positionsbestimmung, denn durch sie ist der Weg eines Projekts vorgezeichnet.
- Sie erleichtern dadurch die Transparenz bezüglich Aufwand (Zeit und Kosten) sowie Qualität im Projekt.

Vorgehensmodelle sind also die Basis für:

- Projektplanung
  (»Wie komme ich erfahrungsgemäß am besten von Ort X nach Y?«)
- Assessment
  (»Bin ich vom geplanten Weg abgekommen?«)
- Performance-Analyse
  (»Wie gut laufe ich den geplanten Weg?«)
- Prozessverbesserungen
  (»Wie könnte ich durch Bauen neuer Straßen
  den Verkehrsfluss optimieren?«)

2.1 Wasserfallmodell

Grundprinzip Wasserfall   Eines der ersten Vorgehensmodelle für die Softwareentwicklung war das so genannte Wasserfallmodell (ein Überblick zu Vorgehensmodellen ist zum Beispiel in [Balzert 98] zu finden). Das Wasserfallmodell ist eine Weiterentwicklung des stagewise model, welches die Softwareentwicklung in einzelne Phasen strukturiert, die nacheinander streng sequenziell durchlaufen werden. Rückkopplungen oder Schleifen zwischen den Phasen waren nicht erlaubt. Die Erfahrungen in der Praxis haben gezeigt, dass dies selten handhabbar ist, so dass das stagewise-model sehr schnell zum Wasserfallmodell erweitert wurde, in dem nun zwischen jeweils zwei aufeinander folgenden Phasen Rückkopplungen erlaubt waren. So wurde eine höhere Flexibilität erreicht, ohne aber kostenintensive Überarbeitungen von Projektergebnissen über mehr als zwei Phasen hinweg zuzulassen.

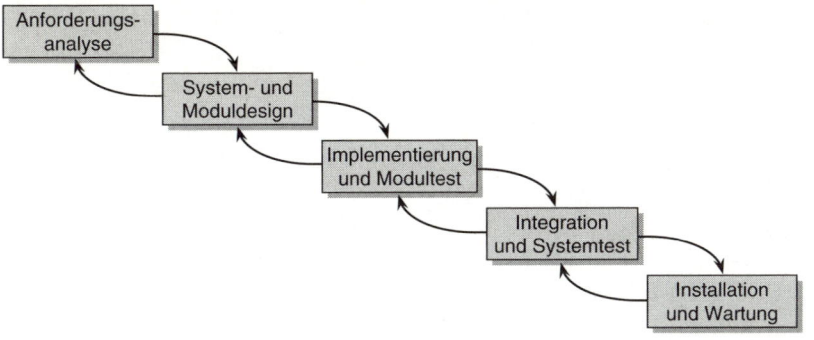

Abb. 2–1
Wasserfallmodell

Die Vorteile des Wasserfallmodells sind: *Vorteile Wasserfall*

- Es ist einfach verständlich.
- Es bietet einen kontrollierbaren Prozessablauf durch Einführung von Meilensteinen und Dokumenten innerhalb und am Ende jeder Phase.
- Es lässt sich organisatorisch gut beherrschen.
- Es benötigt wenig Managementaufwand.

Die Nachteile des Wasserfallmodells sind dagegen: *Nachteile Wasserfall*

- Durch das streng dokumentenorientierte Vorgehen besteht die Gefahr, dass Dokumente wichtiger werden als das eigentliche System bzw. das Projektziel.
- Risiken werden erst spät in der Implementation oder im Test erkannt, d.h., es ist keine frühe Feedback-Möglichkeit gegeben.
- Die in jedem Projekt üblichen Veränderungen und Detaillierungen von Anforderungen bleiben unberücksichtigt.
- Das System kann erst nach vollständiger Fertigstellung Anwendern und Management vorgestellt werden.
- Mit dem Test kann erst begonnen werden, wenn die Entwicklung bereits abgeschlossen ist.
- Es ist nicht immer sinnvoll, alle Entwicklungsschritte in der vollen Breite durchzuführen. Oftmals ist eine angepasste und vor allem iterative Vorgehensweise besser geeignet.

Aus heutiger Sicht ist im Allgemeinen die Anwendung des Wasserfallmodells nicht anzuraten. Unter den folgenden Randbedingungen kann ein Vorgehen nach dem Wasserfallmodell gegebenenfalls sinnvoll sein:

- Es muss sich um stabile Projekte handeln, die nach einheitlichem Ablauf durchgeführt werden können.
- Gleichzeitig müssen die Anforderungen zu Projektbeginn vorhanden sein und dürfen sich im Verlauf des Projekts nicht ändern.

■ Am ehesten finden sich bei kleinen Projekten oder bei der Weiterentwicklung von bestehenden (kleinen) Systemen Konstellationen, bei denen ein Wasserfall-ähnliches Vorgehen anwendbar sein kann.

2.2   V-Modell

In den 80er Jahren wurde das Wasserfallmodell zum V-Modell erweitert. Im Gegensatz zum Wasserfallmodell wird verstärkt Wert auf das Thema Qualitätssicherung gelegt. Hierzu werden zwei neue Begriffe eingeführt:

■ **Verifikation:** Geplanter, systematischer Prozess mit dem Ziel, sicherzustellen, dass ein Arbeitsprodukt seinen Anforderungen entspricht. Bei der Verifikation steht die Frage »Haben wir das Produkt richtig entwickelt?« im Vordergrund. Es wird also geprüft (rechter Zweig in Abbildung 2–2), ob das Produkt so entwickelt wurde, wie es spezifiziert wurde (linker Zweig in Abb. 2–2).

■ **Validierung:** Geplanter, systematischer Prozess mit dem Ziel zu demonstrieren, dass ein Arbeitsprodukt der beabsichtigten Nutzung in der vorgesehenen Wirkumgebung entspricht. Bei der Validierung steht die Frage »Haben wir das richtige Produkt entwickelt?« im Vordergrund.

Dementsprechend können im Unterschied zum Wasserfallmodell beim V-Modell die Testfälle schon sehr früh spezifiziert werden, nämlich immer dann, wenn die zugehörigen Anforderungs- oder Designspezifikationen bereits fertig gestellt sind. Das heißt, die Testfälle werden nicht erst in der rechten Hälfte des V-Modells (siehe Abb. 2–2) erstellt, sondern bereits in der linken Hälfte!

Vorteil V-Modell   Vorteil des V-Modells gegenüber dem Wasserfallmodell:

■ Es wird verstärkt auf den wichtigen Aspekt der Qualitätssicherung Wert gelegt.

Abb. 2–2
Verifikation im V-Modell

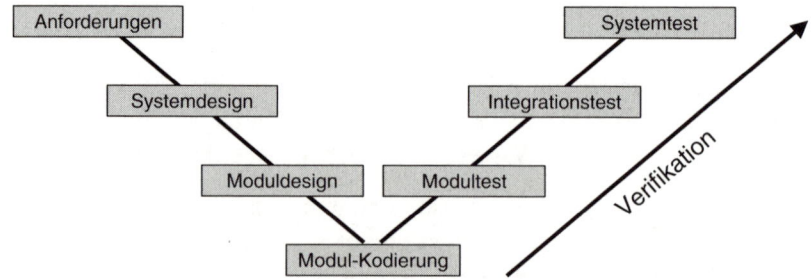

2.3   Vorgehensmodell für IT-Systeme des Bundes

Gelegentlich wird das eben dargestellte V-förmige Phasenmodell mit dem Vorgehensmodell für IT-Systeme des Bundes [V-Modell 97] verwechselt. Bei Letzterem handelt es sich um ein sehr umfangreiches Vorgehensmodell (kurz auch einfach V-Modell genannt), welches ursprünglich für die Bundeswehr, später für sämtliche Bundesbehörden erstellt wurde. Das zuvor dargestellte V-förmige Phasenmodell ist allerdings Bestandteil des V-Modells des Bundes. Mittlerweile hat das Vorgehensmodell des Bundes auch in der Industrie sehr weite Verbreitung gefunden. Erstmalig wurde es 1992 veröffentlicht, zurzeit ist die Version aus dem Jahre 1997 gültig, im Jahr 2004 ist mit der Veröffentlichung einer erneut überarbeiteten Version des Vorgehensmodells zu rechnen.

V-Modell des Bundes

Das V-Modell des Bundes gliedert sich in vier verschiedene Submodelle (siehe Abb. 2–3). Hierin werden die Themen

- Projektmanagement (PM),
- Qualitätssicherung (QS),
- Systemerstellung (SE) und
- Konfigurationsmanagement (KM)

adressiert. Jedes dieser Submodelle besteht aus einer Menge von Aktivitäten. Zu den Aktivitäten sind Dokumente und auch Rollen (im Sinne von verantwortlichen, mitwirkenden, beratenden Rollen) benannt.

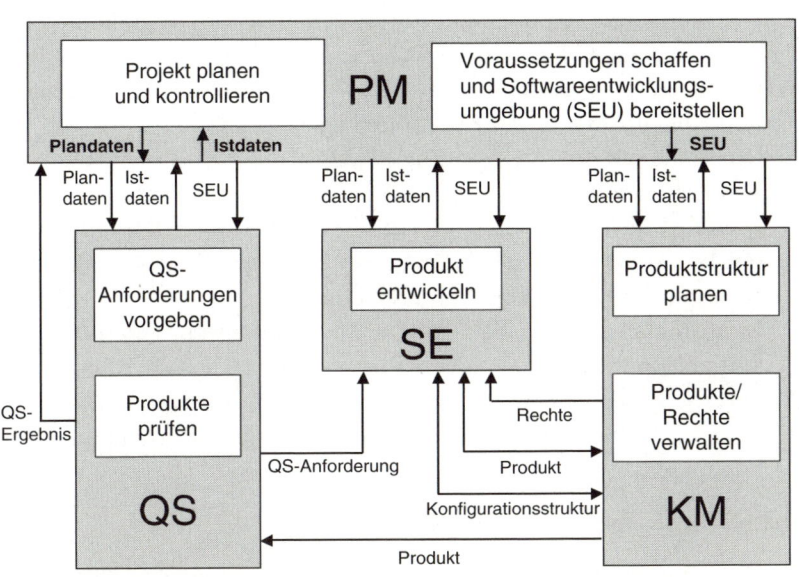

Abb. 2–3
V-Modell 97:
Die Submodelle

PM: Projektmanagement   **SE**: Systemerstellung
QS: Qualitätssicherung   **KM**: Konfigurationsmanagement

Submodelle

Neben den vier Submodellen beschreibt das V-Modell in verschiedenen Teilen (siehe Abb. 2–4):

- die Vorgehensweise (V-Modell): Was ist zu tun?
- die anzuwendenden Methoden: Wie ist etwas zu tun?
- die Werkzeuganforderungen: Womit ist etwas zu tun?

Abb. 2–4
V-Modell des Bundes

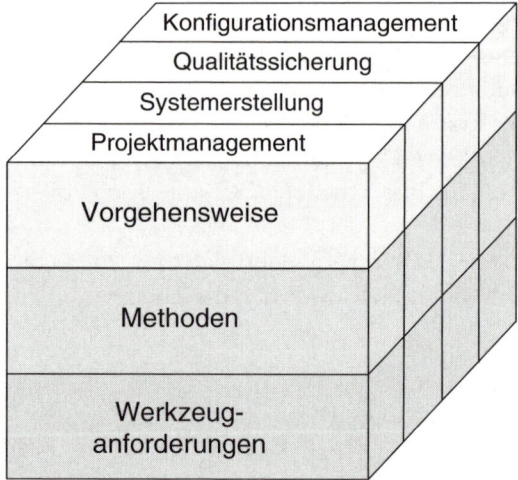

Vorteile des V-Modells des Bundes

Die Vorteile des V-Modells des Bundes sind (neben den Vorteilen des einfachen V-Modells):

- Die detaillierte Darstellung von Systemerstellung, Qualitätssicherung, Konfigurationsmanagement und Projektmanagement
- Die Vorgabe von definierten Aktivitäten, Produkten, Methoden und Rollen sowie deren Zuordnung zueinander
- Die Unterstützung von parallelen Aktivitäten und nicht nur von sequenziellen Phasen
- Das V-Modell bietet ein generisches Vorgehensmodell mit definierten Möglichkeiten zum *Tailoring* des Prozesses (Anpassen des Prozesses) auf projektspezifische Erfordernisse.
- Es ermöglicht eine standardisierte Abwicklung von Projekten zur Systemerstellung.
- Das V-Modell fördert Qualitätsbewusstsein, indem für jedes Produkt eine Zielqualität definiert wird, die durch Aktivitäten des Submodells Qualitätssicherung überprüft wird.

Nachteile des V-Modells des Bundes

Die Nachteile des V-Modells des Bundes sind:

- Hohe Komplexität des Modells, damit verbunden hohe Kosten für die Einführung des Modells

- Bei kleineren und mittleren Software-Entwicklungsprojekten führt das V-Modell zu einer unnötigen Bürokratie bezüglich Dokumentation und Vorgehensweisen.
- Ohne geeignete CASE-Unterstützung ist das V-Modell nur schwer handhabbar (dies gilt aber für jedes komplexere Modell).
- Keine Berücksichtigung von modernen (objektorientierten) Methoden (dies wird aber voraussichtlich mit der überarbeiteten Version Mitte 2004 behoben sein).

Insbesondere für große Projekte ist das V-Modell des Bundes gut geeignet.

2.4 Rational Unified Process

Der *Rational Unified Process (RUP)* [Kruchten 99] ist ein Prozessmodell, das von der Firma Rational (Anfang 2003 von IBM aufgekauft) entwickelt wurde, um die objektorientierte Entwicklung mit der UML (Unified Modeling Language) zu unterstützen. Der RUP gliedert sich in Phasen und diese wiederum in Iterationen. Die Aktivitäten der neun Kern-Workflows (Business Modeling, Requirements, Analysis & Design, Implementation, Test, Deployment, Configuration & Change Management, Project Management, Environment) verteilen sich auf alle Phasen, aber mit unterschiedlicher Gewichtung (siehe Abb. 2–5).

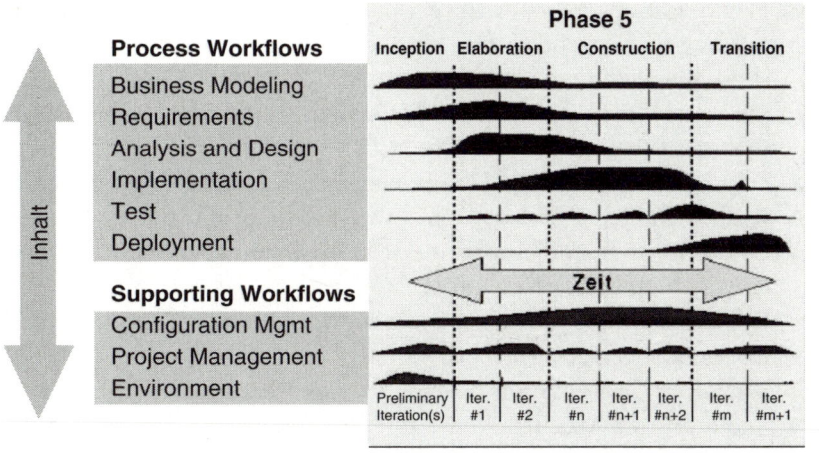

Abb. 2–5

Der Rational Unified Process (in Anlehnung an [Kruchten 99])

Artefakte entstehen als Zwischenergebnisse während der gesamten Entwicklung. Jedes Artefakt gehört einem Worker (Rolle), kann aber auch von anderen Workern geändert oder benutzt werden. Artefakte sind Dokumente, Use-Case-Diagramme, Modelle und Modellelemente. Artefakt-Guidelines unterstützen den Worker, die Artefakte richtig zu erstellen. So genannte Checkpoints (Checklisten) erlauben es, die Qualität eines Artefakts zu hinterfragen. Artefakt-Reports sind Schablonen, mit denen über Artefakte berichtet werden kann. Die Reports besitzen im Gegensatz zu Artefakten keine Versionierung, da sie jederzeit reproduziert werden können. Dieses Konzept entspricht der Tool-Orientierung, die dem RUP zugrunde liegt, d.h., die Zwischenergebnisse (Artefakte) liegen in den Repositories der Tools vor und bei Bedarf werden Reports generiert.

Dadurch erfolgt die Versionierung bzw. Entstehungsgeschichte eines Modells oder eines Designs implizit und ist normalerweise nicht zugänglich. Dies erschwert allerdings den Einstieg in ein laufendes oder abgeschlossenes Projekt.

Sechs Best Practices   Der RUP legt auf die folgenden sechs »Best Practices« besonderen Wert:

- Anforderungsmanagement
- Iterative Entwicklung
- Architekturorientierung
- Visuelle Modellierung
- Qualitätskontrolle
- Change- und Konfigurationsmanagement

Vorteile des RUP   Vorteile des Rational Unified Process:

- Flexibilität des Modells: In periodischen Intervallen erfolgt Überprüfung und gegebenenfalls erneute Festlegung des Prozessablaufs in Abhängigkeit von den Risiken.
- Durch das iterative Vorgehen optimieren frühzeitige »Lessons learned« den Prozess.
- Fehler und ungeeignete Alternativen werden frühzeitig eliminiert.
- Risiken werden nach weniger/kürzeren Zyklen erkannt.
- Der RUP ist für objektorientierte/komponentenbasierte Softwareentwicklung maßgeschneidert.
- Er bietet eine ausführliche Sammlung von »Best Practices«.
- Er unterstützt parallele Aktivitäten.
- Mit seiner Präsentation als Hypertext fördert der RUP verteiltes und intuitives Arbeiten.
- Prozessbeschreibung und CASE-Werkzeuge (von IBM/Rational) sind miteinander integriert.
- Artefakte werden typischerweise als Modellelemente von CASE-Werkzeugen gespeichert und »leben« deshalb automatisch. Oftmals ist nämlich die Aktualisierung der Entwicklungsdokumente eines der größten Probleme in Software entwickelnden Unternehmen.

Nachteile des RUP: *Nachteile des RUP*

▦ Hoher Managementaufwand, da oft neue Entscheidungen über
den weiteren Prozessablauf getroffen werden müssen.
▦ Hohes Maß an Komplexität und damit hoher Einarbeitungsaufwand und hoher Aufwand für die unternehmensspezifische Anpassung (Prozess-Tailoring) erforderlich.
▦ Höherer Aufwand für Iterationsplanung (dafür höhere Planungs-
genauigkeit und weniger Risiken!)
▦ Werkzeugunterstützung herstellerabhängig (IBM/Rational)

Randbedingungen für den sinnvollen Einsatz:

▦ Inkrementelle Entwicklung des Systems ist möglich.
▦ Der »Kunde« (intern oder auch extern) steht für Feedback (Vali-
dierung) zur Verfügung.
▦ Hilfreich ist auch, wenn der Kunde kurzfristig, d.h. ohne große
Bürokratie, Entscheidungen über verschiedene Lösungsalternati-
ven treffen kann.
▦ Der RUP eignet sich hauptsächlich für reine Software-Entwick-
lungsprojekte.

2.5   Extreme Programming

»Leichte Prozesse« stehen im Allgemeinen für weniger Dokumenta-   *Light*
tion. Als nun die im Februar 2001 ausgerufene »Agile Alliance«
[Agile] von Beck, Beedle, Cockburn, Cunningham, Fowler et al. auf
den Plan trat, verschärfte sich diese Haltung in der Aussage »Light
becomes Agile«. Im Einzelnen bestand das Agile Manifest aus den
Hypothesen, wie sie in Abbildung 2–6 gezeigt werden.

»We are uncovering better ways of developing software by doing it and helping others do it. Through this work we have come to value:
■ **Individuals and interactions** over processes and tools ■ **Working software** over comprehensive documentation ■ **Customer collaboration** over contract negotiation ■ **Responding to change** over following a plan
That is, while there is value in the items on the right, we value the items on the left more.«

Abb. 2–6

Das agile Manifest

Der Extreme Programming-(XP-)Ansatz [Beck 01] gehört zu den   *Extreme*
»leichtgewichtigen Prozessmodellen«. XP (siehe Abb. 2–7) kennt
(wenige) Rollen, Phasen und stark iterative Vorgehensweisen (Praktiken). Dokumente nehmen hier aber keinen großen Stellenwert ein.

Kent Beck unterstreicht dies, wo immer er kann: »There is a tradeoff to get less functionality and more paper« oder »... in the end there is a four-page introduction to the main objects of the system, all other information can be found in the code or test cases«.

Abb. 2–7

Der XP-Prozess

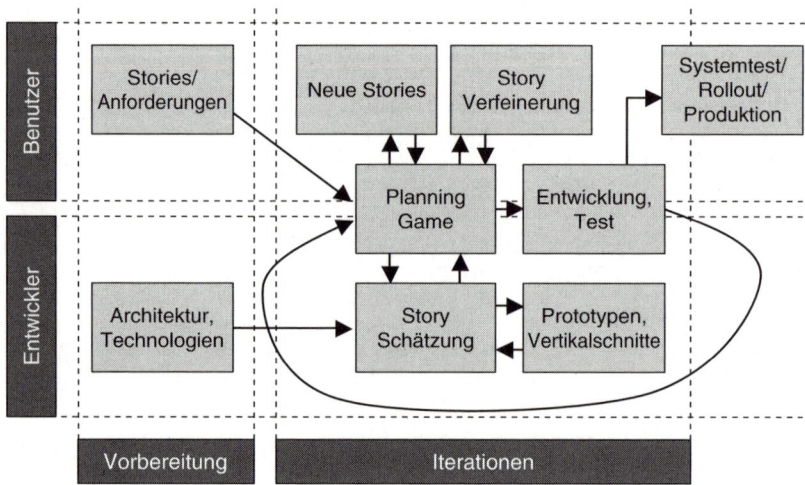

Ein grundlegendes Element bei XP sind die so genannten *Stories* (die im Prinzip vergleichbar mit den Anwendungsfällen in der UML sind). Stories dienen der Beschreibung der Benutzeranforderungen. Es geht dabei allerdings weniger um die Erstellung einer vollständigen Spezifikation, sondern vielmehr um die Beschreibung eines Kundenwunsches, der mit einer Priorität versehen als Einheit für die Projektplanung und -kontrolle verwendet wird. Im Laufe der Entwicklung werden neue Stories hinzukommen oder bestehende verfeinert.

Das *Planning Game* wird vom Benutzer und dem Entwickler gemeinsam durchgeführt. Auf der Basis der Stories erfolgt die Aufwandsschätzung durch die Entwickler (typischerweise im Umfang von 1 – 3 Wochen). Die Benutzer müssen die Aufwandsschätzung der Entwickler akzeptieren. Das Projekt wird dann in Releases zu wenigen Monaten (typisch 2 – 4) aufgeteilt. Im Planning Game wird aufgrund von Priorität und technischem Risiko festgelegt, welche Stories in welchem Release enthalten sein werden. Diese Releases können zur besseren Kontrolle des Entwicklungsfortschritts in mehrere Iterationen unterteilt werden.

Daneben werden im XP eine ganze Reihe weiterer Best Practices aus der Softwareentwicklung eingesetzt. Es handelt sich dabei nicht unbedingt um neue Praktiken, sondern um bewährte Praktiken der letzten Jahrzehnte, die XP sinnvoll miteinander kombiniert.

On-site Customer	Benutzer erledigt seine Arbeit im selben Raum wie die Entwickler; Entwickler kann Benutzer immer fragen, anstatt mit Vermutungen zu arbeiten; Benutzer sieht Fortschritt.
40 Hour Week	Praktiken werden ignoriert, wenn man müde ist (führt zu sinkender Arbeitsqualität); XP verlangt aktive Kommunikation! Schlechte Planung muss im Planning Game gelöst werden, nicht mit Überzeit!
Planning Game	Zwischen Benutzer und Entwickler werden »Stories« verhandelt; Benutzer wählen die Stories aus, müssen aber die Schätzungen der Entwickler akzeptieren!
Testing	Automatisierte, wiederholbare Unit Tests (Entwickler) und Acceptance Tests (Benutzer); Ziel: Verkürzung des Feedback-Zyklus
Metaphor	Finde gemeinsames Verständnis des Systems; Vokabular ist durch Benutzer und Entwickler verstanden!
Refactoring	»Continuous design«: Restrukturierung von Code ohne Funktionsänderung um verständlicheren/besseren Code zu erhalten; Code-Duplikate werden entfernt; erfordert Unit Tests (Sicherheitsnetz).
Simple Design	Löse das Problem so einfach wie möglich, führe keine unnötige Komplexität ein; Refactoring ist der Weg zum Simple Design.
Pair Programming	Zwei Entwickler mit einem Computer/Bildschirm/Tastatur; durch Pair Programming wird ein ständiges Review durchgeführt, außerdem dient es zur Wissensverbreitung im Team.
Short Releases	Häufige und schnelle Übergabe von fertigen (Teil-)Produkten, um u.a. schneller Feedback vom Anwender zu erhalten.
Coding Standards	Code sollte bei jedem Entwickler gleich aussehen, Code sollte so klar und aussagekräftig wie möglich sein. Einigung auf teamspezifische Standards vermeidet Spannungen beim Pair Programming.
Collective Ownership	Jeder Entwickler im Team ist verantwortlich für den gesamten Code! Finde ein Problem, löse es (überall)! Funktionalität wird dort implementiert, wo sie hingehört, nicht nur in den »eigenen« Klassen, unterstützt »Simple Design«; nur mit Unit Tests möglich!
Continuous Integration	Integration mindestens täglich, so dass Integrationsprobleme sofort entdeckt werden. Notwendig um Probleme mit Collective Ownership zu vermeiden. Außerdem existiert immer eine lauffähige Version des Systems, eine »Integrationshölle« am Projektende wird vermieden. Nur mit Unit Tests möglich!

Abb. 2–8
XP-Praktiken

Vorteile von XP:

Vorteile von XP

- Keine Bürokratie, sondern Konzentration auf das Wichtigste: den Sourcecode
- Mehr Erfolgserlebnisse durch kurze Releases
- Mehr und früher Feedback von den Benutzern, ob das Implementierte das ist, was sie wollen

- Weniger Stress durch Planning Game zwischen Benutzer und Entwickler
- Weniger Stress bei Codeänderungen durch Unit Tests
- Optimale Wissensverteilung über das zu entwickelnde System im Team

Nachteile von XP   Nachteile von XP:

- XP ist für kleine Teams gut geeignet, aber nur bedingt für größere oder verteilte Teams.
- XP ist kein detaillierter Projektleitfaden (Einfachheit versus Detaillierungstiefe).
- Es entsteht keine (ausführliche) Dokumentation zu dem entwickelten System.

2.6   Zusammenfassung

- Prozess- und Vorgehensmodelle bieten wesentliche Erfahrungswerte für die Durchführung von Software-Entwicklungsprojekten und unterstützen die Planung und Verbesserung von Abläufen in SW-Entwicklungsprojekten.
- Eine iterative, inkrementelle Entwicklung ermöglicht eine wesentliche Minimierung von Risiken im Projekt sowie eine optimale Analyse der Anforderungen.
- Wesentliche Grundlage für die Projektplanung sind die Auswahl und das Tailoring eines Software-Entwicklungsprozesses.

3 Projektstart

Dieses Kapitel erläutert die Ziele und Aktivitäten beim Projekt-start. Es wird insbesondere auch auf die richtige »Auswahl von Projekten« eingegangen und dargestellt, wie verschiedene Arten der Kommunikation gerade beim Projektstart ineinander grei-fen. Zudem wird auf das Thema »Anforderungsanalyse« hinge-führt.

Der *Projektstart* ist kein Zeitpunkt, wie der Name Projektstart vermu-ten lässt, sondern ein Prozess, in dem folgende Ziele verfolgt werden:

Ziele des Projektstarts

- Die Projektinhalte werden zusammen mit dem Kunden festgelegt.
- Insbesondere werden die Erwartungen des Auftraggebers an die Projektergebnisse hinsichtlich der Projektziele und der Projektin-halte präzisiert. Unter Präzisierung der Projektinhalte fällt dabei auch deren Abgrenzung von Anforderungen (engl.: requirements), die man möglicherweise in die Realisierung des Softwareproduktes mit einschließen könnte, die aber tatsächlich nicht realisiert wer-den sollen. Um Missverständnisse zwischen Auftragnehmer und Auftraggeber zu vermeiden, ist es hilfreich, nicht nur zu spezifizie-ren, was gemacht werden soll, sondern auch, was nicht gemacht werden soll.
- Die festgelegten Projektinhalte dienen als Basis für die Angebotser-stellung und auch als Basis für die Entscheidung pro oder contra Projektdurchführung.
- Um die Entscheidung pro oder contra Projektdurchführung herbei-zuführen, wird im Projektstartprozess das Projekt bewertet. So wird beispielsweise die technische Umsetzbarkeit in einer Mach-barkeitsstudie geprüft, die Aufwandsschätzung ist – zusammen mit Zahlen über den wirtschaftlichen Nutzeffekt des später eingesetz-ten Softwareproduktes – die Basis für eine Wirtschaftlichkeitsbe-

trachtung. Außerdem geht in die Projektbewertung typischerweise eine detaillierte Risikoanalyse mit ein (siehe Kapitel 8).

▪ Die Projektziele sind im Projektstartprozess zu identifizieren und mit allen *Stakeholdern* zu kommunizieren, so dass diese unter allen Beteiligten gleich verstanden und akzeptiert werden. Hierzu wurden zuvor die ursprünglich nur grob vorhandenen Ziele des Auftraggebers schrittweise verfeinert (siehe auch Abschnitt 3.3) und vor allem auch mit Prioritäten versehen. Zwischen mehreren Zielen besteht häufig eine wechselseitige Abhängigkeit, so dass Maßnahmen, die für ein Ziel zielführend sind, sich für die anderen Ziele als kontraproduktiv erweisen (»conflicting goals«). Die Priorisierung von Projektzielen hilft hier bei der richtigen Umsetzung. Aber nicht nur die detaillierten Ziele müssen bei allen Beteiligten klar sein, sondern auch die groben und übergeordneten Ziele des Auftraggebers (so kann das Projekt mit seinen Projektzielen beispielsweise ein kleines Puzzlestück in einer großen Gesamtvision des Auftraggebers sein). Letzteres ist gerade am Projektanfang besonders wichtig: Es kommt hier weniger auf den Detaillierungsgrad an (dieser wird in der Anforderungsanalyse (engl.: requirements analysis) dann schon noch erhöht), sondern vor allem auf Vollständigkeit der Projektziele.

▪ Ein weiteres Ziel des Projektstarts besteht darin, den Projektablauf und die Projektorganisation festzulegen. Hierunter gehören insbesondere die Entwicklung eines Projektplans (zu diesem frühen Zeitpunkt zunächst nur ein Grobplan), die Definition, wer im Projekt für was zuständig ist (Festlegung der Rollenverteilung), und welche Schnittstellen zwischen den eventuell mehreren Teilteams existieren bzw. wie die Kommunikation zwischen diesen funktioniert.

▪ Zum Projektstart gehört auch die Entwicklung einer *Projektkultur*, d.h. zunächst einmal das Kennenlernen der Projektbeteiligten untereinander, dann beispielsweise die Festlegung fester Rituale, wie das Einführen einer Meeting-Kultur, bis hin zur Durchführung von Social Events (zum Beispiel Projektstammtisch), um den Teamzusammenhalt zu fördern (siehe auch Kapitel 7).

Typische Probleme
beim Projektstart   Häufig anzutreffende Probleme beim Projektstart sind:

▪ Unrealistische Ziele: Sie führen später im Projekt zu überzogenen Terminen und Budgets.

▪ Mangelndes einheitliches Verständnis der Projektziele: Bei unklarer Sachlage besteht die Gefahr, dass Annahmen implizit getroffen werden. Die Wahrscheinlichkeit, dass das fertige Softwareprodukt nicht dem Wunsch des Auftraggebers entspricht, ist sehr hoch.

- Fehlende organisatorische Regeln führen zur ineffizienten Zusammenarbeit des Projektteams.
- Unverbindliche Projektpläne, die vom Projektteam nicht akzeptiert sind, werden auch nicht eingehalten, d.h., es werden wieder Termine und Budgets überzogen.
- Mangelnde Unterstützung seitens des Managements (zum Beispiel in Form von mangelnder Bereitstellung von benötigten Ressourcen) führt zu denselben Problemen: Termin- und Budgetüberschreitung.
- All diese Probleme treten vor allem auch dann auf, wenn nicht genügend Zeit für den Projektstart zur Verfügung steht. Es ist wichtig, gerade frühe Phasen, d.h. auch den Projektstart, zeitlich besonders zu betonen. Hier werden die Grundlagen für das Projekt gelegt und nicht umsonst gibt es das geflügelte Wort: »Sage mir, wie dein Projekt beginnt, und ich sage dir, wie es endet!«

Was wird nun eigentlich unter einem *Projektziel* verstanden? Nach DIN 69905 ist ein Projektziel ein nachzuweisendes Ergebnis und/oder eine vorgegebene Realisierungsbedingung der Gesamtaufgabe eines Projekts. Projektziele sollten folgende Eigenschaften haben:

Begriffsdefinition Projektziel

- Projektziele sollten quantifizierbar sein, denn nur was sich messen lässt, kann auch auf Erfüllung getestet werden.
- Projektziele sollten erreichbar sein, denn nur erreichbare Ziele machen Sinn. Offensichtlich nicht erreichbare Ziele erzeugen im Projektteam Demotivation und führen letztlich zu schlechterer Arbeitsleistung.
- Projektziele sollten im Einklang mit den übergeordneten strategischen Unternehmenszielen stehen (siehe auch Abschnitt 3.1.2).

3.1   Der Prozess »Projektstart«

Wann beginnt nun der Projektstart? Die eindeutige Definition, wann der Projektstart konkret beginnt, ist schwierig und abhängig von den Prozessen in dem konkreten Unternehmen, das das Projekt abwickelt. In der Regel besteht aber zu diesem Zeitpunkt im Unternehmen zumindest Konsens darüber, dass »etwas« getan werden muss und dass hierzu Aufwände entstehen. Je nach Szenario kann dieses »etwas« zum Beispiel

Der Beginn des Projektstarts

- die Analyse eines vom Kunden eingereichten Lastenheftes sein, mit dem Ziel, ein Angebot zu erstellen,
- eine Produktidee sein, die auf ihre Marktchancen und Wirtschaftlichkeit hin überprüft werden muss, oder etwa
- eine Machbarkeitsstudie, die eine konkrete technische Problemstellung lösen soll.

Allen genannten Szenarien ist gemein, dass

▪ Aufwände entstehen,
▪ es damit auch eine Kostenstelle gibt, auf die die Aufwände kontiert werden, und
▪ dass es eine verantwortliche Person gibt, der diese konkrete Aufgabe übertragen wurde. Diese Person kann bereits der Projektleiter sein, der für die gesamte Projektlaufzeit die Verantwortung für das Projekt trägt, gegebenenfalls handelt es sich aber zu diesem Zeitpunkt nur um einen vorläufigen Projektleiter.

Das Ende des Projektstarts Das Ende des Projektstarts ist leichter zu definieren: Es ist der Zeitpunkt, zu dem alle notwendigen Informationen vorhanden sind, so dass die Leistungserbringung im Projekt möglich ist. Die detaillierte Projektplanung wird in der Regel bereits zur Leistungserbringung gezählt.

3.1.1   Ablauf

Die nachfolgende Abbildung 3–1 zeigt den typischen Verlauf des Prozesses »Projektstart«. Gleichzeitig ist der Grad an Unsicherheit in den Projektzielen als Kurve dargelegt. Das in der Abbildung 3–1 gezeigte beispielhafte Szenario geht von einer neuen Produktidee aus.

Abb. 3–1

Der Prozess Projektstart

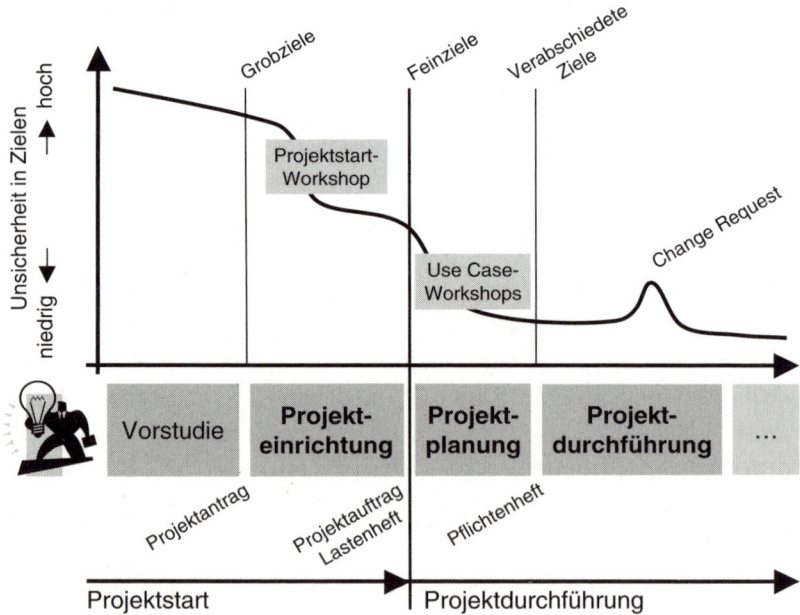

Vorstudie:

Die Unsicherheit in den Projektzielen ist extrem hoch, es handelt sich bisher nur um eine grobe Idee. Im Vordergrund steht daher die (erste) technische Klärung, ob diese Idee überhaupt mit akzeptablem Aufwand umsetzbar ist. Das heißt, neben der technischen Klärung stehen Wirtschaftlichkeitsbetrachtungen im Vordergrund. Je nach Art des neuen Produktes muss zwischen Entwicklungsaufwänden und Fertigungsaufwänden (bei Embedded Softwareentwicklung) unterschieden werden. Handelt es sich um ein Massenprodukt, so spielen die Entwicklungskosten gegenüber den Fertigungskosten nur eine untergeordnete Rolle. Bis jetzt ist nur ein vorläufiger Projektleiter ernannt. Am Ende dieser Vorstudie sind die (noch groben) Projektziele klar benannt, es besteht Klarheit über technische und wirtschaftliche Rahmenbedingungen und es wird (im positiven Falle) ein Projektantrag an die Entwicklungsleitung im Unternehmen gestellt. Es existiert eine erste grobe Version des Projektplans.

Projekteinrichtung:

Die Projektidee ist abgeklärt, meist auch schon der Projektauftrag erteilt. Es wird ein Projektkernteam gebildet, dessen primäre Aufgabe es ist, die Projektziele weiter zu verfeinern. Hierzu werden ein oder mehrere Workshops durchgeführt. Zudem wird das endgültige Projektteam ausgewählt. Am Ende dieses Zeitabschnitts liegen üblicherweise mindestens ein Lastenheft vor und eine überarbeitete Version des Projektplans. Außerdem sollte spätestens hier auch der Projektauftrag offiziell von der Entwicklungsleitung erteilt sein und damit der endgültige Projektleiter ernannt sowie der zum Projekt gehörende Lenkungsausschuss definiert sein.

Projektplanung:

Dieser Zeitabschnitt beginnt mit dem Kick-off des eigentlichen Projektteams. Er stellt den Übergang zwischen der Projektstartphase und der eigentlichen Leistungserbringung dar. Je nach Projekt kann die Projektplanungsphase noch zur Projektstartphase oder bereits zur Projektdurchführungsphase (eigentliche Leistungserbringung) gezählt werden. Die bisherigen Schätzungen und Planungen werden vom jetzt endgültig feststehenden Projektteam geprüft und gegebenenfalls angepasst. Die Detailplanung bis zum ersten Meilenstein (in der Projektdurchführung) wird durchgeführt. Diese Überarbeitung des Projektplans geschieht insbesondere auch noch einmal, nachdem das Lastenheft zum Pflichtenheft weiter verfeinert wurde.

▧ **Projektdurchführung:**
Das Pflichtenheft liegt in einer offiziell freigegebenen Version vor, d.h., es sind nun endlich alle Informationen verfügbar, so dass das Projektteam an die Umsetzung der Anforderungen gehen kann. Die Unsicherheit in den Projektzielen (jetzt dokumentiert im Pflichtenheft) ist gegenüber der ersten Produktidee ganz am Anfang deutlich zurückgegangen. Neue Unsicherheiten können zum Beispiel durch Änderungswünsche des Produktmanagements in Form von zusätzlichen »Ideen« in das Projekt hineinkommen (siehe auch Abb. 3–1).

3.1.2   Auswahl von Projekten

Projekte sollten nicht einfach nur angenommen und durchgeführt werden. Sicherlich ist es ein Unterschied, ob die Auftragslage im Unternehmen gut oder schlecht ist (dann muss vielleicht sogar alles angenommen werden, was als Projektanfrage an das Unternehmen gestellt wird). Es ist mit Sicherheit auch ein Unterschied, ob es sich bei einem Projekt um ein für einen Kunden durchzuführendes Dienstleistungsprojekt oder um eine eigene Produktentwicklung handelt (dann gibt es die größten Freiheitsgrade bezüglich Projektauswahl). Gerade bei einem Überangebot von Projekten ist es wichtig, die Auswahl von Projekten unter strategischen Gesichtspunkten zu treffen.

Abbildung 3–2 zerlegt die beiden Dimensionen Innovation und Ertrag in insgesamt 4 Quadranten (hoher bzw. niedriger Ertrag kombiniert mit hohem bzw. niedrigem Innovationsgrad). Projekte lassen sich beispielsweise nach diesen beiden Kriterien klassifizieren. Nimmt eine Firma etwa ein neues Projekt als Auftrag an, in dem erstmals eine neue, kaum erprobte Technologie eingesetzt werden soll, so kann von einem hohen Innovationsgrad des Projekts gesprochen werden. Oftmals erwirtschaften Projekte mit einem hohen Innovationsgrad aber gerade nicht den hohen Ertrag. Im Gegenteil, dadurch, dass neue Technologien ausprobiert werden, kann dieses Projekt sogar Verlust bringen (siehe Abb. 3–2, linker oberer Quadrant). Doch aus strategischen Gesichtspunkten kann es trotzdem sinnvoll sein, dass dieses Projekt durchgeführt wird. So erhält die durchführende Firma beispielsweise einen Know-how-Vorsprung gegenüber seinen Mitbewerbern.

Nachdem diese neue Innovation erfolgreich eingesetzt wurde, die Firma wertvolle Erfahrungen im Umgang mit dieser neuen Technologie gesammelt hat, wird in zukünftigen Projekten auch der Ertrag stimmen. Die das Projekt durchführende Firma hat einen ganz klaren Wettbewerbsvorteil und kann diese neue Technologie sehr gewinnbringend einsetzen (siehe Abb. 3–2, rechter oberer Quadrant).

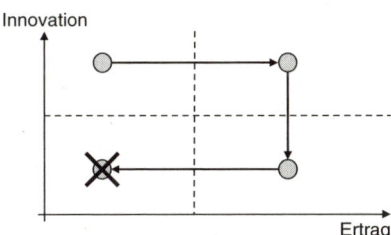

Abb. 3–2
Innovation versus Ertrag

Doch nach einigen Jahren wird auch diese ehemals neue Technologie von allen Konkurrenten beherrscht. Es ist einfach State of the Art, diese Technologie einzusetzen, es ist kein hoher Innovationsgrad mehr vorhanden, aber bei den entsprechenden Projekten handelt es sich um die »cash-cows« eines Unternehmens, mit ihnen werden beispielsweise auch defizitäre Innovationsprojekte subventioniert.

Irgendwann ist auch die ehemals beste Technologie veraltet und selbst der schlechteste Konkurrent setzt sie nicht mehr ein, da sie nur Aufwände in der Entwicklung erzeugt, anstatt Nutzen zu bringen. Spätestens diese Projekte sollten nicht mehr durchgeführt werden.

Unter dem Gesichtspunkt des eben geschilderten Technologiezyklus geht es also darum, einen gesunden Mix aus Projekten zu haben. Eine Firma, die nur Forschungsprojekte durchführt, wird auf Dauer ebenso erfolglos sein wie eine Firma, die nichts in neue Technologien investiert. Und genauso ist das Thema »Auswahl von Projekten« zu verstehen, das *Projektportfolio* muss in der Gesamtbetrachtung zum Unternehmen, seinen Geschäftszielen und -strategien passen. Diese Vorauswahl ist noch einmal in Abbildung 3–3 dargestellt. Dort sind beispielhaft Fragen, ob eine Projektidee weiterverfolgt werden soll oder eben nicht, als Checkliste angegeben.

Projektportfolio

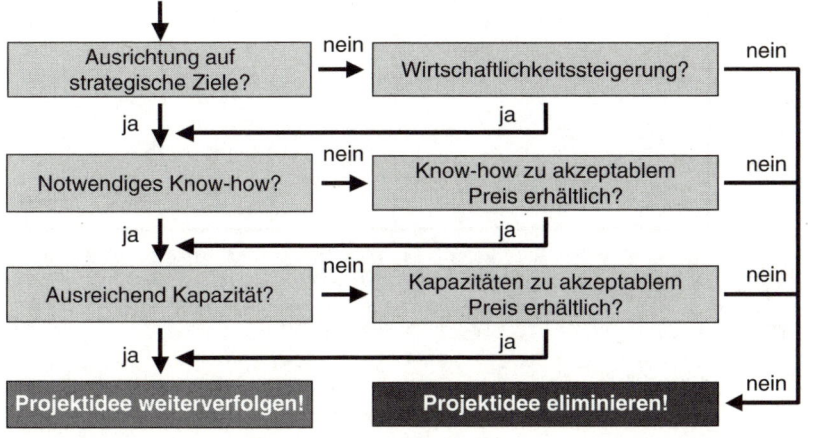

Abb. 3–3
Vorauswahl von Projekten

3.1.3   Projektstartkommunikation

In den vorangegangenen Abschnitten wurde erläutert, dass – ausgehend von einer ersten Projektidee – Ziele schrittweise verfeinert werden. Dabei sind verschiedene Personen(gruppen) beteiligt, die hierfür zusammenarbeiten, d.h., vor allem auch miteinander kommunizieren müssen. In der nachfolgenden Abbildung 3–4 »Zeitpunkte der Projektstartkommunikation« wird daher die bereits bekannte Abbildung 3–1 mit den Phasen Vorstudie, Projekteinrichtung, Projektplanung und Projektdurchführung wiederverwendet, diesmal aber unter dem Aspekt der Projektkommunikation. Das geschilderte Szenario soll als Beispiel dienen, wie die Projektkommunikation in dieser frühen Phase ablaufen kann:

▨ **Vorstudie:**
Zeichnet sich ab, dass die Vorstudie erfolgreich verläuft, d.h., dass z.B. die technische Umsetzbarkeit der Idee gegeben ist und auch der wirtschaftliche Nutzen passt, so wird in dieser Phase mit der Auswahl des eigentlichen Projektteams begonnen. Oftmals werden die in der Vorstudie beteiligten Personen natürlich auch in dem späteren Projektteam sein, dies ist aber nicht zwingend notwendig. Als Kommunikationsart werden vor allem Einzelgespräche zwischen dem Projektleiter und den für das Projekt in Frage kommenden Mitarbeitern verwendet. Diese Einzelgespräche sind in gewisser

Abb. 3–4

Zeitpunkte der Projekt-
startkommunikation

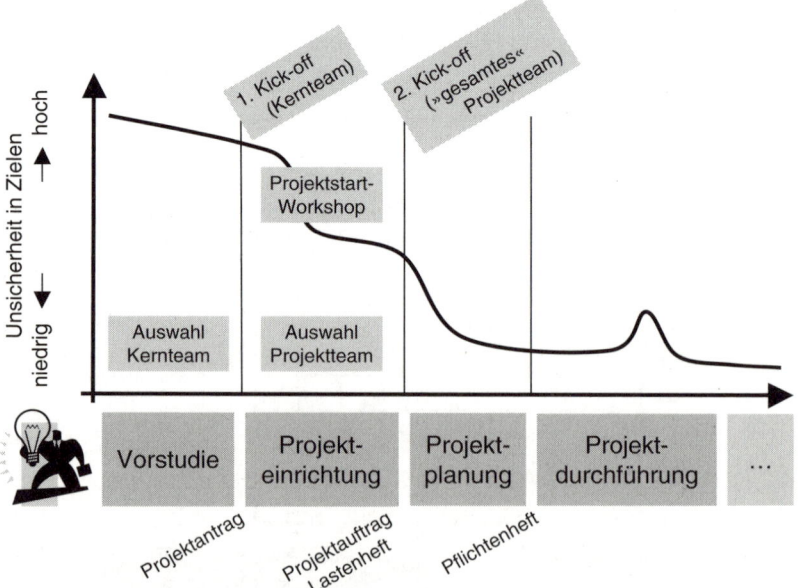

Weise Einstellungsgesprächen gleichzusetzen. Sie dienen dazu, vorab festzustellen, welche Rollen mit welchen Personen besetzt werden können, und erste Informationen über die Projektziele auszutauschen.

▨ **Projekteinrichtung:**

Zu Beginn dieser Phase wird zunächst ein Kick-off stattfinden, dabei ist der *Kick-off* quasi der »offizielle« Startschuss für das Projekt. Ziele dieser Kick-off-Veranstaltung sind zum Beispiel:

Kick-off

- die Informationsverteilung an das Projektteam,
- das gegenseitige Kennenlernen der Beteiligten und eine erste Teambildung,
- die Entwicklung einer gemeinsamen Vision,
- die Sicherstellung, dass bei allen Beteiligten dieselbe Vorstellung über die Zielerreichung vorhanden ist,
- die Einführung spezifischer Rituale (z.B. wann, wie und wie häufig werden Teambesprechungen durchgeführt) zur Förderung des Zusammengehörigkeitsgefühls,
- die Sicherstellung, dass bei allen dieselben Mittel und Werkzeuge verwendet werden.

In der Regel wird in einem Kick-off nichts erarbeitet, es ist eine reine Informationsveranstaltung. Je nach Projektorganisation müssen mehrere Kick-offs stattfinden. Stellen Sie sich vor, es handelt sich um ein Projekt, bei dem viele Firmen zusammenarbeiten müssen, und in jeder dieser Firmen existiert ein kleineres Projektteam. Hier wird es wahrscheinlich ein »externes« Kick-off in dem Sinne geben, dass sich zunächst die Projektleiter der beteiligten Firmen zusammen mit dem Gesamtprojektleiter sowie wichtigen Stakeholdern treffen. Die Projektleiter tragen dann die Informationen in »internen Kick-offs« in die beteiligten Firmen hinein.

Während Kick-offs reine Informationsveranstaltungen sind, dienen Workshops in der Projektstartphase zur Erarbeitung wesentlicher Projektergebnisse, wie etwa der Verfeinerung von Projektzielen. Projektstart-Workshops werden daher in erster Linie für folgende Zwecke eingesetzt:

Workshop

- Sammlung von Informationen zum Projekt
- Erarbeitung und/oder Verfeinerung von Projektzielen, Meilensteinen, Projektplanung, Projektorganisation
- Vorgehensplanung für die Folgephase inklusive konkreter Termine und Zuordnung von Verantwortlichkeiten für identifizierte Aufgaben

Oftmals sind gerade in dieser frühen Projektphase Informationen nur unvollständig (oder vielleicht auch gar nicht) vorhanden. Wer-

den Ergebnisse erarbeitet, so müssen unbedingt die dabei getroffenen Annahmen oder Entscheidungen protokolliert werden. Gegebenenfalls sind die Ergebnisse des Workshops zu einem späteren
Zeitpunkt nochmals zu überarbeiten, sollten sich die getroffenen
Annahmen als falsch herausstellen.

▨ **Projektplanung:**
Oftmals wird jetzt das bisherige Projektkernteam um weitere Personen erweitert, d.h., in dieser Phase ist in diesem Falle wiederum
ein Kick-off-Meeting notwendig. Aus den vorherigen Phasen existiert häufig ein erster Grobplan, den es nun zum Beispiel in Planungsworkshops zu verfeinern gilt. Die wesentlichen Schritte
hierzu sind:

- eine erste Prüfung des Grobplans
- die Konkretisierung des Grobplans im Sinne von Detaillierung
  bezüglich Projektstruktur und Arbeitspaketen, Aufwandsschätzung, Abhängigkeiten zwischen den Arbeitspaketen sowie auch
  Konkretisierung bezüglich der mitarbeitenden Personen
- Abstimmung zwischen allen beteiligten Personen/Projektgruppen
- Prüfung und Freigabe durch die beteiligten Personen/Projektgruppen
- Verteilung des Projektplans an alle Beteiligten

3.2   Die Projektdefinition

Ein wichtiges Ergebnis der Projektstartphase ist die *Projektdefinition*.
Ziel ist, für alle Beteiligten festzuhalten, was die wesentlichen Ziele
und Inhalte für das Projekt sind, was die größten Risiken, aber auch
was die größten Chancen für das Projekt sind und was letzten Endes
dabei herauskommen soll. Bereits in der Einführung zu diesem Kapitel
wurde betont, dass es wichtig ist, ein einheitliches Verständnis über die
Projektziele unter den Stakeholdern zu haben. Dies sowie weitere Rahmenbedingungen zum Projekt festzuhalten ist der Sinn und Zweck der
Projektdefinition. Damit ist die Projektdefinition üblicherweise in die
folgenden Abschnitte aufgeteilt:

Das Dokument   ▨ **Projektmotivation:**
Projektdefinition   Hier sind die unternehmerischen Motive, warum das Projekt
durchgeführt werden sollte, aufzuführen.

▨ **Projektziele:**
Quantifizierbare Projektziele (im Dreieck Kosten, Zeit und Qualität) benennen, die erfüllt sein müssen, damit das Projekt als erfolgreich gelten kann. Messbare Erfolgskriterien sind zu benennen!

- **Produkte und Projektergebnisse:**
  - Kurz beschreiben, was durch das Projekt erzeugt werden soll, gegebenenfalls hier einen Verweis auf bereits existierende Anforderungsdokumente geben.
  - Die zu erzeugenden Hauptbestandteile des Produktes möglichst konkret benennen (sofern bereits möglich).
- **Projektstrategie:**
  Das geplante Vorgehen, um die Anforderungen und Ziele zu erreichen, kurz beschreiben. Hierzu sind zum Beispiel die wesentlichen Meilensteine aufzulisten sowie eine grobe Termin- und Budgetplanung anzugeben.
- **Stakeholder des Projekts:**
  Identifikation der Stakeholder des Projekts
- **Projektorganisation, Projektteam:**
  Wie ist das Projekt organisatorisch strukturiert? Wer arbeitet darin mit? Wer ist für was verantwortlich?
- **Mitwirkungspflichten des Auftraggebers:**
  Oft ist eine mehr oder weniger intensive Mitarbeit des Auftraggebers notwendig, um das Projekt zu einem Erfolg zu führen.
- **Getroffene Annahmen, Chancen und Risiken:**
  Eine erste Risikobetrachtung wird durchgeführt und dokumentiert (siehe Kapitel 8).

3.3   Anforderungsanalyse im Überblick

Bereits im Einführungskapitel (siehe Abschnitt 1.1) wurde darauf hingewiesen, dass mangelndes Anforderungsmanagement (engl.: requirements management) eines der größten Misserfolgsfaktoren für Softwareprojekte ist. Obwohl die Anforderungsanalyse eigentlich zur Entwicklungsarbeit und nicht zum Projektmanagement gezählt wird, soll aufgrund der hohen Auswirkungen auf das Projektmanagement (zum Beispiel Aufwandsschätzung oder Änderungsmanagement) kurz auf dieses Thema eingegangen werden.

Ziele

Idealisiert sind die Ziele der Anforderungsanalyse die folgenden:

- Die Anforderungen sind so definiert, dass die Systemrealisierung möglich ist.
- Das später zu realisierende System entspricht dann auch tatsächlich zu 100 % dem Kundenwunsch.
- Die ursprüngliche Planung bezüglich Zeit, Kosten und Qualität entspricht auch am Projektende der Realität.

Realität Tatsächlich findet man in der Realität oft folgende Situation wieder:

- Zu Projektbeginn ist nur eine grobe Idee dessen vorhanden, was realisiert werden soll.
- Anforderungen sind daher sehr unklar, wenn überhaupt schriftlich fixiert.
- Die Machbarkeit des Vorhabens ist gänzlich unklar.
- Damit wird das später realisierte System fast zwangsläufig vom Kundenwunsch abweichen.
- Die Kosten für die Fehlerbeseitigungen werden – da diese erst zu einem sehr späten Zeitpunkt eliminiert werden – sehr hoch sein.

Psychologische Falle Eine wichtige psychologische Falle sollte hier nicht unerwähnt bleiben: Die meisten Menschen tendieren dazu, sich Unklarheiten nicht bewusst einzugestehen, sondern möglichst rasch zu Vertrautem und Konkretem zu wechseln. Unter anderem wird gerade deshalb oft zu wenig über Anforderungen nachgedacht und zu wenig geplant und stattdessen »lieber« später mit höherem Aufwand am nicht passenden Ergebnis geändert. Dies ist auch die Begründung dafür, warum die Änderungsrate laufender Projekte heute im Allgemeinen höher ist als früher.

Probleme Die größten Probleme bei der Anforderungsdefinition sind daher meist:

- die möglichst vollständige Erfassung der Anforderungen,
- die möglichst eindeutige Formulierung der Anforderungen und die
- konsistente Formulierung der Anforderungen, d.h., dass auch bei mehreren Anforderungsquellen (dies können verschiedene Personen, aber auch einfach verschiedene Dokumente sein) eine widerspruchsfreie Zusammenführung möglich ist.

Definition **Was wird nun unter dem Begriff Anforderungsanalyse verstanden?**

Die Anforderungsanalyse ist ein systematischer Prozess, um durch eine iterative und kooperative Problemanalyse Anforderungen zu finden. Die gefundenen Ergebnisse werden mit Hilfe von verschiedenen Notationen festgehalten, so dass eine Überprüfung des gewonnenen Problemverständnisses möglich ist.

In dieser Definition sind vor allem die Wörter »iterativ« und »kooperativ« von besonderer Bedeutung:

- **Iterativ:** Die Anforderungsanalyse wird in der Regel nie in einem einzigen Anforderungsworkshop abgeschlossen sein. Es wird mehrere geben müssen, bis die Anforderungen in einer Form vorliegen, dass sie freigegeben werden können.
- **Kooperativ:** In der Regel wird nicht nur eine Person mit dem Erfassen und Dokumentieren der Anforderungen beschäftigt sein. Häufig existieren verschiedene Benutzergruppen, die mit dem entwi-

ckelnden System umgehen müssen. Von all diesen Benutzergruppen können Anforderungen eingebracht werden. Beispiele für Benutzergruppen im medizinisch-technischen Umfeld wären etwa: der Arzt, medizinisch-technische Assistenten, Servicepersonal zur Wartung des Gerätes u.a.

Zusammenfassend werden also Anforderungen über mehrere Schritte hinweg erfasst (Anmerkung: Heute wird bei der Anforderungsanalyse häufig *Use Case*-orientiert [Cockburn 03], d.h. *Anwendungsfall*-orientiert, vorgegangen.). Dazu werden verschiedene Stakeholder-Bedürfnisse (z.B. die oben genannten Benutzergruppen) abgefragt und Standards und Gesetze berücksichtigt. Das Ergebnis der Anforderungsanalyse wird in einem Pflichtenheft dokumentiert, einem Review unterzogen und vom Auftraggeber abgenommen. Gerade Letzteres ist sehr wichtig: Das Pflichtenheft ist die Basis für die spätere Entwicklung, d.h., die gesamte Arbeit baut auf diesem ersten Arbeitsergebnis auf. Deshalb ist es für das Vertragsverhältnis zwischen Auftraggeber und Auftragnehmer unablässig, dass eine offiziell freigegebene Version des Pflichtenheftes vorliegt.

Bei Anforderungen denkt man oft zunächst nur an die funktionalen Anforderungen, d.h. diejenigen, die ausdrücken, dass das Wunschsystem etwas berechnen, steuern, anzeigen etc. soll. Es gibt jedoch noch weitere Klassen von Anforderungen, die es alle zu berücksichtigen gilt (je nach zu entwickelndem System natürlich in unterschiedlicher Gewichtung zueinander). Die wichtigsten dieser Klassen sind:

Anforderungsklassen

- Funktionale Anforderungen
  (die Software rechnet, steuert, bedient, beobachtet etc.)
- Nichtfunktionale Anforderungen
  (Effizienz, Zuverlässigkeit, Testbarkeit, Portierbarkeit, Wartbarkeit etc.)
- Technische Randbedingungen
  (Gerätekapazitäten, Ressourcen, Naturgesetze etc.)
- Wirtschaftliche Randbedingungen
  (Budget, Time-to-Market, Konkurrenzsituation etc.)
- Normen und Standards
  (DIN-Normen, GMP, FDA, IEC 61508, Windows Look & Feel etc.)

Anforderungen beschreiben also Eigenschaften des zu entwickelnden Systems, dessen Realisierung Ziel des Projekts ist. Ihre Umsetzung muss durch Tests verifiziert werden. Für die Definition von Anforderungen sollten die folgenden wichtigen Qualitätskriterien Beachtung finden (als weiterführende Literatur zum Thema Anforderungsmanagement ist zum Beispiel [Rupp 02] oder [Robertson & Robertson 99] zu empfehlen):

Qualität der Anforderungen

Abb. 3–5

Qualitätseigenschaften
von Anforderungen

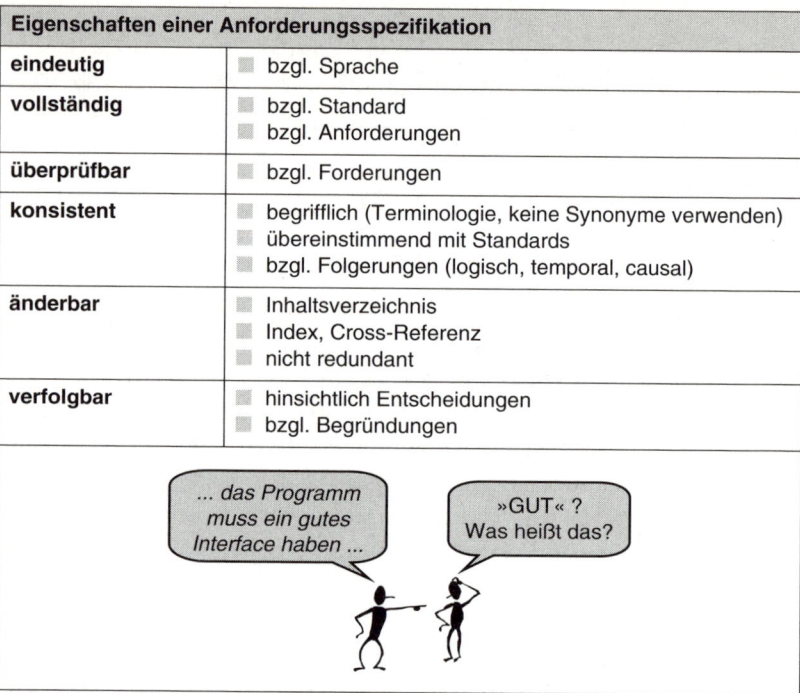

Eigenschaften einer Anforderungsspezifikation	
eindeutig	▦ bzgl. Sprache
vollständig	▦ bzgl. Standard ▦ bzgl. Anforderungen
überprüfbar	▦ bzgl. Forderungen
konsistent	▦ begrifflich (Terminologie, keine Synonyme verwenden) ▦ übereinstimmend mit Standards ▦ bzgl. Folgerungen (logisch, temporal, causal)
änderbar	▦ Inhaltsverzeichnis ▦ Index, Cross-Referenz ▦ nicht redundant
verfolgbar	▦ hinsichtlich Entscheidungen ▦ bzgl. Begründungen

Dokumentation der
Anforderungen

Das Ergebnis der Anforderungsanalyse wird im so genannten Pflichtenheft dokumentiert. Beispiele für Pflichtenheft-Mustergliederungen sind etwa in dem IEEE-Software-Engineering-Standard 830 [IEEE Std 830] enthalten. Weite Verbreitung hat auch das Volere-Template der Atlantic Systems Guild [Volere] gefunden.

3.4 Zusammenfassung

▦ Der Projektstart ist kein Zeitpunkt, sondern ein länger andauernder Prozess. Im Projektstart wird die Grundlage für das gesamte Projekt gelegt, es wird ihm aber in der Realität oft leider viel zu wenig Bedeutung beigemessen.

▦ Im Projektstart sind insbesondere die Projektziele mit allen Beteiligten zu kommunizieren. Diese müssen einheitlich verstanden und akzeptiert werden, um das Projekt zum Erfolg führen zu können.

▦ Im Unterschied zu Workshops dienen Kick-off-Veranstaltungen rein der Information der Eingeladenen. In Workshops werden konkrete Ergebnisse erarbeitet (zum Beispiel Anforderungen, Projektpläne etc.).

▦ Ein wichtiges Ergebnis des Projektstarts ist die Projektdefinition, in der die wesentlichen Ziele und Inhalte des Projekts definiert werden.

4 Projektplanung

Dieses Kapitel erläutert die durchzuführenden Planungsschritte im Rahmen der Projektplanung sowie den iterativen Aspekt dieser Planungsschritte. Im Detail wird auf die Festlegung des Projektumfangs und der Meilensteine, auf Projektstrukturplan und Arbeitspakete, Schätzungen, Aktivitätenzeitplanung sowie Kostenplanung eingegangen.

Projektplanung ist das Treffen von Annahmen und Entscheidungen darüber, was zukünftig im Projektverlauf gemacht wird. Die Projektplanung umfasst eine Vielzahl von Planungsaktivitäten, die den inhaltlichen und zeitlichen Verlauf des Projekts bestimmen. Die Ergebnisse der Planungsphase werden in den Planungsdokumenten beschrieben. In keiner anderen Phase werden so viele Weichen gestellt und Entscheidungen getroffen.

Projektplanung

Viele Projektprobleme, die schon oft Projekte zum Scheitern gebracht haben, werden bereits in der Planungsphase verursacht. In Abbildung 4–1 sind einige typische Planungsfehler genannt.

Projektprobleme in der Planungsphase

Typische Planungsfehler
Pläne verlangen zu viel in zu kurzer Zeit
Pläne basieren auf unrealistischen Wunschterminen
Das Senior Management hält an den Wunschterminen fest, obwohl eine realistische Planung andere Termine ergeben würde
Pläne werden nicht mit Betroffenen abgestimmt
Unzureichende finanzielle Planung
Pläne basieren auf unzureichenden Daten
Niemand hat geprüft, ob die zugrunde liegenden Personaleinsatzanforderungen erfüllt werden können
Schätzungen sind zu optimistisch und basieren nicht auf Erfahrungen
Verschiedene spätere Arbeiten lassen sich jetzt noch gar nicht abschätzen, sondern erst z.B. nach dem Design (Management will aber jetzt eine Festlegung)
etc.

Abb. 4–1

Typische Planungsfehler

Um dies zu vermeiden, benötigen alle Projekte eine fundierte, formale und angemessen detaillierte Planung. Nach [Kerzner 01] erfüllt eine Projektplanung folgende vier Ziele:

1. Bereitstellen einer Basis für die Kontrolle und Steuerung der Arbeiten
2. Erhalten eines besseren Verständnisses der Projektziele
3. Verbesserung der Effizienz der Projektabwicklung
4. Vermeiden oder Verringern von Redundanzen

Projektplanung ist somit das Fundament für das Gelingen des Projekts. Fehlplanungen führen meist zu ineffizientem Arbeiten, Termin- und Kostenüberschreitungen. Eine gute Projektplanung zu Projektbeginn kann Änderungen während des Projektverlaufs durch äußere Einflüsse oder projektinterne Entwicklungen nicht ausschließen, sie kann aber die Anzahl der Änderungen aufgrund von Planungsfehlern erheblich reduzieren.

4.1 Überblick Projektplanung

Projektplanung findet mit Schwerpunkt in der Planungsphase statt. Aber auch in der Startphase und teilweise sogar davor (z.B. im Rahmen einer Angebotsabgabe) muss eine grobe Projektplanung inkl. der Schätzung von Größe, Aufwand und Kosten (siehe Abschnitt 4.4) durchgeführt werden. In der Planungsphase bzw. teilweise bereits zum Ende der Startphase findet dann eine detaillierte Planung statt. Dabei wird das Projekt nicht von Beginn bis Ende in gleicher Detaillierungstiefe geplant. Bei längeren Projektlaufzeiten werden die nächsten zwei bis drei Monate detailliert ausgeplant (z.B. bei iterativer Entwicklung die nächsten ein bis zwei Iterationen), weiter entfernte Zeiträume (z.B. bei iterativer Entwicklung die geplante dritte oder vierte Iteration) können meist nur grob geplant werden. Auch während der Durchführungsphase finden Planungsaktivitäten statt (Aktualisierung, weitere Detaillierung, Umplanung etc.). In Abbildung 4–2 ist beispielhaft die Planungsintensität in den einzelnen Projektphasen dargestellt.

Abb. 4–2

Planungsintensität in den einzelnen Projektphasen

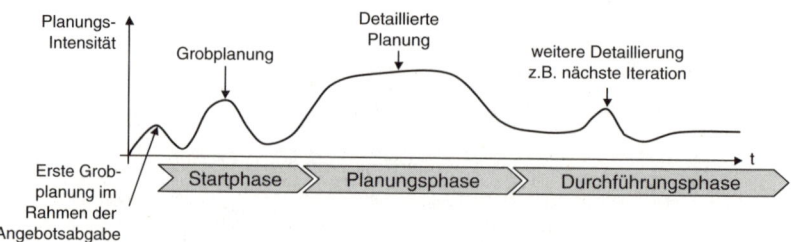

In der Planungsphase werden mehrere Planungsschritte durchgeführt, die in Abbildung 4–3a dargestellt sind. Im Nachfolgenden werden die Schritte zu einer ersten detaillierten Planung im Rahmen der Planungsphase beschrieben. Die Schritte gelten sinngemäß auch für eine erste Grobplanung vor oder während der Startphase, nur sind die Planungsdokumente dort mehr als Übersichtsdokumente zu verstehen, die im weiteren Projektverlauf detailliert werden müssen. In Abbildung 4–3b sind die wichtigsten Planungsdokumente aufgeführt, die in den einzelnen Planungsschritten erzeugt bzw. bearbeitet werden.

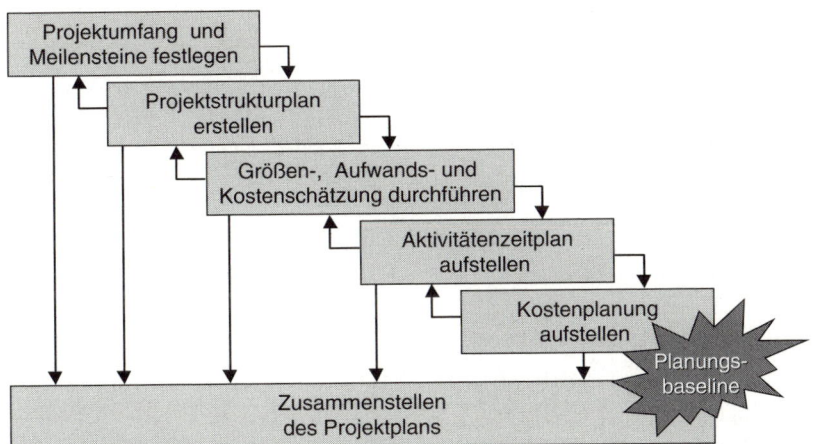

Abb. 4–3a
Übersicht Planungsschritte

Wichtig zu verstehen ist, dass diese Planungsschritte nicht streng sequenziell, sondern *iterativ* durchlaufen werden. Meist sind mehrere Rückkopplungen notwendig und die Teilschritte werden mehrmals durchlaufen, bis ein abgestimmter Planungsstand (Planungsbaseline) vorliegt. Weiter gilt, dass die Projektplanung niemals abgeschlossen ist. »Die Planung lebt«, sie muss ständig aktualisiert und immer wieder überarbeitet bzw. detailliert werden (siehe Abschnitt 4.8).

Iterative Natur der Planung

Letztlich bleibt zu erwähnen, dass vor Beginn einer detaillierten Planung die Ergebnisse vorheriger Phasen (z.B. grobe Wirtschaftlichkeitsberechnung aus einer Vorstudie) mit aktuellen Kenntnissen nochmals überprüft werden sollten.

Abb. 4–3b

Übersicht

Planungsdokumente

Dokumente	Planungsschritte				
	Projektumfang und Meilensteine festlegen	Projektstrukturplan erstellen	Größen-, Aufwands- und Kostenschätzung durchführen	Aktivitätenzeitplan aufstellen	Kostenplanung aufstellen
Projektziele	E*				
Projektdefinition	E*	Ü	Ü	Ü	
Projektorganisation	E*				
Projektspezifisches Vorgehensmodell	E*				
Anforderungsspezifikation	E*				
Projektstrukturplan		E	Ü	Ü	
Arbeitspaketbeschreibung		E	Ü	Ü	
Meilensteinplan	E			Ü	
Schätzdokument (Größen, Aufwand, Kosten)			E		
Aktivitätenzeitplan				E	
Kostenplan					E
Projektplan	E	A	A	A	A

Legende:

E: (Erstellen) Das Dokument wird in diesem Schritt erstellt.

E*: Dokument wird erstellt bzw. angepasst, abhängig davon, ob es schon in der Phase Projektstart erstellt wurde.

Ü: (Überarbeiten) In diesem Schritt wird das Dokument überarbeitet.

A: (Anpassen) Das Dokument wird an die Projektbedürfnisse angepasst bzw. ergänzt.

4.2   Projektumfang und Meilensteine festlegen

Projektumfang/
Projektdefinition

Zu Beginn der Planung wird der *Projektumfang* (engl.: project scope) in Form einer *Projektdefinition* (siehe Kapitel 3) (engl.: statement of work) festgelegt, falls diese nicht schon vorher (z.B. während der Start-phase) erstellt wurde. Liegt bereits eine Projektdefinition vor, wird diese zu Beginn der Planungsphase geprüft und in der Regel noch ein-mal überarbeitet und detailliert. Eine Projektdefinition ist beispielhaft im Anhang A.1 aufgeführt.

Meilensteine

Zur Festlegung des Projektumfangs gehört auch das Festlegen einer groben Terminschiene in Form von *Meilensteinen* (engl.: mile-stone). Ein Meilenstein ist das Erreichen eines messbaren, bedeutenden

Ereignisses im Projekt wie z.B. der Abschluss eines *Liefergegenstandes* (engl.: deliverable) oder das Ende einer Phase zu einem bestimmten (geplanten) Termin. Meilensteine werden basierend auf den Projektzielen festgelegt und können mit entsprechenden Reviews (siehe Abschnitt 7.3.2) oder der Übergabe eines Liefergegenstandes gekoppelt sein.

Meist sind sie in der Projektdefinition oder innerhalb der *Aktivitätenzeitplanung* (siehe Abschnitt 4.5) dokumentiert. Bei großen Projekten mit vielen Meilensteinen (z.B. bei der Entwicklung eines Autos) können auch gesonderte Meilensteinpläne erstellt werden.

In Abbildung 4–4 sind die Meilensteine für Mobile Odors dargestellt. Da es sich im Beispiel um eine erste Planung, basierend auf der Projektdefinition (siehe Anhang A.1), handelt, sind die Meilensteine nur bis zum Prototyp 1 terminiert.

Beispiel Meilensteine für Mobile Odors

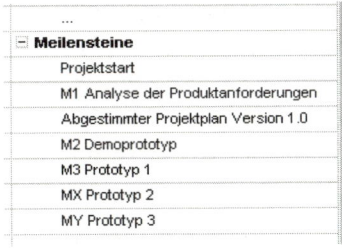 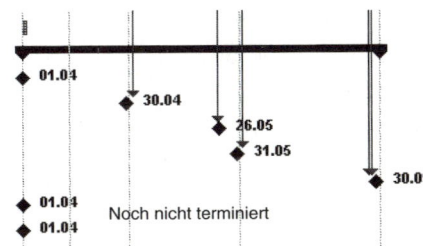

Abb. 4–4

Meilensteinplan Mobile Odors

4.3   Projektstrukturplan erstellen

Als Nächstes wird der *Projektstrukturplan* (PSP, engl.: work breakdown structure) erstellt. Nach [DIN 69901] ist der Projektstrukturplan lediglich die »Darstellung der Projektstruktur«, also »die vollständige hierarchische Anordnung aller Elemente eines Projekts«. Als Darstellungsform wird hierfür meist das Strukturdiagramm gewählt, alternativ die Listendarstellung mit Nummerierung und Einrückungen. Logisch gleichwertig dem Strukturdiagramm, aber mit anderer visueller Wirkung, findet sich auch zunehmend eine Mindmap als Format für den PSP[1] (aus [projektmagazin] im Glossar unter Projektstrukturplan).

Ein PSP ist eine in der Regel an den Liefergegenständen orientierte Anordnung von Projektelementen, die den Gesamtinhalt und -umfang des Projekts strukturiert und definiert. Jede niedrigere Ebene beinhal-

Projektstrukturplan

Begriffsdefinition PSP

---

1. Dies ist vor allem deshalb interessant, da z.B. das gängige Programm »Mindmanager« eine Schnittstelle zu »MS Project« enthält. Somit kann der PSP in Mindmanager erzeugt werden und als Aktivitätenliste nach MS Project importiert werden.

tet eine detailliertere Beschreibung eines Projektelementes (gemäß [Gartner & Wuttke 00]). Liefergegenstände, die nicht im PSP stehen, sind außerhalb des Projektumfangs.

Der PSP ist das Werkzeug, das den Projektumfang in »handhabbare« Elemente herunterbricht. Diese Liefergegenstände des Projekts werden sukzessive in kleinere Einheiten zerlegt. Auf der obersten Ebene sollte der PSP nach Hauptliefergegenständen gegliedert sein, um das Projekt leicht erkennbar abzubilden. Alternativ kann der PSP auf oberster Ebene auch nach den Projektphasen strukturiert sein. Der PSP wird bis auf *Arbeitspakete* (engl.: work packages) als unterste Ebene heruntergebrochen. Im Rahmen der Bearbeitung eines Arbeitspaketes werden ein oder mehrere »abrechenbare« Liefergegenstände erstellt sowie die mit deren Erstellung oder Bearbeitung verbundenen Aktivitäten durchgeführt. Aktivitäten gehören nicht zum PSP im engen Sinne. Zum besseren Verständnis wird aber der PSP in der Regel durch eine Arbeitspaketbeschreibung und gegebenenfalls Teilarbeitspaketbeschreibungen ergänzt. In Abbildung 4–5 ist eine Mustergliederung einer Arbeitspaketbeschreibung für das Mobile-Odors-Projekt am Beispiel »PSP-ID 5.3 Schulungen, Teilpaket internes Vertriebstraining« dargestellt.

Abb. 4–5
Beispiel Arbeits-
paketbeschreibung
Mobile Odors

PSP-ID 5.3 Schulungen, Teilpaket internes Vertriebstraining	
1) Beschreibung des Arbeitspaketes	Vorbereitung, Durchführung und Nachbereitung von zwei je zweitägigen Trainings für Vertriebsmitarbeiter und ausgewählte Mitarbeiter über die neue Technologie und Funktionalität des Mobile-Odors-Telefons. Ergänzende Informationen:
	▦ Intensivtraining mit max. 4 Teilnehmern
	▦ Überwiegend folienbasiertes Training inkl. Übungen (ca. 80 Folien pro Tag)
	▦ Es gibt bereits Unterlagen einer älteren Schulung, die für das Training benutzt/anpasst werden dürfen.
	▦ Teilnehmerunterlagen werden durch Druckerei erstellt & geliefert. => Vorher Übergabe elektronisch in pdf-Format.
	▦ Nachbereitung: Teilnehmerzertifikate und im Kurs erarbeitete Unterlagen (elektronische Bilder via E-Mail)
2) Durchführende Personen oder Rollen	Chefdesigner
3) Notwendige Fähigkeiten des/der Durchführenden	Gute technische und funktionale Kenntnisse Mobile Odors, Trainerausbildung
4) Dauer und Aufwand	Schulungsdauer: 2 Tage (à 8 Stunden), Aufwand noch zu bestimmen
5) Liefergegenstände	Trainerfolien, Trainingsorganisation, durchgeführte Trainings, Teilnehmerunterlagen

PSP-ID 5.3 Schulungen, Teilpaket internes Vertriebstraining	
6) Voraussetzungen für die Durchführung	Ausreichend zeitlicher Vorlauf bei der Planung, damit alle Teilnehmer mit den 2 Trainings erreicht werden.
7) Voraussetzungen für eine erfolgreiche Abnahme	Teilnehmer kennen die Technologie und fühlen sich in der Lage, auch mit technisch versierten Kunden ein Vertriebsgespräch zu führen.
8) Kennzahlen zur Überprüfung der korrekten Durchführung	keine

Im PSP sind oft noch weitere Informationen wie Kostenträger, Verantwortliche und gegebenenfalls auch Termine und Budgets vermerkt.

Weitere Informationen im PSP

Jedem Element des PSP ist üblicherweise eine eindeutige Identifizierung (PSP-Code) zugeordnet, die in weiteren Projektmanagementdokumenten (z.B. Aktivitätenzeitplan, Fortschrittsberichte etc.) referenziert wird. Der *PSP-Code* erlaubt somit, die Beziehungen zwischen den PM-Dokumenten leicht zu erkennen und zu verfolgen. Der PSP-Code wird bis auf die Ebene von Arbeitspaketen vergeben. Das bedeutet, dass die zum Arbeitspaket zugehörigen Aktivitäten denselben PSP-Code als Identifier besitzen (Grund hierfür ist, dass sich Aktivitäten häufig ändern und dass eine durchgängige Führung der PSP-Codes durch mehrere Dokumente ansonsten zu aufwendig wäre).

PSP-Code

Die während der Erstellung des PSP getroffenen Annahmen und festgestellten Rahmenbedingungen werden begleitend dokumentiert und gehören ebenfalls zur Planungsdokumentation.

Bei der Erstellung des PSP können folgende Hinweise als Hilfestellung dienen:

Praktische Hinweise zur Erstellung des PSP

1. Die Strukturierung sollte »ausgewogen« sein (d.h. nicht 2 Elemente auf einer Ebene mit je 100 Unterelementen). Für die ersten beiden Ebenen hat sich eine 10×10-Matrix als Orientierungshilfe bewährt (d.h. max. ca. 10 Elemente auf der ersten Ebene mit je max. ca. 10 Elementen auf der zweiten Ebene).
2. Die Arbeitspakete auf der untersten Ebene sollten
   - handhabbar sein, d h. nicht zu klein, damit der Aufwand zur Kontrolle nicht explodiert, und nicht zu groß, damit eine regelmäßige Fortschrittskontrolle noch möglich ist; abhängig von Dauer, Größe, Komplexität etc. des Projekts kann ein Richtwert beispielsweise 4 – 6 Wochen Zeitdauer bzw. 160 Stunden Aufwand sein;
   - so strukturiert sein, dass Verantwortlichkeiten zugewiesen werden können;

- unabhängig bzw. abgrenzbar sein mit minimalen Schnittstellen und Abhängigkeiten zu anderen Elementen;
- schätzbar sein im Sinne von Aufwand, Dauer, Kosten und Zeitpunkten;
- messbar sein (im Sinne einer Fortschrittsmessung).

3. Man sollte von Ebene zu Ebene vorgehen, d.h. nicht ein Element der obersten Ebene bis auf Arbeitspaketebene auflösen und dann erst zum zweiten, dritten etc. Element weitergehen, weil daraus Unausgewogenheiten des PSP und Überarbeitungsbedarf entstehen können. Tendenz in der Praxis ist meist, dort vorrangig und sehr weitgehend zu detaillieren, wo Vorkenntnisse vorhanden sind; unklare PSP-Zweige werden liegen gelassen und nicht tief genug aufgelöst, was sich dann besonders bei Aufwandsschätzungen rächt.

4. Der PSP muss den Gesamtumfang des Projekts vollständig abbilden. Dies beinhaltet sowohl Arbeitspakete für Projektmanagement, Konfigurationsmanagement, Qualitätssicherung und Test als auch projektinterne Arbeitsprodukte (nach außen nicht sichtbar, nur für den internen Gebrauch, wie z.B. interne Designdokumente, Wegwerf-Prototypen, Treiber für Test etc.).

5. Nach der Etablierung im Projekt sollte die Struktur des PSP nicht unnötig geändert werden, da dadurch erneuter Planungsaufwand entsteht.

Beispiel PSP Mobile Odors Im Anhang A.2 ist der Projektstrukturplan Mobile Odors auf der ersten und zweiten Ebene vollständig dargestellt. Außerdem ist der PSP Mobile Odors für das Element »2.1.3.2 Kern-SW« beispielhaft bis auf Arbeitspaketebene heruntergebrochen. Der PSP-Code wird bis auf Arbeitspaketebene vergeben. Eintragungen in der Mindmap unterhalb der Arbeitspakete ohne PSP-Code (z.B. bei »2.1.3.2.5 Test«) dienen lediglich der Erläuterung des Arbeitspaketes.

4.4 Größen-, Aufwands- und Kostenschätzung durchführen

Nach Erstellung des Projektstrukturplans müssen nun im nächsten Schritt die einzelnen Elemente und Arbeitspakete geschätzt werden. Nach unseren praktischen Erfahrungen, siehe hierzu auch [DeMarco & Boehm 86], neigen Manager oft dazu, *Schätzungen* (engl.: estimations) meist zu optimistisch zu bewerten. Hinzu kommt, dass Schätzungen oft in der Startphase bzw. sogar noch davor durchgeführt werden müssen. Zu diesem Zeitpunkt herrscht noch eine große Unsicherheit und die Schätzungen von Projektmitgliedern variieren oft um einen Faktor zwei und mehr.

Man tut also gut daran, folgende grundlegende Regeln zu beachten: *Grundlegendes zu Schätzungen*

1. Schätzungen müssen nachvollziehbar sein und sollen auf der Basis einer Methodik durchgeführt werden.
2. Schätzungen sollen, wenn möglich, auf (quantitativen) Vergangenheitsdaten basieren. Zu beachten ist dabei, dass Vergangenheitsdaten nur bedingt herangezogen werden können, wenn neuartige Projektinhalte oder Vorgehensweisen vorliegen!
3. Die Schätzungen sollen, wenn irgend möglich, von den späteren Bearbeitern (den Experten) durchgeführt werden. Bei großen Projekten stehen oft die Bearbeiter zu Beginn noch nicht fest, es ist aber bereits eine Schätzung erfolgt. Daher sollten bei Feststehen der Teams ein Review und gegebenenfalls eine Überarbeitung der Schätzungen erfolgen.
4. Die Schätzdokumentation sollte auch getroffene Annahmen und zum Verständnis notwendige Erläuterungen enthalten, evtl. auch damit verbundene Risiken.

Im Folgenden stellen wir verschiedene Schätzmethoden vor. Wir gehen kurz auf Analogieschätzungen und fortgeschrittene Methoden ein. Im Schwerpunkt erläutern wir verschiedene Expertenschätzmethoden, da diese eine breite Anwendung finden und einfach in die tägliche Arbeit integriert werden können. Zum Schluss erfolgt noch ein praktischer Anwendungsvorschlag für eine Expertenschätzung.

Schätzungen werden zu unterschiedlichen Zeitpunkten (siehe Abschnitt 4.1) während des Projektverlaufs durchgeführt: *Schätzungen in den einzelnen Projektphasen*

1. Grobe Schätzungen zu Beginn der Startphase oder davor (z.B. im Rahmen einer Angebotsabgabe). Dabei werden die Schätzungen meist nur auf der ersten und zweiten Ebene des Projektstrukturplans durchgeführt, da dieser zum Zeitpunkt der Schätzung nicht detaillierter vorliegt.
2. Detaillierte Schätzungen zum Ende der Startphase bzw. meist während der Planungsphase. Die Schätzungen werden bis auf Arbeitspaketebene durchgeführt, soweit diese vorliegen.
3. Weitere Detaillierungen der Schätzungen während der Durchführungsphase, z.B. eine weitere Detaillierung bei Eintritt in eine neue Projektphase oder Iteration oder im Rahmen von Um- oder Neuplanungen.

Abbildung 4–6 gibt einen Überblick über die nachfolgend vorgestellten Schätzmethoden und zeigt, zu welchen Zeitpunkten man welche Methoden bevorzugt einsetzen könnte.

Schätzmethoden	Schätzungen während den Projektphasen		
	Grobe Schätzung (vor oder während Startphase)	Detaillierte Schätzung (Planungsphase)	Weitere Detaillierung (Durchführungsphase)
1) Analogieschätzungen			
Multiplikatormethode	X	(X)*	(X)*
Prozentsatzmethode	X	(X)*	(X)*
2) Expertenschätzungen			
Delphi-Methode (top-down)	X	(X)*	(X)*
Informelle Expertenschätzung (top-down und bottom-up)	X	X	X
Drei-Punkt-Schätzung (bottom-up)		X	X
3) Fortgeschrittene Methoden			
Cocomo		X	X
Function Point		X	X

Legende:

X: Methode kann in dieser Phase angewendet werden.

(X)*: Kann für ausgewählte Module eingesetzt werden, ist aber für eine komplette Schätzung des Gesamtsystems zu aufwendig bzw. für eine komplette Schätzung liegen in der Regel nicht alle Erfahrungswerte vor.

Die Schätzmethoden decken die Bereiche der Größen-, Aufwands- und Kostenschätzungen ab. Auf den Zusammenhang zwischen diesen drei Schätzungen gehen wir in Abschnitt 4.4.5 ein.

4.4.1   Analogieschätzungen

Bei Analogieschätzungen werden Analogieschlüsse für Schätzungen oder Teile der Schätzung auf Basis von Erfahrungen und Daten ähnlicher/früherer Projekte durchgeführt. Analogieschätzungen eignen sich gut zur Erstellung einer ersten groben Schätzung zu Projektbeginn, da sie schnell einen Überblick über die Größen und Aufwände zur Erstellung des Gesamtsystems liefern können. Sie können jedoch auch für Schätzungen auf Arbeitspaketebene verwendet werden.

Es können hier zwei prinzipielle Methoden unterschieden werden:

1. Analogieschlüsse von einer Größe auf eine andere, Beispiel: Multiplikatormethode
2. Analogieschlüsse von einer Phase auf andere, Beispiel: Prozentsatzmethode

Analogiemethoden haben in der Praxis meist nur eine geringe Verbreitung, da viele Unternehmen die Erfahrungen bei der Schätzung von Softwareprojekten nicht quantifiziert aufbereiten. Liegen diese Erfahrungen allerdings quantifiziert vor, so bekommt man in kurzer Zeit verlässliche Aussagen über das Gesamtsystem.

Multiplikatormethode

Bei der Multiplikatormethode wird ein linearer Zusammenhang zwischen einer Produktgröße (z.B. in Lines of Code, LOC) und einer Ergebnisgröße angenommen (z.B. Kosten, Entwicklungsaufwand, Testaufwand etc.).

Entwicklungsaufwand (in Personentagen) = Faktor C x Modulgröße (in LOC)

Durch Faktoren wird der Einfluss z.B. von Schwierigkeitsgrad, Programmiersprache, Komplexität und Risiken berücksichtigt. Ein Problem besteht darin, dass dies eine Aufzeichnung von vergleichbaren Projektdaten über einen längeren Zeitraum voraussetzt. Dies ist in der Praxis schwierig, da oft sehr unterschiedliche Projekte in Unternehmen durchgeführt werden.

Prozentsatzmethode

Die Prozentsatzmethode ist kein eigenständiges Schätzverfahren. Es werden Werte einer Phase auf die anderen Phasen durch Multiplikation mit einem Faktor (»Prozentsatz«) übertragen. Es gibt meist unterschiedliche Prozentsätze je nach Art des Projekts/Produkts. In Abbildung 4–7 ist folgender Fall dargestellt: In einer Expertenschätzung wird der Aufwand für Kodierung/Modultest für ein Programm auf 310 Personentage geschätzt. Durch Erfahrungswerte werden die Aufwände mittels der Prozentsatzmethode für die anderen Phasen ermittelt.

Phase	Aufwandsverteilung in %	Aufwandsverteilung in Personentagen
Studie	6	53
Systementwurf	15	133
Programmentwurf	23	204
Kodierung/Modultest	35	**310**
Systemintegration/-test	21	186
Summe	100	886

Abb. 4–7

Beispiel Prozentsatzmethode

Ein weiteres Anwendungsfeld besteht darin, im Rahmen der Prozent-satzmethode Erfahrungswerte zu tatsächlich entstandenen Aufwänden in den einzelnen Projektphasen zu sammeln. Dabei ergibt sich über genügend viele ausgewertete Projekte, dass beispielsweise durch-schnittlich 7 % des Aufwands auf die Projektstartphase entfallen, 30 % auf die Projektplanung etc. Für ein neues Projekt kann dann nach Abschluss der Projektstartphase auf den voraussichtlichen Gesamtaufwand und die Aufwände je Phase hochgerechnet werden. Voraussetzungen sind neben einer sorgfältigen Erfassung der Erfah-rungswerte aber auch ungefähr gleichbleibende Projekttypen, -größen und Entwicklungsmethoden.

4.4.2   Expertenschätzungen

Expertenschätzung

Expertenschätzungen sind die am häufigsten eingesetzten Schätzme-thoden, die in der Praxis aber oft sehr informell und unsystematisch durchgeführt werden. Dabei gibt es bewährte Methoden, die einfach und wirkungsvoll, aber in den Unternehmen nicht bekannt sind und daher nicht eingesetzt werden. Auch einfache Expertenschätzungen sollten nach festgelegten Spielregeln durchgeführt werden. Auf diesen Aspekt gehen wir unter »informelle Expertenschätzung« ein.

Expertenschätzungen können zum einen top-down durchgeführt werden, d.h., die Arbeit wird als Ganzes geschätzt, z.B. die Schätzung des Aufwands zur Erstellung des Gesamtsystems anhand der ersten und zweiten Ebene des PSP.

Alternativ können die Schätzungen auch bottom-up durchgeführt werden, d.h., die Arbeit der einzelnen Arbeitspakete auf unterster Ebene des PSP wird geschätzt. Das Gesamtergebnis berechnet sich aus der Summe der einzelnen Teilergebnisse.

Bei allen Expertenschätzungen ist der Schlüssel zum Erfolg, dass diese durch die am besten geeigneten Personen – die Experten – durch-geführt werden.

Delphi-Methode

Delphi-Methode

Bei der *Delphi-Methode* werden die Arbeitspakete durch Experten unter Anleitung eines Moderators in Verbindung mit einer gemeinsa-men Sitzung geschätzt. Die Delphi-Methode ist eine Top-down-Methode und eignet sich gut zur Erstellung einer ersten groben Schät-zung zu Projektbeginn. Man könnte die Delphi-Methode prinzipiell auch für Bottom-up-Schätzungen einsetzen, dies ist in der Praxis jedoch zu aufwendig und wird, wenn überhaupt, nur für einzelne (z.B. komplexe) Module durchgeführt.

Eine Sitzung könnte nach folgendem Ablauf durchgeführt werden:

1. Der Moderator erläutert den Experten die Aufgabenstellung und verteilt gegebenenfalls Unterlagen.
2. Die Aufgabenstellung wird durch die Experten unter Moderation diskutiert.
3. Die Experten schätzen getrennt (in der Regel auf vorbereiteten Formularen). Rückfragen beim Moderator sind möglich, eine Diskussion zwischen den Experten an dieser Stelle ist nicht erlaubt.
4. Der Moderator fasst die Zahlenwerte und Abweichungen zusammen (z.B. auf einem Flipchart oder im Formular).
5. Moderierte Diskussion des Ergebnisses und der Abweichungen durch die Experten. Die Ergebnisse der Diskussion werden notiert (oft in Form von Annahmen und Rahmenbedingungen).
6. Jeder Experte überarbeitet seine Schätzung nochmals (getrennt) basierend auf den neuen Erkenntnissen.
7. Der Prozess wird so lange wiederholt, bis eine ausreichende Annäherung der einzelnen Schätzungen erreicht ist. Das Schätzergebnis ist der Durchschnittswert der Einzelschätzungen.

Bei Auswahl der richtigen Teilnehmer und unter guter Moderation erzielt man mit der Delphi-Methode meist fundierte und gute Schätzergebnisse. Es gibt verschiedene Varianten der Delphi-Methode, die aber sinngemäß nach dem oben beschriebenen Schema durchgeführt werden.

Informelle Expertenschätzung

Bei kleineren Projekten oder Teilaufgaben kombiniert mit Zeitdruck können die anderen in diesem Kapitel vorgestellten Methoden oft nicht eingesetzt werden. Stattdessen werden Schätzungen häufig sehr unsystematisch durchgeführt. Die informelle Expertenschätzung hat eine hohe Akzeptanz und weite Verbreitung. Informelle Expertenschätzung kann sowohl als Top-down- wie auch als Bottom-up-Schätzung eingesetzt werden. Sie werden sowohl vor oder zu Projektbeginn für eine erste Grobschätzung als auch zu einem späteren Zeitpunkt für Detailschätzungen eingesetzt.

Informelle Expertenschätzung

Auch die informelle Schätzung sollte nach gewissen Regeln durchgeführt werden. Die Schätzung sollte, wenn möglich, von mindestens zwei Experten vorgenommen werden: Entweder wird zusammen in der Diskussion oder getrennt voneinander geschätzt. Im zweiten Fall werden die Ergebnisse verglichen und Abweichungen diskutiert. Schließlich einigt man sich auf einen Schätzwert. Dabei werden getroffene Annahmen, Risiken, Rahmenbedingungen und Teilschätzungen in der Schätzdokumentation nachvollziehbar dokumentiert.

Drei-Punkt-Schätzung

Drei-Punkt-Schätzung
Bei der *Drei-Punkt-Schätzung* werden die Experten nach drei Schätzungen gefragt:

- Optimistisch: Idealfall, geringster Wert
- Realistisch: wahrscheinlichster Fall, mittlerer Wert
- Pessimistisch: schlechtester Fall, höchster Wert

Mit den drei Werten werden der Schätzwert sowie die Unsicherheit der Schätzung ermittelt. Drei-Punkt-Schätzungen werden in der Regel bottom-up für Detailschätzungen während der Planungs- oder Durchführungsphase (z.B. im Rahmen einer weiteren Detaillierung) eingesetzt.

Die Drei-Punkt-Schätzung berücksichtigt, dass es eine gewisse Unsicherheit in der Schätzung gibt. Weiter wird die Neigung, eine optimistische Schätzung abzugeben, bei der Berechnung des resultierenden Schätzwertes berücksichtigt (siehe Abb. 4–8). Die entsprechenden Formeln, die auf statistischen Erfahrungswerten und der »Programm Evaluation and Review Technique« *(PERT)* beruhen, sind in Abbildung 4–9 dargestellt. Im praktischen Anwendungsvorschlag in Abschnitt 4.4.4 befindet sich ein Beispiel der Drei-Punkt-Schätzung. Weitere Informationen dazu gibt es bei [PMBOK 00] bzw. [Gartner & Wuttke 00].

Abb. 4–8
Schätzwert-Ermittlung
gemäß PERT

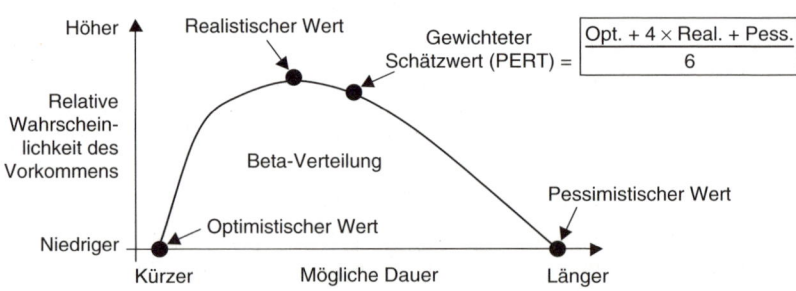

Abb. 4–9
Formeln
Drei-Punkt-Schätzung

$$\text{Gewichteter Schätzwert (PERT)} = \frac{\text{Optimistisch} + 4\,(\text{Realistisch}) + \text{Pessimistisch}}{6}$$

$$\text{Standardabweichung*} = \frac{\text{Pessimistisch-Optimistisch}}{6}$$
* für jeden Schätzwert

$$\text{Gesamtunsicherheit} = \sqrt{\sum (\text{Standardabweichung})^2}$$

4.4.3   Weitere fortgeschrittene Methoden

Es gibt eine Vielzahl weiterer Methoden, auf die wir aus Platzgründen nicht eingehen können. Zwei bekannte fortgeschrittene Methoden zur Aufwandsschätzung in der Softwareentwicklung sind *Cocomo* und *Function Point*. Beide erfordern das Sammeln statistischer Daten über einen längeren Zeitraum sowie eine eingehende Beschäftigung mit diesem Thema. Die Methoden werden daher nur kurz erläutert und es wird auf weiterführende Quellen verwiesen. Nichtsdestotrotz sind beide Methoden leistungsfähige Werkzeuge, die bei entsprechender Erfahrung zu sehr verlässlichen Schätzungen führen.

Cocomo ist die Abkürzung für »Constructive Cost Model« und wurde erstmalig durch Barry Boehm 1981 vorgestellt. Das Modell basiert auf einer Analogieschätzung mittels Lines of Code (LOC) und gewichteten Einflussfaktoren wie Entwicklungsmodi (einfache Softwareentwicklung etc.) und Kostentreibern (benötigte Zuverlässigkeit, Änderungshäufigkeit im System, Erfahrung im Anwendungsbereich, Verwendung von Tools). Die Klassifikation der zu schätzenden Software und die Gewichtung der Einflussfaktoren geschehen mittels Tabellen, Richtlinien und Beispielen. Das Modell wurde weiterentwickelt und verbessert zu Cocomo 2, welches in 1999 offiziell verabschiedet wurde. Cocomo 2 ist eine skalierbare Familie von Softwareschätzmodellen, die auch neue Entwicklungen wie Wiederverwendung, COTS-Software und Reengineering berücksichtigt. Weiterführende Informationen gibt es auf den Webseiten des Center for Software Engineering unter [Cocomo Center] oder bei [Boehm 81] und [Boehm et al. 00].

Cocomo

Die Function-Point-Methode wurde erstmalig 1979 durch Alan J. Albrecht (damals IBM) veröffentlicht. Bei Function Point wird der Aufwand in einem ersten Schritt direkt aus den Produktanforderungen, basierend auf Kategorien wie Eingaben, Abfragen, Datenbeständen etc., ermittelt. Die Kategorien werden klassifiziert (einfach, mittel etc.) und die so gewichteten Werte zu einer vorläufigen Function-Point-Summe verdichtet. Diese wird in einem zweiten Schritt mit Einflussfaktoren wie dezentrale Verwaltung, Transaktionsraten, Wiederverwendbarkeit, Komplexität etc. gewichtet. Die Klassifikation und Gewichtung der Anforderungen geschieht mittels Tabellen, Richtlinien und Beispielen. Aus dem zweiten Schritt ergeben sich die endgültigen Function Points, die mittels Erfahrungskurven in die erwarteten Aufwände für das aktuelle Projekt umgerechnet werden. Auch die Function-Point-Methode wurde weiterentwickelt und mittlerweile gibt es eine Vielzahl von Anwendungsunterstützungen (wie z.B. OO-Function Point). Weiterführende Informationen gibt es (voll verfügbar allerdings nur für Mitglieder) auf den Webseiten der International Function

Function Point

Point User Group [IFPUG] und den Webseiten der deutschsprachigen Anwendergruppe für Software-Metrik und Aufwandschätzung e.V. [DASMA].

4.4.4   Kombination verschiedener Methoden

Die beschriebenen Methoden können auch miteinander kombiniert werden. Ebenso können Schätzergebnisse durch Vergleich der Ergebnisse aus zwei Schätzmethoden abgesichert werden. Nachfolgend stellen wir einen praktischen Anwendungsvorschlag vor, der die Delphi-Methode und die Drei-Punkt-Schätzung kombiniert.

Praktischer Anwendungsvorschlag

Für die zu schätzenden Projektumfänge (basierend auf dem PSP) wird gemäß der Delphi-Methode in einem moderierten Workshop eine Drei-Punkt-Schätzung durch Experten durchgeführt. Das Ergebnis ist eine abgestimmte Schätzung, die in den Aktivitätszeitplan einfließt. Die durchzuführenden Schritte sind schematisch in Abbildung 4–10 dargestellt.

Abb. 4–10

Ein praktischer Anwendungsvorschlag

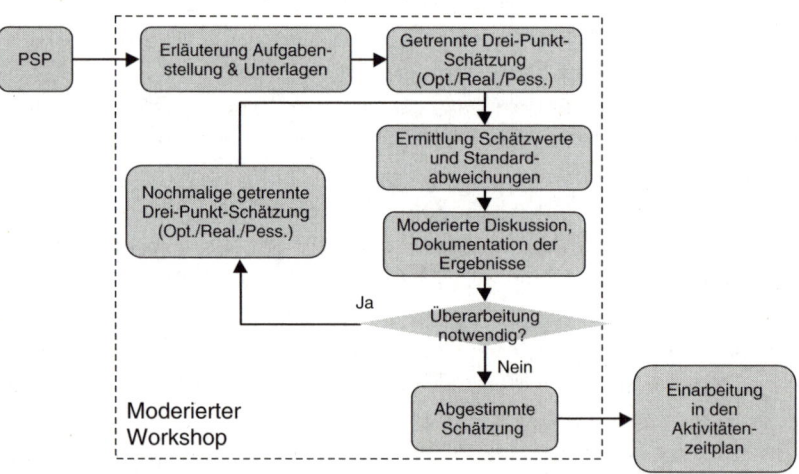

In Abbildung 4–11 ist ein entsprechendes Schätzformular beispielhaft dargestellt. Als Beispiel wurde das Arbeitspaket »5.3 Schulungen, Teilpaket internes Vertriebstraining« (siehe Abb. 4–5) geschätzt. Mittels der Schätzwerte kommt man so auf einen geschätzten Gesamtaufwand von 13 Tagen und eine Gesamtunsicherheit von 1,75 Tagen. Dies bedeutet, dass der tatsächliche Aufwand mit einer rechnerischen Wahrscheinlichkeit von 2/3 zwischen 11,25 und 14,75 Tagen liegt. Die Gesamtunsicherheit ist ein Indikator für die Qualität der Schätzung. Eine zu große Gesamtunsicherheit zeugt von einer unsicheren Schätzung und gibt Hinweise für weitere Maßnahmen (erneute Schätzung, genaue Verfolgung der Istaufwände, Puffer einplanen, ...).

Abb. 4–11

Beispielschätzung

internes Vertriebstraining

Liefergegenstand	Aktivitätenzeitplan	Opt.*	Real.*	Pess.*	Schätz-wert	Standard-abweichung
Trainingsfolien	Folien erstellen	3	5	8	5,17	0,83
Trainingsorganisation	Einladungen, Räumlichkeiten, Verpflegung organisieren	0,75	1	1,5	1,04	0,13
Durchgeführtes Training	Vorbereitung erstes Training	0,75	1	2	1,13	0,21
	Durchführung erstes Training	2	2,5	3	2,50	0,17
	Vorbereitung zweites Training	0	0,25	1	0,33	0,17
	Durchführung zweites Training	2	2,25	2,75	2,29	0,13
Teilnehmerunterlagen	Erstellen der pdf's und Zertifikate und Zustellen der Unterlagen nach dem Kurs	0,25	0,5	1	0,54	0,13
Summen					13,00	1,75

* Geschätzter Aufwand in Tagen

4.4.5 Zusammenhang zwischen Größen-, Aufwands- und Kostenschätzung

Die vorgestellten Schätzmethoden können meist sowohl für Größen-, Aufwands- und Kostenschätzung eingesetzt werden. In den Unternehmen wird häufig nur Aufwands- und Kostenschätzungen durchgeführt, auf eine Größenschätzung wird oft verzichtet. Dabei erhöht eine Größenschätzung die Qualität der nachfolgenden Aufwandsschätzung.

Die Kostenschätzung ist nicht mit der Projektpreisgestaltung zu verwechseln, die eine Geschäftsentscheidung ist.

Alle drei Schätzungen haben ihren Nutzen und ihre Berechtigung. Die Schätzung in SW-Projekten sollte daher in folgenden drei Schätzschritten durchgeführt werden, welche unten noch erläutert werden:

Reihenfolge der Schätzungen

1. Größenschätzung: Die »Größe« der zu erstellenden Produkte wird geschätzt. Beispiele hierfür sind
   - Lines of Code
   - Anzahl Module, Anzahl Masken, Anzahl Felder etc.
   - Function Points
   - beschreibende Parameter für Schwierigkeitsgrad, Größe, Komplexität, Risiko etc. (Beispiel: eine Komponente mit mittlerer Größe, hoher Komplexität und hohem Risiko)

2. Aufwandsschätzung: Basierend auf der Größenschätzung wird der Aufwand zur Erstellung/Bearbeitung der Arbeitspakete geschätzt.

3. Kostenschätzung: Die Personalkosten werden durch Multiplikation des geschätzten Arbeitsaufwands mit den zugehörigen Personalkostensätzen ermittelt. Hinzu kommen weitere Kosten für benötigte Ressourcen wie Entwicklungsumgebung und Materialien.

Größenschätzung

Bei Schätzungen für SW-Komponenten sollte eine Größenschätzung durchgeführt werden. Die Basismessgröße ist oftmals Lines of Code. Beim Vergleich von Modulen auf Basis von LOC muss beachtet werden, wie der Wert ermittelt wurde (z.B. wie werden Kommentarzeilen gezählt?) und welche Programmierrichtlinien und -werkzeuge zugrunde liegen, da diese einen teilweise erheblichen Einfluss auf die Zeilenanzahl haben.

Aber nicht nur SW-Komponenten können geschätzt werden. Auch die Größen von Dokumenten und anderen Arbeitsprodukten können und sollten basierend auf einfachen, qualitativen Komplexitätsmaßen (z.B Anzahl Seiten bei Dokumenten, Anzahl Testfälle etc.) geschätzt werden. Bei vorliegender Größenschätzung können fertige Arbeitsprodukte mit der ursprünglichen Größenschätzung verglichen werden, um entsprechende Erfahrungen für zukünftige Schätzungen zu gewinnen.

Aufwandsschätzung

Aufwandsschätzungen sollten, wenn möglich, auf Größenschätzungen basieren und mittels einer Schätzmethode ermittelt werden. Basierend auf den geschätzten Größen werden die Aufwände zur Erstellung der einzelnen Arbeitsprodukte geschätzt. Im Idealfall liegen Erfahrungswerte vor, die die Aufwände aus der geschätzten Größe ermitteln (siehe »Multiplikatormethode«, z.B. 40 Stunden Aufwand pro 200 LOC in der definierten Programmierumgebung). Wenn diese Erfahrungswerte nicht vorliegen, so dient die geschätzte Größe als Anhalt für die zu ermittelnden Aufwände.

Der Aufwand zur Abarbeitung eines Arbeitspaketes ist dabei nicht mit der (Zeit-)Dauer der Abarbeitung zu verwechseln. So kann z.B. durch Parallelisieren von Aktivitäten die Zeitdauer verkürzt werden, der (Ressourcen-)Aufwand wird dadurch jedoch erhöht.

Neben der Schätzung von Aufwänden für einzelne Arbeitspakete, wie in den Abschnitten 4.4.1 bis 4.4.4 beschrieben, werden oft auch pauschale Zuschläge geschätzt, die ebenfalls auf Erfahrungen basieren sollten (z.B. für Kommunikation oder Projektmanagement).

Kostenschätzung

Der größte Kostenfaktor in der SW-Entwicklung sind die personellen Kosten. Die Personalkosten werden durch Multiplikation des geschätzten Arbeitsaufwands mit den zugehörigen Personalkostensätzen ermittelt. Betrachtet werden müssen aber auch die Kosten für weitere Ressourcen wie technische Ausrüstung, Gerätenutzung, Materialien, Schulungen, Berater, Subunternehmer etc. Diese Kosten können meistens relativ präzise ermittelt werden.

Ergebnis der Kostenschätzung sind die geschätzten Kosten z.B. in Euro sowie die ergänzende Dokumentation zu den Schätzungen (Beschreibung der zu schätzenden Arbeiten und Ressourcen, Vorgehensweise bei der Schätzung, getroffene Annahmen, ermittelte Varianzen). Die Kostenschätzung ist Grundlage für die spätere Kostenplanung.

4.5 Aktivitätenzeitplan aufstellen

Der Projektumfang steht fest und wurde im PSP bis auf handhabbare Arbeitspakete heruntergebrochen. Weiter wurden die Größen, Aufwände und Kosten für die einzelnen Arbeitspakete geschätzt. Im nächsten Schritt wird der *Aktivitätenzeitplan* (engl.: schedule) unter Berücksichtigung der terminlichen Ziele des Projekts erstellt.

Unter Aktivitätenzeitplan verstehen wir einen Plan, der alle Projektaktivitäten inkl. deren Abhängigkeiten, Ressourcenzuordnungen, Terminen und Meilensteinen enthält. Er wird in der Regel mit einem Projektplanungswerkzeug erstellt und gepflegt. Das häufigste genutzte Werkzeug ist Microsoft Project, welches auch im Fallbeispiel Mobile Odors genutzt wird. Im Anhang A.3 befindet sich ein Auszug des Aktivitätenzeitplans von Mobile Odors.

Aktivitätenzeitplan

Im Folgenden wird zuerst ein Überblick über durchzuführende Schritte zur Erstellung des Aktivitätenzeitplans gegeben. Anschließend werden wichtige Teilaspekte wie das Ableiten der Aktivitäten aus dem PSP, Abhängigkeiten zwischen Aktivitäten, Personaleinsatzplanung und Planungsoptimierung erörtert. Schließlich wird auch auf methodische Aspekte wie Arten der Beziehungen, Balkendiagramme, Netzplantechnik und kritischer Pfad eingegangen.

4.5.1 Überblick über durchzuführende Schritte

Die Erstellung des Aktivitätenzeitplans ist mit einem Puzzlespiel vergleichbar, wobei prinzipiell folgende Schritte durchlaufen werden:

Schritte zur Erstellung des Aktivitätenzeitplans

1. Liste der Aktivitäten aus dem PSP ableiten
2. Erstellen des Aktivitätenzeitplans durch Ausführen der Teilschritte

   – Abhängigkeiten einbringen,
   – Aufwände einbringen,
   – Zeitdauer einbringen,
   – Ressourcen zuordnen,
   – Meilensteine einbringen,
   – Start- und Endtermine ermitteln,

   bis die (terminlichen) Ziele des Projekts erfüllt werden. Das erste Ergebnis ist oft nicht das beste. Dies ist ein iterativer Prozess, der meist mehrere Male wiederholt wird.
3. Gegebenenfalls wird die Planung nochmals optimiert.
4. PSP und Aufwandsschätzung werden evtl. noch einmal verfeinert bzw. aktualisiert und die festgestellten Rahmenbedingungen und Risiken sowie getroffene Annahmen werden dokumentiert.

4.5.2   Ableiten der Aktivitäten aus dem PSP

Ableiten der Aktivitäten   Im ersten Schritt werden anhand des PSP für die einzelnen Arbeitspakete die notwendigen Aktivitäten abgeleitet (z.B. können für das Arbeitspaket Architekturmodell die Aktivitäten »Architekturmodell erstellen« und »finales Review durchführen« abgeleitet werden). Das Ergebnis ist eine Liste der Projektaktivitäten. In der Praxis wird diese Liste gleich im Projektplanungswerkzeug geführt, um Doppelarbeiten zu vermeiden. In Abbildung 4–12 ist dargestellt, wie der Aktivitätenzeitplan aus dem PSP unter Zuhilfenahme des Planungswerkzeugs abgeleitet wird. Dabei werden die PSP-Struktur und die geschätzten Aufwände in das Planungswerkzeug übertragen. Anschließend werden zu den einzelnen Arbeitspaketen die Aktivitäten inkl. deren Aufwände abgeleitet und eingetragen. Ein praktischer Hinweis: Aktivitäten sollten im Aktivitätenzeitplan zur Unterscheidung zu den Arbeitspaketen immer mit Substantiv und Verb bezeichnet werden (Beispiel: » Pflichtenheft Version 1.0 erstellen« statt »Pflichtenheft Version 1.0«).

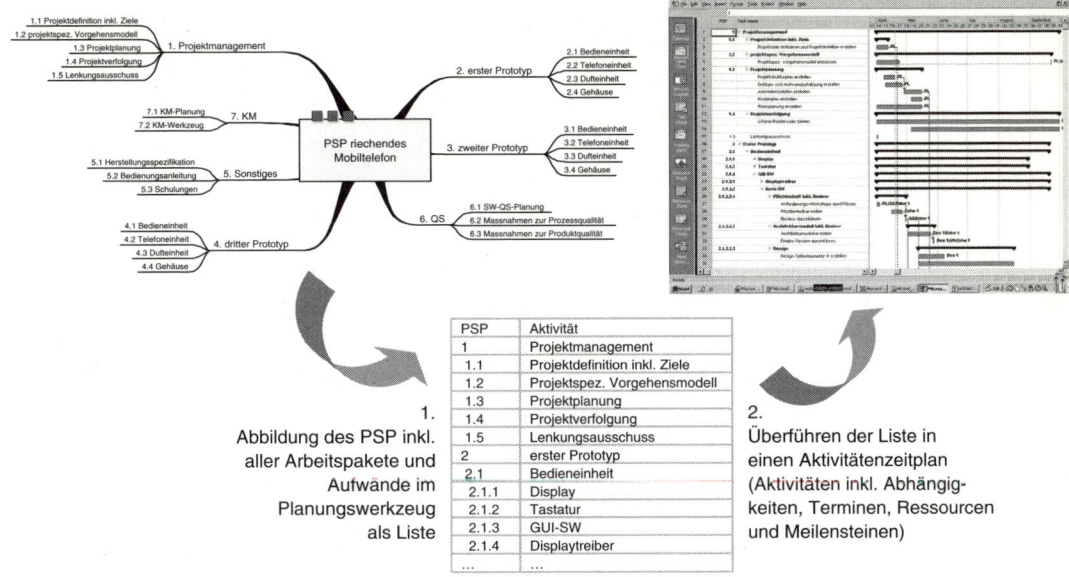

PSP	Aktivität
1	Projektmanagement
1.1	Projektdefinition inkl. Ziele
1.2	Projektspez. Vorgehensmodell
1.3	Projektplanung
1.4	Projektverfolgung
1.5	Lenkungsausschuss
2	erster Prototyp
2.1	Bedieneinheit
2.1.1	Display
2.1.2	Tastatur
2.1.3	GUI-SW
2.1.4	Displaytreiber
...	...

1.
Abbildung des PSP inkl.
aller Arbeitspakete und
Aufwände im
Planungswerkzeug
als Liste

2.
Überführen der Liste in
einen Aktivitätenzeitplan
(Aktivitäten inkl. Abhängigkeiten, Terminen, Ressourcen
und Meilensteinen)

Abb. 4–12

*Ableitung des Aktivitäten-
zeitplans aus dem PSP*

4.5.3 Abhängigkeiten zwischen Aktivitäten

Anordnungsbeziehungen

Eine Anordnungsbeziehung ist eine Abhängigkeit zwischen zwei Aktivitäten oder zwischen einer Aktivität und einem Meilenstein. Sie legt
die Reihenfolge der Abarbeitung der Aktivitäten fest. Außerdem
bestimmen Einschränkungen und getroffene Annahmen (z.B. Aktivität
B sollte nicht beginnen, bevor Aktivität A beendet ist) die Anordnung
von Aktivitäten. Es wird unterschieden zwischen:

- **Zwingende Anordnungsbeziehungen:** Sie ergeben sich aus der logischen Abhängigkeit von Aktivitäten. Beispiel: Die Anforderungen
müssen zuerst definiert werden, bevor mit der Implementierung
begonnen werden kann.
- **Wahlfreie Anordnungsbeziehungen:** Sie sollten sorgsam eingesetzt
werden, da sie die Aktivitätenzeitplanung einschränken. Gründe
hierfür können Best Practices oder der Wunsch einer bestimmten
Anordnung aufgrund von Erfahrungen, Ereignissen, getroffenen
Annahmen etc. sein. Beispiel: Mit der Kostenplanung wird erst
begonnen, wenn der PSP fertig ist.
- **Externe Anordnungsbeziehungen:** Sie beinhalten eine Beziehung
zwischen Projektaktivitäten und Aktivitäten außerhalb des Projekts. Beispiel: Der Testvorgang hängt von der Lieferung der Hard-
ware durch externe Lieferanten ab.

■ Für alle Anordnungsbeziehungen können bestimmte **Vor- und Nachlaufzeiten** erforderlich sein, um eine Beziehung zu definieren. Beispiel: Zwischen der Bestellung eines Gerätes und dessen Benutzung muss erfahrungsgemäß mindestens eine Zeitdauer von 14 Tagen berücksichtigt werden.

4.5.4   Personaleinsatz planen

Im Rahmen der Aktivitätenzeitplanung werden den Aktivitäten Ressourcen zugeordnet und der *Personaleinsatz* geplant. Idealerweise basiert die Planung auf klar definierten Beschreibungen von Rollen und Verantwortlichkeiten (siehe Kapitel 6), die üblicherweise aber erst in größeren Projekten durchgeführt werden.

In der Vorbereitung muss ermittelt werden, wie viel Personal der verschiedenen Qualifikationen von wann bis wann in welchem Umfang benötigt wird und welches zur Verfügung steht. Aus der Aufwandsschätzung ist zudem bekannt, wie viel Zeiteinheiten Personal für jede Aktivität erforderlich ist. Basierend auf diesen Informationen wird das Personal zugeordnet und die reale Aktivitätendauer berechnet.

Dabei ist zu beachten, dass sich Aktivitäten nicht durch eine Ressourcenerhöhung beliebig verkürzen lassen. Im Gegenteil, der Versuch, die Zeitdauer von Aktivitäten durch Erhöhung der Ressourcen zu verkürzen, stellt in der SW-Entwicklung ein erhebliches Risiko dar und bewirkt oft das Gegenteil. Ursache hierfür ist der erhöhte Kommunikations- und Abstimmungsbedarf. Hinzu kommen meist fehlende Abstimmungen, fehlende Qualifikationen der neuen Mitarbeiter, schlechte oder fehlende Einweisungen und Einarbeitungen der neuen Mitarbeiter und dadurch bedingt ein ineffizientes Arbeiten.

Im dargestellten Beispiel in Abbildung 4–13 sind drei Aktivitäten mit vier bzw. sechs Personenwochen Arbeitsaufwand mit Analytikern zu besetzen. Weiter ist bekannt, wie viele Analytiker im notwendigen Zeitraum zur Verfügung stehen. Schließlich werden die Aktivitäten mit zwei bzw. drei Analytikern besetzt, so dass die Aktivitäten innerhalb eines Zeitraums von sechs Wochen (Ende KW 5) abgeschlossen werden können.

Reale Verfügbarkeit   Solche Zuordnungsarbeit erfolgt in der Regel mit geeigneten Planungswerkzeugen wie MS Project. Die in der Abbildung dargestellte Situation geht von einer Ressourcenverfügbarkeit von 100 % aus. Dies ist in der Realität leider nicht der Fall. Die verfügbare Kapazität eines Mitarbeiters (abzüglich Urlaub, Krankheit, Schulungen etc.) beträgt selbst bei 100 % Tätigkeit im Projekt in Deutschland maximal ca. 180 Tage im Jahr. Weiter beträgt die maximale Arbeitszeit, die eingeplant

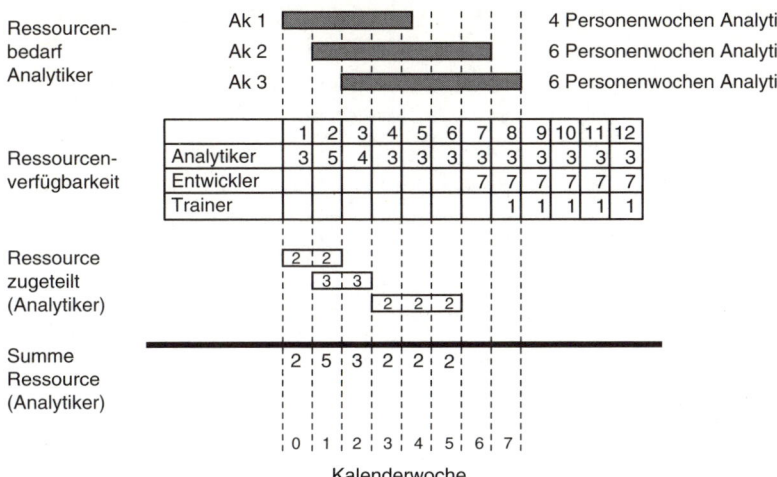

Abb. 4–13

Personaleinsatz planen

werden sollte, nur ca. 6 – 7 Stunden pro Tag. Dies ist abhängig davon, inwieweit firmeninterne Besprechungen, Administration, E-Mailing und sonstige Kommunikation zur Projektzeit gezählt werden.

Resource Leveling

Ressourcen mit den notwendigen Qualifikationen stehen oft nur in begrenztem Umfang zur Verfügung. Häufige Wechsel von Ressourcen und deren optimale Zuordnung sind schwer zu beherrschen, daher ist ein möglichst schwankungsarmer Verlauf anzustreben. Man spricht in diesem Zusammenhang von Resource Leveling. In Abbildung 4–14 sind beispielhaft eine gute und eine schlechte Ressourcenzuordnung dargestellt. Im guten Fall gibt es nur eine Aufstockung des Teams zum Ende KW 2, wo hingegen im schlechten Fall mehrmals innerhalb weniger Wochen gewechselt wird. Schlechtes Resource Leveling kann zusätzlichen Einarbeitungsaufwand (für zwischendurch ausgeübte Tätigkeiten und beim Wiedereinsatz im betrachteten Projekt) bewirken.

Resource Leveling führt oft zu einer Projektdauer, die über den Terminplan mit bestmöglicher Ressourcenzuordnung hinausgeht. In der Praxis wird versucht, den bestmöglichen Kompromiss zwischen Terminen und sinnvoller Ressourcenzuordnung zu erzielen.

Abb. 4–14

Resource Leveling

Personaleinsatzplanung **Im** Anhang A.4 ist die Personaleinsatzplanung für Mobile Odors dar-
Mobile Odors gestellt. Dabei wurde die Personaleinsatzplanung im Aktivitätenzeitplan mit MS Project durchgeführt. Die Ressourcen werden den einzelnen Aktivitäten zugeordnet. MS Project bietet die Möglichkeit, den
Personaleinsatz als View »Resource Usage« darzustellen. Im abgebil-
deten Beispiel ist für den Projektleiter und den HW/SW-Entwickler 1
die Verteilung der Aufwände auf die einzelnen Aktivitäten dargestellt.
Bei den anderen Ressourcen ist nur die wöchentliche geplante Stun-
denzahl aufgeführt. Eine gute Ressourcenauslastung wurde beim
HW/SW-Entwickler 2, beim HW/SW-Designer 1, beim Konfigurationsmanager und beim Testverantwortlichen erreicht. Beim Projektleiter ergeben sich aufgrund der Vielzahl der teilweise sehr verschiedenen
Aktivitäten einige Schwankungen.

4.5.5 Methodisches zur Aktivitätenzeitplanung

Ein häufig eingesetztes Werkzeug zur Aktivitätenzeitplanung ist die
Netzplantechnik. In der Netzplantechnik werden Aktivitäten mittels
Beziehungen verknüpft. Weit verbreitet ist auch die Darstellung in Bal-
kendiagrammen (oft auch Gantt-Chart genannt). Diese Aspekte sowie
der kritische Pfad werden im Nachfolgenden erläutert.

Arten der Anordnungsbeziehungen zwischen Aktivitäten

Beziehungen zwischen Will man in einem Netzplan Aktivitäten miteinander verknüpfen, so
Aktivitäten muss man die Art der Beziehung angeben. Es gibt theoretisch vier verschiedene Arten, von denen in der Praxis meist nur die erste verwendet
wird:

1. **Ende-Anfang-Beziehung** (Normalfolge): Der Vorgänger muss
   beendet sein, bevor der Nachfolger beginnen kann. Beispiel:
   Die Implementierung muss beendet sein, bevor das Programm
   getestet werden kann.
2. **Ende-Ende-Beziehung** (Endfolge): Der Vorgänger muss beendet sein, bevor der Nachfolger beendet werden kann. Beispiel:
   Testen muss beendet sein, bevor die QS-Aktivitäten beendet
   werden können.
3. **Anfang-Anfang-Beziehung** (Anfangsfolge): Der Vorgänger muss
   begonnen haben, bevor der Nachfolger beginnen kann. Beispiel: Die Implementierung muss begonnen haben, damit mit
   der Dokumentation begonnen werden kann.
4. Die vierte Möglichkeit der **Anfang-Ende-Beziehung** hat nur
   eine theoretische Bedeutung und kommt in der Regel in der
   Praxis nicht vor.

Netzplantechnik

Ein *Netzplan* ist eine schematische Darstellung der Projektaktivitäten und Beziehungen (Anordnungsbeziehungen) zwischen diesen. Dabei werden in der Regel die Aktivitäten als Knoten und die Anordnungsbeziehungen als Kanten dargestellt. Meilensteine und gegebenenfalls auch Start und Ende des Netzplans werden als Aktivitäten mit der Dauer null dargestellt. Ein Netzplan kann für den gesamten Projektumfang oder für Teilumfänge erstellt werden. Mittels eines Netzplans können unter anderem die Gesamtprojektdauer, Pufferzeiten und kritischer Pfad (siehe Seite 65) berechnet und analysiert werden. In Abbildung 4–15 ist schematisch ein Aktivitätenknoten dargestellt. Er enthält folgende Informationen:

Netzplan

- Aktivitäten-ID und -bezeichnung
- Frühester Start (frühestmöglicher Zeitpunkt, zu dem eine Aktivität beginnen kann) und frühestes Ende (frühestmögliches Ende, zu dem eine Aktivität abgeschlossen werden kann) der Aktivität
- Spätester Start und spätestes Ende der Aktivität
- Aktivitätendauer: Diese wird in der Regel in einer vorherigen Schätzung ermittelt. Dauer ist nicht zu verwechseln mit Aufwand.
- Gesamtpuffer (total float): Der Gesamtpuffer einer Aktivität berechnet sich aus der Differenz spätester Start – frühester Start bzw. spätestes Ende – frühestes Ende und gibt an, um wie viel Zeit die Aktivität verzögert werden kann, ohne dass sich der kritische Pfad und damit die Projektdauer ändert.

Aktivitäten-ID		
Aktivitätenbezeichnung		
frühester Start	Aktivitätendauer	frühestes Ende
spätester Strat	Gesamtpuffer	spätestes Ende

Abb. 4–15

Schema
Aktivitätenknoten

Bei der Erstellung eines Netzplans werden zuerst die Beziehungen zwischen den Aktivitäten ermittelt und schematisch dargestellt (Beispiel siehe Abb. 4–16). Anschließend wird die Aktivitätendauer, falls nicht schon bekannt, ermittelt und eingetragen.

Abb. 4–16
Beispielschema Netzplan

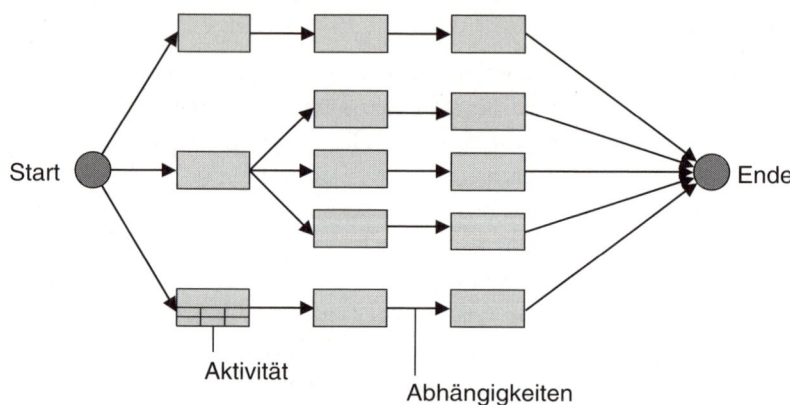

Start   Ende

Aktivität

Abhängigkeiten

Vorwärtspass   Im so genannten Vorwärtspass werden nun der früheste Start und das früheste Ende einer jeden Aktivität beginnend vom Projektstart aus wie folgt berechnet:

---

frühester Start =
frühester Zeitpunkt, zu dem alle Vorgängeraktivitäten beendet sind =
Max {früheste Endtermine aller Vorgänger}

frühestes Ende = frühester Start + Dauer der Aktivität

Rückwärtspass   Im so genannten Rückwärtspass wird im nächsten Schritt das späteste Ende und der späteste Start einer jeden Aktivität beginnend vom Projektende aus wie folgt berechnet:

---

spätestes Ende =
spätester Zeitpunkt der Beendigung einer Aktivität,
so dass das Projektende nicht verzögert wird =
Min {späteste Starttermine aller Nachfolger}

spätester Start = spätestes Ende – Dauer der Aktivität

Abschließend wird der Gesamtpuffer jeder Aktivität berechnet und eingetragen.

    Ist der Netzplan ausgefüllt, können nun leicht freie Puffer sowie der kritische Pfad ermittelt werden.

Freier Puffer   Der freie Puffer ist die maximal mögliche Verschiebung des Endtermins einer Aktivität, so dass sich der früheste Start aller Nachfolger nicht verschiebt. Er berechnet sich wie folgt:

---

freier Puffer =
Min {früheste Starttermine aller Nachfolger} –
frühester Endtermin der Aktivität

So ist im Beispiel (siehe Abb. 4–17) der freie Puffer für die Aktivität 1 zwei Wochen, da das früheste Ende der Aktivität 1 in KW 8 und der früheste Start der Aktivität 3 in KW 11 ist.

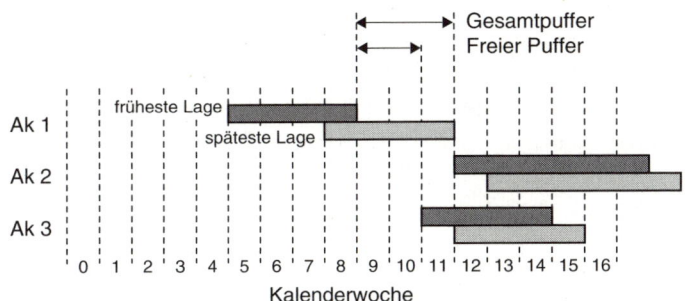

Abb. 4–17

Freier Puffer

Kritischer Pfad

Der *kritische Pfad* (engl.: critical path) ist der Pfad, dessen Aktivitäten einen Gesamtpuffer von null haben und der die kürzeste Gesamtdauer des Projekts bestimmt. Es gibt mindestens einen, evtl. auch mehrere kritische Pfade. Will man die Projektdauer verkürzen, muss der kritische Pfad gekürzt werden. Störungen und Probleme auf dem kritischen Pfad gefährden demnach den Projektendtermin. Aus Vorsichtsgründen kann man durch Verlängerung der Mindest-Projektlaufzeit (= Weg durch den kritischen Pfad + t) von dieser Regel z.B. abweichen und fügt den Aktivitäten auf dem kritischen Pfad Pufferzeiten hinzu.

In Abbildung 4–18 sind für einen kleinen Ausschnitt eines Netzplans zum besseren Verständnis die Termine und Puffer berechnet sowie der kritische Pfad gekennzeichnet.

Kritischer Pfad

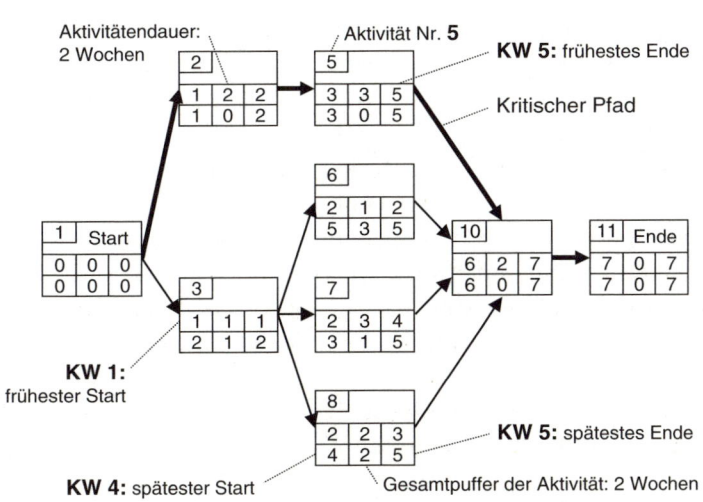

Abb. 4–18

Beispiel Netzplan

Balkendiagramme (Gantt)

Balkendiagramm   Das bei weitem verbreitetste Mittel zur Darstellung von Aktivitätenzeitplänen sind die so genannten *Balkendiagramme* (oft auch Gantt-Chart genannt). Dabei werden Aktivitäten in Form von Balken über die Zeitachse dargestellt. Abhängigkeiten werden (in der Regel als Ende-Anfang-Beziehung) mittels Verbindungslinien zwischen den Balken eingetragen. Balkendiagramme stellen die Projektaktivitäten und deren Abhängigkeiten einfach und übersichtlich dar. Der Aktivitätenzeitplan Mobile Odors im Anhang A.3 ist als Balkendiagramm (mittels Microsoft Project) dargestellt.

4.5.6   Planungsoptimierung

Hat man alle Schritte durchlaufen und der erste Aktivitätenzeitplan ist erstellt, so liegt der berechnete Endtermin oft hinter dem Zieltermin. Die Planung muss also optimiert werden. Hierfür gibt es mehrere methodische Möglichkeiten. Diese bergen aber teilweise erhebliche Risiken in sich und können u.U. das Gegenteil der eigentlichen Zielsetzung bewirken. Wir beschränken uns nachfolgend auf Möglichkeiten, die in der Praxis häufig Anwendung finden.

Struktur des Plans ändern/   Häufig werden Planungen durch eine Änderung der Struktur des
Parallelisieren   Plans optimiert. Beispielsweise werden Aktivitäten gesplittet und ein Teil der Arbeiten wird vorgezogen (z.B. in einen Zeitraum mit unausgelastetem Personal). Eine Möglichkeit, die in der Regel auch Risiken mit sich bringt, ist die Parallelisierung von Aktivitäten auf dem kritischen Pfad (Fast Tracking). Durch dieses Überlappen handelt man sich normalerweise einen Zusatzaufwand ein, meistens in Form von Nacharbeit. Beispiel: Das Schreiben des Benutzerhandbuchs war erst nach der Implementierungsphase geplant und wird nun vorgezogen. Gegen Ende der Implementierung wird das Benutzerhandbuch nochmals überarbeitet, um Änderungen während der Implementierungsphase Rechnung zu tragen.

Personaleinsatz ändern/   Die nächste Möglichkeit, Termine vorzuziehen, ist eine Änderung
Mehr Personal/   des Personaleinsatzes bzw. ein Hinzufügen von zusätzlichem Personal.
Erfahreneres Personal   Hierbei gelten die Risiken wie unter Personaleinsatzplanung und Resource Leveling angegeben. Ferner können auch Überstunden, Schichtarbeit und Wochenendarbeit angeordnet werden. Insbesondere Überstunden und Wochenendarbeit sollten ein absoluter Ausnahmefall bleiben, da sie bei zu häufigem Vorkommen oft zur Demotivation der Mitarbeiter führen. Vielleicht ist auch die Veränderung des Personaleinsatzes in Richtung höherer Qualifikation (d.h. Austausch gegen

erfahreneres, besseres Personal – z.B. Ausbildung dauert evtl. zu lang) sinnvoll, wenn die vorhandenen Mitarbeiter nicht optimal sind. Bekannterweise bewirken drei herausragende Mitarbeiter quantitativ und qualitativ mehr in kürzerer Zeit als neun schlecht geeignete.

Arbeiten oder Teile davon werden z.B. an kompetentere Firmen (auf diesem Sachgebiet oder in der notwendigen Technologie) untervergeben, die die Arbeiten in einer kürzeren Spanne durchführen können. Dagegen spricht oft das Bestreben der Firmen, Know-how nicht nach außen an andere Firmen zu geben, sowie sich daraus ergebende Schnittstellenprobleme (Kommunikationsaufwand, Gefahr von Missverständnissen).

Outsourcing

Eigenentwicklungen können auch durch zugekaufte (Standard-) Komponenten ersetzt werden. Gegebenenfalls erfüllt man zwar nicht alle individuellen Anforderungen, aber man erkauft sich z.B. durch Verzicht auf einige Sonderfunktionen die Qualität eines Standardproduktes und eine gewisse Sicherheit auf der Terminschiene. Dies ist eine gute Möglichkeit zur Planungsoptimierung, wenn entsprechende Standardkomponenten bekannt, einsetzbar und bezahlbar sind.

Zukauf von Standardkomponenten

Eine weitere Möglichkeit besteht darin, den Leistungsumfang zu ändern. Oft werden Funktionalitäten gestrichen oder in ein zukünftiges Release der Software verschoben. Wenn hier eine Einigung mit dem Kunden erzielt wird, ist dies eine realistische Möglichkeit, um entsprechende Termine einzuhalten.

Leistungsumfang ändern/reduzieren

Eine weitere, aber nicht zu empfehlende Möglichkeit, die in der Praxis häufig angewendet wird, ist die Reduzierung der Qualität z.B. durch weniger Testen.

Schließlich bleibt noch die Möglichkeit, die Meilensteine oder gar den Endtermin zu verschieben. Ein offenes Gespräch mit dem Auftraggeber in der Planungsphase ist oftmals hilfreicher (wenn auch unangenehm), als Termine kurz vor deren Erreichen zu kündigen.

Terminverschiebung

4.5.7   Fazit

Am besten einigt man sich auf eine realistische Planung und plant zusätzliche Puffer auf dem kritischen Pfad ein. Das bedeutet auch, dass man unrealistische Zieltermine spätestens in der Planungsphase zurechtrückt.

Realistische Planung mit Puffern

Dies ist ein schmerzlicher Schritt, der nach unserer Erfahrung in den Unternehmen leider oft nicht vollzogen wird. Oftmals will das Management der Realität nicht ins Auge schauen und versucht, an den Wunschterminen festzuhalten. In einem uns bekannten Projekt wurde der Projektleiter so lange

Beispiel

ausgewechselt, bis ein neuer Projektleiter eine Planung vorlegte, die die Wunschtermine erfüllte. Am Ende wurde das Projekt mit einem erheblichen Kostenüberlauf und mit einer Verzögerung von zwei Jahren gegenüber diesem Termin abgeschlossen. Im Projektverlauf wurde der Projektleiter nochmals ausgetauscht.

4.6   Kostenplanung aufstellen

Kostenplanung Die Kostenplanung ist die Zuordnung der Kosten zu den einzelnen Arbeitspaketen bzw. Aktivitäten über die Zeit. Dabei werden die Kosten budgetiert und in zeitliche Phasen zusammengefasst. Grundlage für die Kostenplanung sind die Kostenschätzung, der Projektstrukturplan und den Aktivitätenzeitplan. Die Gesamtkosten errechnen sich durch die Aufsummierung der geschätzten Kosten pro Zeiteinheit. Hinzu kommen gegebenenfalls noch Reserven, die für Risiken (z.B. Gewährleistungsrisiken) eingeplant werden. Die Kostenplanung ist Grundlage für die Kostenverfolgung. In größeren Projekten können mehrere Kostenpläne zur Messung unterschiedlicher Aspekte der Kostenentwicklung eingesetzt werden (z.B. Kostenentwicklung und erwarteter Geldfluss).

Anmerkung Die Kosten sollten über den gesamten Lebenszyklus einer Software betrachtet werden (nicht nur die Entwicklungskosten). So kann z.B. eine Einsparung von Designreviews die Entwicklungskosten senken, die Betriebs- bzw. Wartungskosten werden dann aber wahrscheinlich steigen (in der Regel mehr, als in der Entwicklung eingespart wurde).

4.7   Aufstellen des Projektplans

Projektplan Der Projektplan ist eine Sammlung der verschiedenen Planungsdokumente, die im Projektverlauf entstehen (der Großteil entsteht üblicherweise in der Planungsphase). Hierbei sollte darauf geachtet werden, dass die einzelnen Dokumente in der Summe ein zusammenhängendes, schlüssiges Dokument darstellen. Der Projektplan kann ein einziges Dokument sein oder als eine Sammlung von Planungsdokumenten verstanden werden. In Abbildung 4–19 sind beispielhaft mögliche Planungsdokumente aufgeführt, die Bestandteil eines Projektplans sein können.

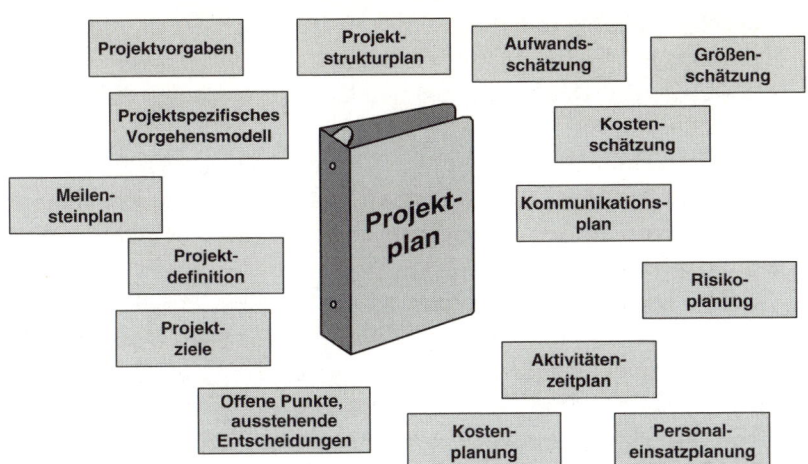

Abb. 4–19
Mögliche Bestandteile des Projektplans

Der Projektplan ist die Grundlage für die Projektkontrolle und -steuerung.

Der Projektplan entsteht iterativ in mehreren Durchläufen. Im ersten Entwurf enthält er vielleicht nur die Projektdefinition mit den wesentlichen Meilensteinen sowie den PSP mit den Hauptarbeitspaketen ohne genaue Terminangaben.

Iterative Erstellung des Projektplans

Der Projektplan sollte einem Review unterzogen werden, bedarf evtl. der formalen Genehmigung und wird an alle Betroffenen verteilt. Definierte, verabschiedete Stände sind so genannte »Planungsbaselines«.

Planungsbaseline

Der Projektplan wird während des Projekts ständig fortgeschrieben und unterliegt dem Konfigurationsmanagement.

4.8 Planungsaktualisierung/iterative Projektplanung

Wie in Abschnitt 4.1 erläutert, finden Planungsaktivitäten (Planungsaktualisierungen) auch während der Durchführungsphase statt. Der Anstoß zur Planungsänderung kommt aus der Projektkontrolle und -steuerung (siehe Abb. 1–7). Dort findet ein ständiger Soll-Ist-Vergleich des Projektfortschritts gegen die Projektplanung statt. Die dort auftretenden Abweichungen machen eine fortwährende Planungsfortschreibung notwendig. Werden größere Abweichungen festgestellt, so führt dies zu einer Planungsänderung.

Planungsaktualisierung

Neben der ständigen Planungsfortschreibung im Rahmen der Projektkontrolle und -steuerung (siehe Kapitel 5) kann man zwischen folgenden Planungsänderungen unterscheiden:

■ Kleinere Planungsänderungen (z.B. Terminänderungen, ohne Meilensteine und Endtermin zu verschieben), die durch den Projektleiter entschieden werden können und keiner formalen Genehmigung bedürfen.

■ Größere Planungsänderungen (z.B. aufgrund von Änderungen des Projektumfangs wie dem Weglassen von wichtiger Funktionalität), die ein formales Änderungsmanagement (siehe Abschnitt 5.4) durchlaufen müssen.

■ Weitere Detaillierung der Planung: Bei längeren Projektlaufzeiten und bei iterativer Entwicklung können spätere Phasen bzw. Iterationen zu Projektbeginn noch nicht ausreichend genau geplant werden. Typischerweise wird die Projektplanung zu Beginn einer neuen Projektphase oder einer Iteration weiter detailliert.

■ Neuplanung: Bei gravierenden Planabweichungen muss gegebenenfalls das komplette Projekt neu geplant werden.

Projektplanung bei iterativer Entwicklung

Die Projektplanung bei iterativer Entwicklung (siehe Kapitel 2) muss folgende Fragen beantworten: Wie viele Iterationen werden benötigt? Wie lange soll eine Iteration dauern? Was soll der Inhalt einer Iteration sein? Wie sollen Iterationen kontrolliert werden?

Bei iterativer SW-Entwicklung findet die Projektplanung auf zwei Ebenen statt. Auf der »Makroebene« werden die verschiedenen Projektphasen und die wesentlichen Meilensteine grob geplant. Auf der »Mikroebene« wird die nächste anstehende Iteration detailliert geplant und gegebenenfalls noch die nächsten ein bis zwei Iteration weniger detailliert (z.B. zu realisierende Funktionen je Zyklus).

Der Iterationsplan wird aus dem Phasenplan abgeleitet. Geplant werden die zu realisierenden Funktionen sowie die durchzuführenden Aktivitäten. Bei mehreren Iterationen entstehen so mehrere, sequenziell hintereinander liegende Iterationspläne.

Die Projektplanung bei iterativer Entwicklung ist sehr dynamisch und reagiert auf aktuelle Einflüsse und Risiken. So können z.B. Risiken (Einbindung einer Datenbank, Performance-Probleme u.Ä.) in der nächsten Iteration berücksichtigt werden, indem entsprechende Maßnahmen eingeplant werden. Daher ist auch auf der Makroebene eine ständige Anpassung der Planung notwendig.

4.9   Zusammenfassung

▨ Projektplanung ist das Fundament für das Gelingen eines Projekts. Alle Projekte benötigen eine fundierte, formale und angemessen detaillierte Planung.

▨ In der Planungsphase werden definierte Planungsschritte iterativ mehrfach durchgeführt. Dabei werden mehrere Planungsdokumente erzeugt. Nach einem erfolgreichen Durchlauf wird ein Planungsstand verabschiedet (Planungsbaseline). Folgende Planungsschritte werden durchgeführt:

1. Zu Beginn der Planungsphase werden der Projektumfang und die Meilensteine festgelegt.

2. Der Projektumfang wird anhand des Projektstrukturplans in handhabbare Arbeitspakete heruntergebrochen und gegebenenfalls durch Arbeitspaketbeschreibungen ergänzt.

3. Schätzungen müssen nachvollziehbar und basierend auf einer Methodik durchgeführt werden. Schätzungen sollten, wenn möglich, auf (quantitativen) Vergangenheitsdaten aufbauen und von den späteren Bearbeitern durchgeführt werden. Es gibt mehrere praktikable Schätzmethoden. Auch Expertenschätzungen sollten Spielregeln folgen. In der SW-Entwicklung sind drei Schätzungen relevant, die ihren Nutzen und ihre Berechtigung haben. Es gibt folgende Schätzschritte:

   – Größenschätzung
   – Aufwandsschätzung
   – Kostenschätzung

4. Aktivitätenzeitplanung ist ein iteratives Puzzle, an dessen Ende ein Plan mit Aktivitäten, Abhängigkeiten, Zeitdauern, Aufwänden, Terminen, Personaleinsatz und Meilensteinen steht. Netzplantechnik kann bei der Berechnung helfen. Balkendiagramme (Gantt) sind eine hilfreiche und übliche Darstellung. Eine Werkzeugunterstützung ist dringend erforderlich. Es gibt immer einen oder mehrere kritische Pfade. Störungen und Probleme auf dem kritischen Pfad führen fast immer zu Terminüberschreitungen. Planungsoptimierungen bergen immer auch Risiken in sich.

5. Die Kostenplanung ist die Zuordnung der geschätzten Gesamtkosten, budgetiert über die Zeit. Größter Kostenfaktor sind Personalkosten, hinzu kommen sonstige Kosten plus Rücklagen für Risiken.

■ Der Projektplan ist eine Sammlung der verschiedenen Planungsdokumente, die in der Summe ein zusammenhängendes, schlüssiges Dokument darstellen.

■ Getroffene Annahmen, festgestellte Risiken und Rahmenbedingungen gehören ebenfalls zur Planungsdokumentation.

■ Auch bei iterativem/inkrementellem Vorgehen ist Projektplanung unbedingt notwendig. Die nahen Iterationszyklen sind detailliert geplant, spätere Iterationen sind gröber geplant.

Fazit Zu erstellen ist eine realistische Planung mit zusätzlichen Puffern auf dem kritischen Pfad, die, wenn notwendig, die Wunschtermine des Senior Managements zurechtrücken muss.

---

5   Projektkontrolle und -steuerung

Dieses Kapitel erläutert die Fortschrittskontrolle sowohl auf der Aktivitäten- als auch auf der Projektebene. Ferner wird auf ein Projektberichtswesen und Eingriffsmöglichkeiten bei Abweichungen eingegangen. Schließlich wird noch die Projektbesprechung als Steuerungsinstrument vorgestellt und das Änderungsmanagement betrachtet. Die verschiedenen Methoden werden diskutiert und es werden praktische Tipps gegeben.

Projektkontrolle und -steuerung zieht sich durch das ganze Projekt, von der ersten Planungsphase bis zum Projektende. Die Projektleitung bringt hierfür die meiste Zeit auf, verglichen mit den anderen Projektmanagementtätigkeiten. Zugleich ist es eine der schwierigsten Tätigkeiten, denn neben dem Projektmanagement-Know-how werden vor allen Dingen auch soziale und kommunikative Fähigkeiten sowie eine ganze Reihe persönlicher Eigenschaften benötigt, wie z.B. Ausdauer, Beharrlichkeit, Frustrationstoleranz, Weitsicht und Mut.

Aufgaben der Projektkontrolle und -steuerung

Hinzu kommt, dass der Projektleiter in kleineren Projekten in der Regel nicht zu 100 % Projektleitungsaufgaben wahrnimmt, sondern auch selbst fachlich-technische Aufgaben erfüllt, z.B. als Systemarchitekt oder als Entwickler. Diese Situation resultiert in dauerndem Stress, denn er ist ständig hin und her gerissen zwischen zwei gegensätzlichen Tätigkeitsprofilen: sich auf eine Sache zu konzentrieren und diese zu Ende zu bringen, aber gleichzeitig alles im Blick zu behalten, sich um alles kümmern zu müssen und für alle als Ansprechpartner zur Verfügung zu stehen.

Doppelrolle: Projektleiter – Entwickler

Die zentrale Aufgabe des Projektleiters besteht darin, zu lenken, zu koordinieren und zu steuern. Tätigkeiten müssen initiiert werden: Ist der Tätigkeitsumfang klar? Stimmt der geplante Anfangstermin noch oder gibt es Probleme zu klären oder ist etwas dazwischen gekommen? Sind Tätigkeiten abgeschlossen, müssen die Arbeitsergebnisse abge-

Lenken, Koordinieren, Steuern

nommen werden bzw. muss dafür gesorgt werden, dass sie abgenommen werden. Eine Vielzahl technischer und organisatorischer Probleme taucht auf und sorgt für Verzögerungen. Ständig ist der Projektleiter damit beschäftigt, zahlreiche technische und organisatorische Schnittstellen innerhalb des Projekts und nach außen zu koordinieren, neue Absprachen zu treffen oder zu improvisieren.

Überwachen des Fortschritts

Der Projektleiter steht ständig vor Fragen wie: Sind wir noch im Plan? Können wir den Meilensteintermin halten? Wie hoch wird unsere voraussichtliche Kostenüberschreitung sein? Schaffen wir den geforderten Funktionsumfang zu dem Integrationstermin? Wie weit ist eigentlich das kritische Arbeitspaket xy?

Um diese Fragen beantworten zu können, muss er Soll-Ist-Vergleiche durchführen und Prognosen aufstellen. Außerdem benötigt er ein gut funktionierendes projektinternes Berichtswesen. Dieses muss er am Anfang konzipieren und etablieren und später dessen disziplinierte Einhaltung beharrlich einfordern.

Fortschrittsberichte

Der Projektleiter ist nicht der Einzige, der sich für den Fortschritt interessiert: Der Bereichsleiter will Ampelberichte sehen, der Controller die neueste Kalkulation der Herstellkosten, der Kunde will ständig über den Fortschritt informiert werden und der Produktmanager will einen Prototyp sehen. Der Projektleiter sollte wissen, welche Möglichkeiten er hat, um aussagefähige Fortschrittsberichte mit wenig Aufwand zu erzeugen, und wie er demnach auch sein internes Berichtswesen organisieren muss.

Änderungsmanagement

Es gibt wohl kein Projekt ohne Änderungen. Änderungen am Projektumfang oder an den Kosten und Terminen müssen diskutiert und genehmigt werden. Anschließend müssen die notwendigen Änderungen am Projektplan vorgenommen und dann im Projekt umgesetzt werden.

Anpassen des Projektplans

Nichts ist so veraltet wie der Projektplan von letzter Woche. Ständig ändert sich etwas, Termine müssen verschoben werden, Aktivitäten kommen hinzu oder fallen weg, Ressourcenzuordnungen werden fortgeschrieben. Die Projektleitertätigkeit reicht von der ständigen Pflege und Weiterentwicklung des Projektplans bis hin zu größeren Planrevisionen, für die ein erneutes Durchlaufen verschiedener Planungsschritte (siehe Kapitel 4) notwendig ist. Dieses Anpassen des Projektplans erfordert zahlreiche neue Absprachen mit allen Betroffenen.

5.1 Fortschrittsüberwachung

Ebenen der Fortschrittsüberwachung

Abbildung 5–1 zeigt typische Berichtsstrukturen in kleineren und größeren Projekten. Im kleinen Projekt ist die Hierarchie flach, die Entwickler berichten direkt an den Projektleiter, dieser berichtet an sein Management und an seinen Kunden (extern oder intern, z.B. Produktmanagement). Im größeren Projekt kommt man nicht ohne zwischengeschaltete Führungsebenen aus, die mit dem Projektleiter zusammen die »erweiterte Projektleitung« (oder das »Projektmanagementteam«) bilden. Für den Bericht nach oben kommt meistens ein weiteres Gremium hinzu, der »Lenkungsausschuss« (oder »Steuerkreis«), in dem mehrere Personen (wie z.B. Vertreter des Managements, Vertreter verschiedener Interessengruppen des Kunden) die oberste Kontrollinstanz des Projekts darstellen. In diesem Kontext spielt sich Fortschrittsüberwachung auf zwei Ebenen ab:

- **Fortschrittsüberwachung auf Aktivitätenebene:** Auf der untersten Ebene berichten die Entwickler ihren Fortschritt an die nächsthöhere Ebene. Im kleineren Projekt ist dies der Projektleiter selbst, im größeren Projekt sind Ebenen dazwischengeschaltet (z.B. Team- oder Teilprojektleiter, siehe auch Abb. 5–1). Hier werden die Rohdaten erhoben, die für die Fortschrittsüberwachung auf Projektebene benötigt werden.

  Fortschrittsüberwachung auf Aktivitätenebene

- **Fortschrittsüberwachung auf Projektebene:** Hier werden die Fortschrittsdaten von unten nach oben über die verschiedenen Ebenen verdichtet, damit der Projektleiter ein klares Bild des Fortschritts auf Gesamtprojektebene gewinnt und dieses auch nach außen (Management, Kunde) vermitteln kann.

  Fortschrittsüberwachung auf Projektebene

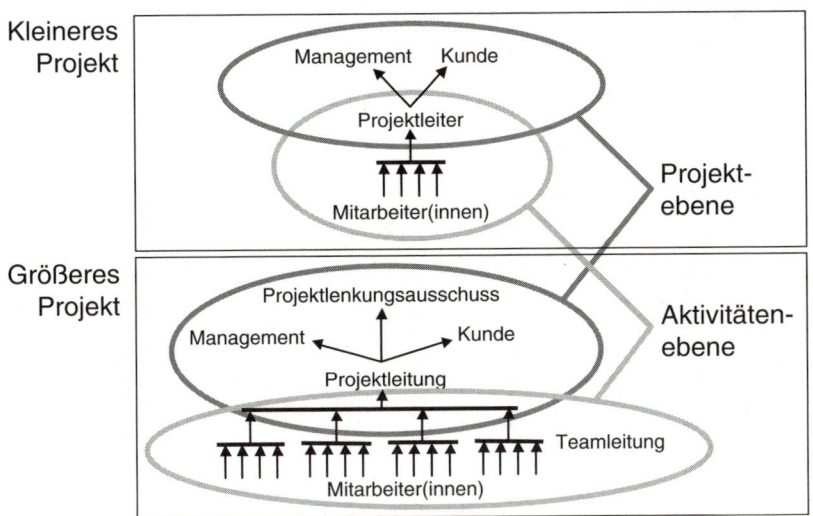

Abb. 5–1

Ebenen der Fortschrittsüberwachung

5.1.1 Fortschrittsüberwachung auf Aktivitätenebene

Der Projektleiter (oder auch der Teamleiter oder Teilprojektleiter) hat in der Regel eine große Zahl von parallelen Aktivitäten zu überwachen und zu steuern. Er muss sich einen Überblick verschaffen, ob der Arbeitsfortschritt nach Plan verläuft oder ob es irgendwelche Probleme gibt, wie z.B. Aufwands- oder Terminüberschreitungen.

Form der Berichterstattung

In kleineren Projekten kann er dies informell in Erfahrung bringen, z.B. auf den Teambesprechungen. Er muss die Ergebnisse allerdings für seine eigenen Unterlagen bzw. in Berichten nach außen schriftlich dokumentieren. In größeren Projekten oder bei an verschiedenen Orten verteilten Teams ist zusätzlich eine schriftliche Berichterstattung nötig. Schriftliche Berichte müssen in einem regelmäßigen Turnus erfolgen (z.B. wöchentlich). Die Form der schriftlichen Berichterstattung variiert von formlosen E-Mails über das Verschicken eines Excel-Formulars bis hin zur Nutzung komfortabler, handelsüblicher Projektmanagementsoftware. Viele Unternehmen verwenden auch selbst entwickelte Datenbankapplikationen. Wichtig ist, dass der Projektleiter feste Abgabetermine für die Berichte (z.B. freitags 14 Uhr) vereinbart und für deren disziplinierte Einhaltung sorgt.

Inhalte der Berichte

Die gängigen Inhalte der Berichte, die meistens in Kombination verwendet werden, sind:

- Erfassung des Aufwands
- Erfassung des Fertigstellungsgrads
- Erfassung des Restaufwands
- Erfassung des voraussichtlichen Endtermins
- Ampelberichte

Erfassung des Aufwands

Aufwand wird ohnehin erfasst

In den meisten Projekten muss der vom einzelnen Entwickler pro Aktivität erbrachte Aufwand in regelmäßigen Zeitabständen (meistens wöchentlich) erfasst werden, z.B. aus Gründen der internen Kostenverfolgung oder des Nachweises gegenüber Kunden (bei Individualentwicklungen auf Aufwandsbasis). Was liegt also näher, als diese Aufwandszahlen für die Fortschrittsverfolgung zu nutzen?

Fortschrittsüberwachung aufgrund des Aufwands

Theoretisch kann man den Fertigstellungsgrad einer Aktivität nach folgender Formel erfassen:

$$\text{Fertigstellungsgrad} = \frac{\text{erbrachter Aufwand}}{\text{geplanter Aufwand}}$$

Theoretisch deswegen, weil das nur dann funktioniert, wenn der geplante Aufwand tatsächlich noch korrekt ist. Und dort genau liegt das Problem, oft ergeben sich während einer Aktivität unerwartete Schwierigkeiten und es ist schon absehbar, dass sich der Aufwand erhöhen wird. Eine korrekte Abschätzung des Fertigstellungsgrads lässt sich damit also nur vornehmen, wenn gleichzeitig zur Erfassung des erbrachten Aufwands auch der geplante Aufwand (oder alternativ: der benötigte Restaufwand) aktualisiert wird. Siehe hierzu auch die folgenden Ausführungen.

Diese Interpretationsproblematik zeigt Abbildung 5–2. Nehmen wir an, Sie haben vier aufeinander folgende Berichte erhalten wie in Abbildung 5–2a dargestellt. Sie erkennen, dass der Aufwandsverbrauch deutlich steiler verläuft als die »Ideallinie« (Diagonale), und fragen sich, wo das wohl hinführen wird. Es könnte sein, dass der Entwickler (oder das Team) sich einfach mit Hochdruck an die Arbeit gemacht hatten und unter Einhaltung des Sollaufwands früher fertig werden (siehe Abbildung 5–2b). Oder aber, und das ist der wahrscheinlichere Fall, der Aufwand wird höher sein als geplant (siehe Abb. 5–2c) oder der Termin wird nicht gehalten oder beides (siehe Abb. 5–2d).

*Interpretations-
problematik*

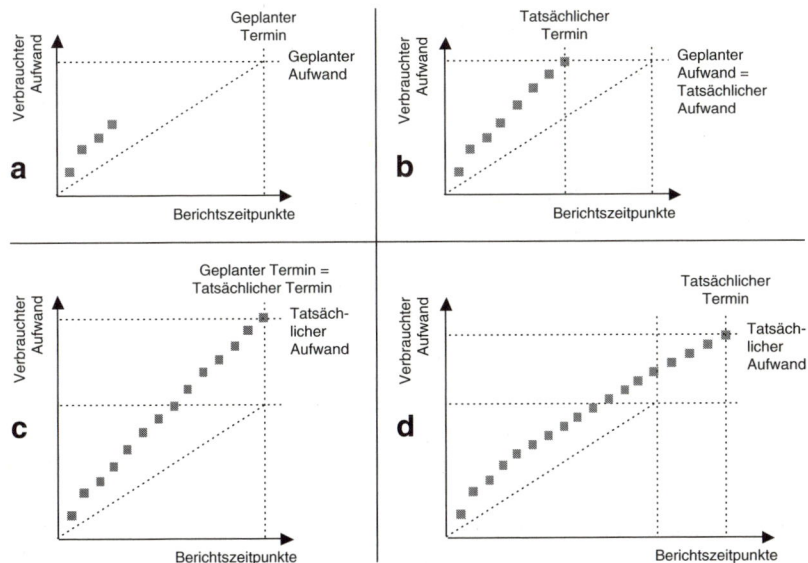

Abb. 5–2

*Interpretation von
Aufwandszahlen (1)*

Noch weitere Fälle sind typisch. Sie erhalten entweder gar keinen Bericht zu der betreffenden Aktivität oder einen Bericht, aus dem hervorgeht, dass – obwohl geplant – noch kein Aufwand dafür erbracht wurde (siehe Abb. 5–3a). Die Ursachen könnten z.B. Kommunikationsprobleme sein: Der Entwickler weiß nicht, dass er zu diesem Zeitpunkt an dieser Aktivität arbeiten sollte, oder in seinem Team wurde kurzfristig umdisponiert, ohne Ihnen etwas zu sagen. Es könnte aber auch andere Ursachen dafür geben, wie z.B. technische Probleme, die den Beginn verzögern, oder eine Erkrankung des Entwicklers oder aber der Entwickler muss einen dringenden Fehler außerhalb des Projekts beheben.

Als weitere Möglichkeit kommt in Betracht, dass zwar daran gearbeitet wird, aber mit viel zu geringer Intensität (siehe Abb. 5–3b) aufgrund ähnlicher Ursachen wie oben. Eine weitere Problematik ist in Abbildung 5–3c dargestellt: Die Berichtskurve zeigt zwar einen idealen Verlauf, Sie können aber aus dieser Information alleine nicht erkennen, ob die Aktivität tatsächlich fertig ist oder ob noch weiterer Aufwand folgt. Sie benötigen daher zusätzlich entweder den benötigten Restaufwand, den Fertigstellungsgrad oder – zumindest – die Information, ob die Aktivität abgeschlossen ist.

Abb. 5–3

Interpretation von Aufwandszahlen (2)

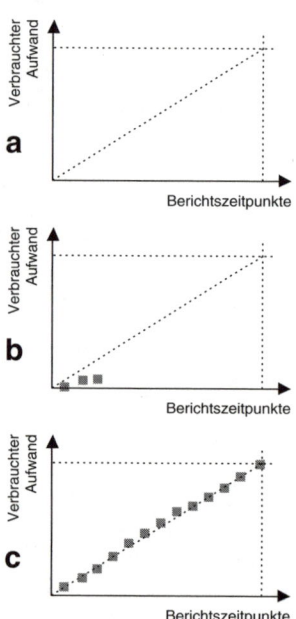

Konsequenzen für den Projektleiter

Zusammenfassend lässt sich sagen:

- ▪ Die Aufwandszahlen geben einen Überblick, an was gegenwärtig überhaupt gearbeitet wird.
- ▪ Die Aufwandszahlen sind Frühindikatoren für Aufwands- und Terminüberschreitungen.

▨ Die Aufwandszahlen müssen ergänzt werden durch Restaufwand, den Fertigstellungsgrad oder – zumindest – die Information, ob die Aktivität abgeschlossen ist.

Erfassung des Fertigstellungsgrads

Eine oft beschriebene, aber nicht unproblematische Methode ist die Erfassung des Fertigstellungsgrads in Prozent. Dieser erlaubt es, den aktualisierten geplanten Aufwand zu berechnen:

$$\text{geplanter Aufwand} = \frac{\text{erbrachter Aufwand}}{\text{Fertigstellungsgrad}}$$

Die Problematik beim Fertigstellungsgrad liegt im so genannten 90 %-Syndrom (siehe Abb. 5–4). Gemeint ist, dass oftmals der Fertigstellungsgrad zunächst einen unauffälligen, linearen Verlauf nimmt, um dann gegen Ende hin nur noch langsam anzusteigen. Die Kurve geht dann asymptotisch gegen 100 %. Diese Problematik tritt besonders bei komplexen Entwicklungstätigkeiten auf, bei denen der Fertigstellungsgrad anfänglich schwer zu schätzen ist und daher zunächst entlang der Diagonalen berichtet wird. Später zeigen sich dann die Probleme und es erweist sich, dass der Fortschritt bisher zu optimistisch eingeschätzt wurde. Die Berichte gehen dann in eine asymptotische Kurve über.

90 %-Syndrom

Eine Aktivität soll 10 Wochen dauern. Der Entwickler muss nach einer Woche berichten. Er kann den Fertigstellungsgrad natürlich nicht genau einschätzen und meldet daher 10 %. Am Ende der zweiten Woche berichtet er 20 %, dann 30 % usw. Gegen Ende merkt er, dass er nicht so weit ist wie gewünscht und wird vorsichtiger. Daher meldet er Ende KW 8 75 %, in KW 9 dann 82 %, dann 85 % etc.

Beispiel

Abb. 5–4
90 %-Syndrom

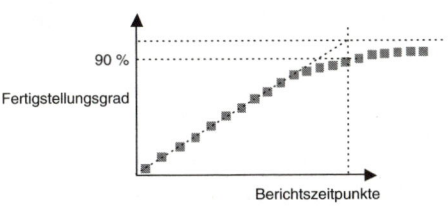

90 %

Fertigstellungsgrad

Berichtszeitpunkte

Erfassung des Restaufwands und des voraussichtlichen Endtermins

Alternativ zum Fertigstellungsgrad kann man auch direkt den noch zu erwartenden Aufwand bis zum Abschluss der Aktivität abfragen, um daraus die Planzahlen für den Gesamtaufwand zu aktualisieren. Restaufwand und Fertigstellungsgrad hängen folgendermaßen zusammen:

$$\text{Fertigstellungsgrad} = \frac{\text{erbrachter Aufwand}}{\text{erbrachter Aufwand} + \text{Restaufwand}}$$

Diese Methode löst zwar nicht das 90 %-Syndrom, denn die zugrunde liegende Problematik ist die gleiche. Im Allgemeinen ist die Frage nach dem verbleibenden Aufwand aber nahe liegender und einfacher zu beantworten.

Steigt der Aufwand, so gibt es zwei Möglichkeiten:

»Adding manpower to a late project makes it even later.«

1. Die Aufwandssteigerung wird durch mehr Ressourcen abgedeckt. Diese könnten in Form zusätzlichen Personals kommen, aber das steht meistens nicht zur Verfügung. Und wenn doch, löst dessen Einsatz häufig nicht das Problem, sondern bereitet eher neue Probleme (entsprechend Brooks' law, siehe Abschnitt 5.3.1). Die zweite und gebräuchlichere Möglichkeit für mehr Ressourcen besteht in der Mehrarbeit des vorhandenen Personals.
2. Kann die Aufwandssteigerung nicht durch mehr Ressourcen aufgefangen werden, so dauert die Aktivität länger, d.h., der Endtermin verschiebt sich. Diese Möglichkeit ist die wahrscheinlichere.

Terminverschiebung problematischer als Aufwandserhöhung

Die Terminverschiebung einer Aktivität kann sehr viel problematischer sein als eine Aufwandserhöhung. Die Terminverschiebung hat direkte Auswirkungen auf andere Aktivitäten und Termine im Projektplan. Liegt die betreffende Aktivität auf dem kritischen Pfad (siehe Abschnitt 4.5.5), so hat jede Verlängerung eine Verschiebung des Projektendtermins zur Folge.

Abbildung 5–5 zeigt ein Berichtsformular, wie es sich z.B. mit Microsoft Excel einfach herstellen lässt. Es enthält alle notwendigen Informationen wie oben hergeleitet sowie die Information über den Status (siehe hierzu nachfolgenden Abschnitt) und die Möglichkeit, zusätzliche Erläuterungen anzugeben.

ID	Aktivität	Fertig	Status	Stunden erbracht diese Woche	Stunden noch benötigt	Verschobener Endtermin	Kommentare
Name							
Woche							
Projekt							
1	Erstellen Pflichtenheft	n	a	28,50	84,00	17.12.	Problem mit xyz
2	Review Pflichtenheft	n			12,00		

Abb. 5–5

Beispiel eines Berichtsformulars

Legende:
n = noch nicht begonnen; a = amber (engl. Bzeichnung für gelbe Ampelfarbe)

Verfolgung des Projektstatus mit der Ampelmethode

Neben der Verfolgung des Aufwands, des Fertigstellungsgrads bzw. des Restaufwands müssen auch Probleme im Projekt überwacht werden. Die Ampelmethode ist eine weit verbreitete Technik, um – verdichtet auf die drei Farben einer Ampel – die Probleme des Projekts zusammenzufassen (siehe Abb. 5–6). Sie eignet sich für alle Ebenen, von der Aktivitätenebene über die verschiedenen Ebenen eines (größeren) Projekts bis hin zu Berichten aus dem Projekt heraus z.B. an das Management (siehe hierzu später).

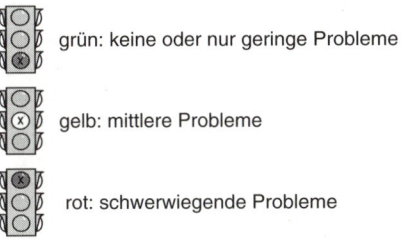

grün: keine oder nur geringe Probleme

gelb: mittlere Probleme

rot: schwerwiegende Probleme

Abb. 5–6

Ampelmethode

Der Berichtende beschreibt in drei Stufen (entsprechend den Ampelfarben) die Projektproblematiken. In der Regel handelt es sich um Probleme bezüglich Kosten, Terminen, Funktionalität oder Qualität. Die Problemeinschätzung variiert von Unternehmen zu Unternehmen sehr stark: Bezüglich z.B. Kosten sind bei Massenprodukten eher die Her-

Beschreibung des Problemstatus

stellkosten wichtig, bei Individualentwicklungen die Entwicklungskosten. Um welche Art von Problemen es geht und wie die Stufen eingeteilt sind, muss daher vom jeweiligen Unternehmen definiert werden. Je präziser die Definition ist, umso eher sind die verschiedenen Berichte von ihrer Aussagekraft vergleichbar und es wird Kommunikationsaufwand gespart, um die Berichte zu hinterfragen.

Die drei Stufen stellen Intervalle dafür dar, wie stark Projektziele gefährdet sind. Eine informelle Definition ist z.B.:

- **grün:** keine oder nur geringe Probleme. Funktionalität kann wie geplant realisiert werden, Termin und Aufwand werden gehalten.
- **gelb:** mittelgroße Probleme (aber noch aufholbar). Es besteht die Gefahr, dass die Funktionalität nicht wie geplant realisiert werden kann oder dass Termin bzw. Aufwand nicht gehalten werden können.
- **rot:** schwerwiegende Probleme (nicht mehr aufholbar). Die Funktionalität wird mit hoher Wahrscheinlichkeit nicht wie geplant realisiert werden oder Termin oder Aufwand werden erheblich überschritten.

Die Ampelmethode eignet sich ausgezeichnet zur Reduktion der Informationsflut, die auf den Berichtsempfänger einströmt. Innerhalb des Projekts angewendet, erhält der Projektleiter einen schnellen Überblick, wo es Probleme gibt und um was er sich bevorzugt kümmern muss.

Analyse der Berichte durch den Projektleiter

Bei der Verwendung von Excel-Formularen müssen die Berichte meistens manuell oder halbautomatisch verarbeitet und verdichtet werden, bei komfortableren technischen Lösungen kann sich der Projektleiter gleich der Analyse der Berichte zuwenden. Sein Augenmerk gilt jeglicher Abweichung vom Plan.

Bei kleineren Projekten

Bei kleineren Projekten kennt er normalerweise die Probleme bereits, da er engen persönlichen Kontakt zu den Teammitgliedern halten kann. Treten durch die Berichte dennoch neue (potenzielle) Probleme zutage, kann er, je nach Dringlichkeit, dies sofort telefonisch klären oder die Angelegenheit in der nächsten Teambesprechung aufgreifen.

Bei größeren Projekten

Bei größeren, komplexen Projekten ist die Analyse der Daten naturgemäß schwieriger. Auf folgende Punkte sollte der Projektleiter besonders achten:

- Aktivitäten auf dem kritischen Pfad: Eine Terminverschiebung bei einer solchen Aktivität ist immer gleichbedeutend mit einer Verschiebung des Projektendtermins (siehe hierzu auch Abschnitt 4.5.5).

- Aktivitäten ohne Puffer oder mit geringem Puffer: Hier können Verlängerungen leicht einen neuen kritischen Pfad bewirken.
- Aktivitäten mit kritischen Ressourcen: Kritische Ressourcen können z.B. Mitarbeiter sein, die nur für einen bestimmten Zeitraum zur Verfügung stehen. Verschieben sich vorhergehende Termine, dann stehen diese Mitarbeiter nicht mehr zur Verfügung und es ergeben sich daraus neue Terminverschiebungen. Auch externe Arbeitskräfte oder Subunternehmer, bei denen durch Terminverschiebungen kostenpflichtige Wartezeiten entstehen können, zählen zu den kritischen Ressourcen.
- Komplexe, kritische Aktivitäten (z.B. komplexe Funktionen, Einsatz neuer Technologien): Hier treten häufig Probleme auf.
- Auf Mitarbeiter, die zum 90 %-Syndrom neigen und die Probleme erst melden, wenn sich dies nicht mehr vermeiden lässt.

Zusammenhang zwischen Fortschrittsüberwachung und Projektplanung

Zwischen Projektkontrolle und -steuerung besteht ein enger Zusammenhang, wie in Abbildung 1–7 dargestellt. Die Fortschrittsüberwachung als ein Mittel der Projektkontrolle identifiziert die Abweichungen vom Plan, die Projektsteuerung veranlasst Maßnahmen und aktualisiert die Daten im Plan (Termine, Ressourcen, Kosten) und die Projektplanung entwickelt bei Bedarf die Pläne weiter.

Fließender Übergang Fortschrittsüberwachung – Projektplanung

Ändert sich beispielweise der Endtermin einer Aktivität, muss der Netzplan neu berechnet werden und die Auswirkungen auf andere Aktivitäten sind zu untersuchen. Unter Umständen erfordert dies auch eine mehr oder weniger große Überarbeitung des Plans, um der Terminverschiebung Rechnung zu tragen.

5.1.2   Fortschrittsüberwachung auf Projektebene

Für die Fortschrittsüberwachung oberhalb der Aktivitätenebene muss eine Vielzahl von Detaildaten verdichtet werden, um daraus den Stand des Projekts und dessen voraussichtliche zukünftige Entwicklung möglichst auf einen Blick sehen zu können. Zwei Verfahren sind hierfür besonders gut geeignet und haben sich mehr oder weniger als Stand der Technik etabliert (auch wenn sie in der Praxis eher in größeren Projekten angewendet werden), nämlich die Meilensteintrendanalyse sowie die Earned Value Analysis.

Meilensteintrendanalyse

Die Meilensteintrendanalyse (abgekürzt: MTA) wird gelegentlich auch als »Termintrendanalyse« oder als »Zeit/Zeit-Diagramm« bezeichnet.

Laufen Termine davon?

MTA erlaubt einen schnellen Überblick, wie sich in der Zukunft liegende Meilensteine (oder andere Termine) während der Projektlaufzeit entwickeln, d.h., ob die Terminvorhersagen stabil sind oder ob die Termine »weglaufen« bzw. ob die Planungen realistisch sind. Das Prinzip ist einfach: In einem Diagramm stellt die eine Achse die Berichtszeitpunkte dar, die andere Achse die Plantermine. Ein Datenpunkt im Diagramm steht also für einen Plantermin zu einem bestimmten Berichtszeitpunkt.

Abb. 5–7

Prinzip der
Meilensteintrendanalyse

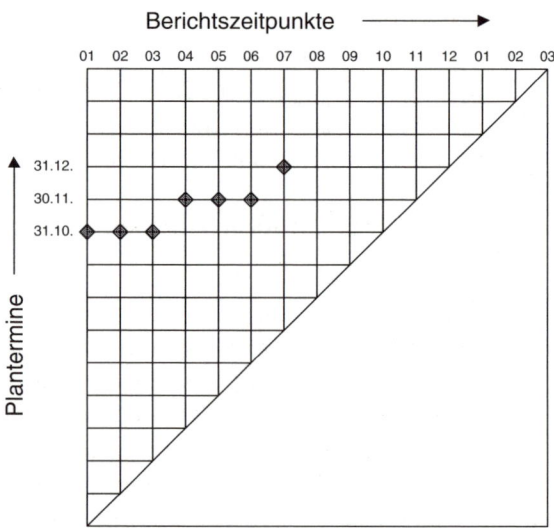

Beispiel für
Meilensteintrendanalyse

Abbildung 5–7 zeigt ein Beispiel. Verfolgt werden soll der Termin eines bestimmten Meilensteins. Berichte erfolgen in diesem Beispiel zum Monatsende. Die Berichtszeitpunkte sind (abgekürzt) auf der horizontalen Achse aufgetragen. Im Januarbericht ist der Plantermin für den Meilenstein der 31.10., ebenso im Februar- und Märzbericht. Der Zeitpunkt der Plantermine ist auf der vertikalen Achse abzulesen. Im Aprilbericht hat das Projektteam seine Terminvoraussage korrigieren müssen auf den 30.11. und im Juli erfolgt wieder eine Korrektur auf den 31.12.

Nutzen und Anwendung
der MTA

Man kann also mit der MTA die zeitliche Entwicklung der Terminprognosen eines Projekts über die Berichtszeitpunkte hinweg sehr übersichtlich darstellen und verfolgen. Der Berichtsempfänger sieht auf einen Blick, ob die Terminprognosen stabil bleiben (horizontaler Verlauf der Datenpunkte) oder ob die Termine »davonlaufen« (Datenpunkte gehen asymptotisch gegen die Diagonale). In einem Diagramm können so viele Termine verfolgt werden, wie es die Übersichtlichkeit erlaubt (Tipp: nicht mehr als sieben). Meistens beschränkt man sich auf wichtige Meilensteintermine, z.B. Phasenübergänge, wichtige Integrationstermine, Abgabetermine und Endtermin. Angewendet wird die MTA hauptsächlich für die Darstellung der Terminsituation des Projekts nach außen, z.B. gegenüber dem Management oder dem Kunden.

Abbildung 5–8 zeigt einige Beispiele für Kurven in MTA-Diagrammen. In Abbildung 5–8a verläuft die Kurve linear und horizontal und trifft dann zum vorausgesagten Termin auf die Diagonale oder es gibt geringe Abweichungen nach oben oder unten. Abbildung 5–8b zeigt einen fallenden Verlauf, entweder gleichmäßig oder gegen Ende hin plötzlich abfallend. Das ist in der Regel ein Zeichen dafür, dass zu viele Puffer eingebaut wurden, d.h., das Projektteam hat die Termine zu pessimistisch geschätzt, um sich gegen Probleme abzusichern. Abbildung 5–8c zeigt den umgekehrten Fall: Der Termin wurde zu optimistisch geschätzt, die Aufgabe wurde unterschätzt oder es sind unerwartete Probleme aufgetreten. Dieses Phänomen wird auch als »90 %-Syndrom« bezeichnet (s. vorige Abschnitte) und ist in der Praxis leider häufig anzutreffen.

Interpretation von MTA-Kurvenverläufen

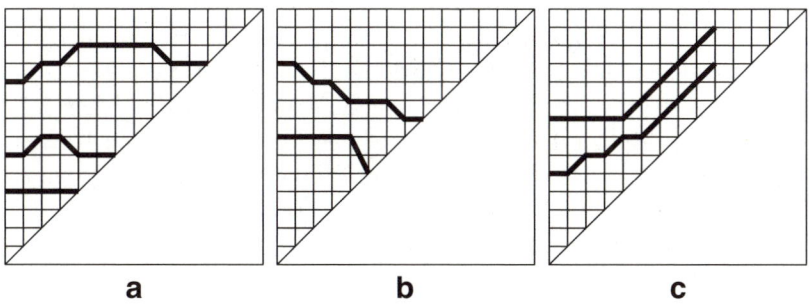

| a | b | c |

Abb. 5–8
Beispiele für MTA-Kurven

Earned Value Analysis

Earned Value Analysis (abgekürzt: EVA) ist eine relativ weit verbreitete Methode zur Fortschrittsbewertung und wird mit steigender Tendenz eingesetzt, besonders für große Projekte. EVA wird in vielen internationalen Unternehmen genutzt und ist z.B. in den USA für Regierungsprojekte vorgeschrieben.

EVA erlaubt es, mit einem kleinen Satz von Kenngrößen treffsichere Aussagen über die Termin- und Kostensituation eines Projekts zu machen. EVA eignet sich daher besonders für Berichte an das Topmanagement, das sehr viele Projekte verfolgen muss. Vom Prinzip her könnte man EVA auch auf einzelne Aktivitäten anwenden, in der Praxis wird sie aber nur für Gesamtbewertungen des Projekts eingesetzt. Für EVA gibt es zahlreiche Varianten mit unterschiedlichen Bezeich-

Nutzen und Anwendung der EVA

nungen der Kenngrößen. Wir verwenden hier die neuen Bezeichnungen und Abkürzungen des Project Management Institute ([PMBOK 00], [PMI]), ältere Bezeichnungen und Abkürzungen sind zusätzlich angegeben.

Drei grundlegende Kenngrößen

Drei grundlegende Kenngrößen müssen berechnet werden. Die Berechnung muss für jede Aktivität erfolgen und wird dann auf Projektebene zusammengefasst:

- **Planned Value (PV)**, Alternativbezeichnung: Budgeted Cost of Work Scheduled (BCWS): PV gibt an, was die Aktivität laut Plan für einen bestimmten Zeitraum hätte kosten sollen. Diese Information kommt aus der Kostenplanung.
- **Actual Cost (AC)**, Alternativbezeichnung: Actual Cost of Work Performed (ACWP): AC gibt an, was die Aktivität für einen bestimmten Zeitraum tatsächlich gekostet hat. Diese Information kommt aus der laufenden Verfolgung der Personalaufwendungen und der sonstigen Kosten. Anmerkung: Meistens liefert die Finanzbuchhaltung diese Zahlen nicht detailliert auf Aktivitätenebene und mit zeitlicher Verzögerung. Da in den meisten Projekten die Personalaufwendungen den Löwenanteil der Kosten ausmachen, kann man sich für die Fortschrittsverfolgung auf diese beschränken. AC ergibt sich dann aus den berichteten Stunden für den Zeitraum, multipliziert mit dem jeweiligen Stundensatz. Die Kostenplanung muss dann so eingerichtet werden, dass die reinen geplanten Personalkosten getrennt von anderen Kosten (z.B. für Infrastruktur) ausgewiesen werden.
- **Earned Value (EV)**, Alternativbezeichnung: Budgeted Cost of Work Performed (BCWP): EV bezeichnet den tatsächlichen Wert der geleisteten Arbeit bzw. genauer: Die geplanten Kosten für die tatsächlich geleistete Arbeit, d.h., was die Aktivität laut Plan hätte kosten sollen, gemessen an dem tatsächlichen Arbeitsfortschritt. Dieser Wert berechnet sich aus den Plankosten der Aktivität für deren Gesamtdauer (laut Kostenplanung), multipliziert mit dem Fortschrittsgrad der Aktivität. Die Problematik liegt dabei in der realistischen Ermittlung des Fortschrittsgrads (mehr dazu später in diesem Kapitel).

Abgeleitete Kenngrößen

Aus diesen Werten werden nun weitere Kenngrößen berechnet.

- **Cost Variance CV = EV – AC**
  CV ist die Differenz zwischen dem Wert der geleisteten Arbeit und den tatsächlichen Kosten. CV ist also ein Maß für die Kosteneinhaltung.

■ **Schedule Variance SV = EV – PV**
SV ist die Differenz zwischen dem Wert der geleisteten Arbeit und den für den Berichtszeitpunkt geplanten Kosten. SV ist also ein Maß für die Termineinhaltung bzw. auch für den Fortschritt gegenüber dem Plan.

Beispiel

Wir betrachten eine Aktivität, die (der Einfachheit halber) 12 Monate vom 1.1. bis zum 31.12. dauern und 120.000 € kosten soll, wobei nur Personalkosten anfallen. Unser Berichtszeitpunkt ist der 30.6. Laut Kostenplan sollen sich die Kosten linear über die Dauer verteilen. Der PV zum 30.6. beträgt also 60.000 €. Für die Aktivität wurde aber mehr Personalaufwand investiert als geplant, nämlich im Wert von 80.000 € (= AC). Der Arbeitsfortschritt ist jedoch nicht bei 50 % wie geplant, sondern erst bei 33 % auf dem Stand von Ende April, da sich unerwartete Probleme ergeben hatten. Der EV beträgt also 0,33 × 120.000 € = 40.000 €. CV ist dann 40.000 € – 80.000 € = -40.000 €. Die geleistete Arbeit hat also 40.000 € mehr gekostet als geplant. SV beträgt 40.000 € – 60.000 € = -20.000 €, d.h., wir liegen mit unserem Arbeitsfortschritt mit Arbeit im Wert von 20.000 € zurück. Abbildung 5–9 verdeutlicht die Zusammenhänge grafisch.

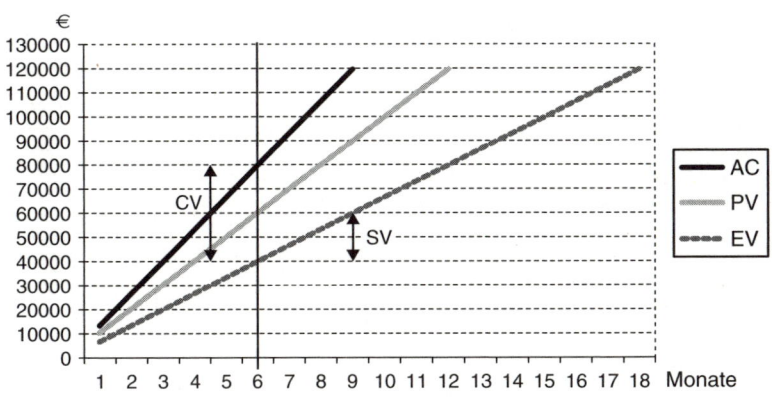

Abb. 5–9

Beispiel zu Earned Value

Weitere Kenngrößen sind der Cost Performance Index und der Schedule Performance Index. Der Cost Performance Index (CPI) wird wie folgt berechnet: CPI = EV ÷ AC. CPI bezeichnet das Verhältnis zwischen dem Wert der geleisteten Arbeit und den tatsächlichen Kosten. Bei einem CPI größer als eins war die geleistete Arbeit also kostengünstiger als gedacht, bei einem CPI kleiner als eins teurer als gedacht. CPI ist also wie CV ein Maß für die Kosteneinhaltung, allerdings relativ und nicht absolut.

Weitere Kenngrößen

Der Schedule Performance Index (SPI) wird wie folgt berechnet: SPI = EV ÷ PV. SPI bezeichnet das Verhältnis zwischen dem Wert der geleisteten Arbeit und den für den Berichtszeitpunkt geplanten Kosten.

Bei einem SPI größer als eins ist unser Arbeitsfortschritt höher als gedacht, bei einem SPI kleiner als eins geringer als gedacht. SPI ist also wie SV ein Maß für den Arbeitsfortschritt bzw. die Termineinhaltung, allerdings relativ und nicht absolut.

Beispiel

Im obigen Beispiel ist CPI = 40.000 € ÷ 80.000 € = 0,5, d.h., die Arbeit kam doppelt so teuer als gedacht. Abbildung 5–10 zeigt den CPI als das Verhältnis der beiden markierten Punkte. SPI ist 40.000 € ÷ 60.000 € = 0,66, d.h., wir haben erst 66 % der für den Berichtszeitpunkt geplanten Arbeit geleistet bzw. wir liegen 33 % zurück. Abbildung 5–11 zeigt den SPI als das Verhältnis der beiden markierten Punkte auf der den 30.6. markierenden Senkrechten. SPI hat aber auch eine anschauliche Interpretation in der Horizontalen: In der Horizontalen entspricht der Wert 0,66 dem Verhältnis zwischen den beiden Senkrechten, die den 30.6. und den 31.4. markieren (d.h., die Aktivität liegt zwei Monate zurück).

Abb. 5–10

Beispiel zum Cost Performance Index

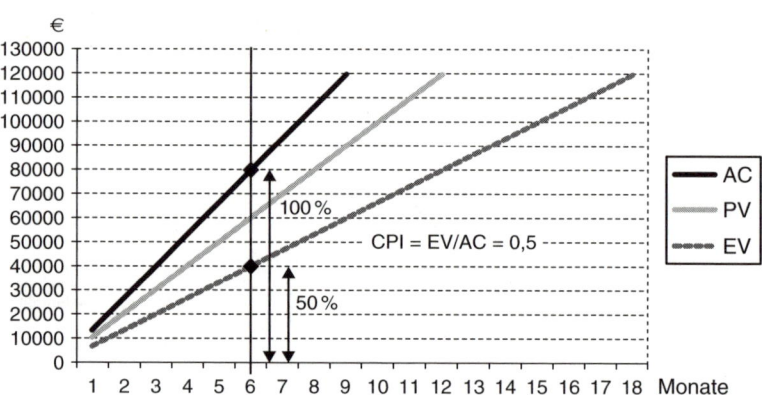

Abb. 5–11

Beispiel zum Schedule Performance Index

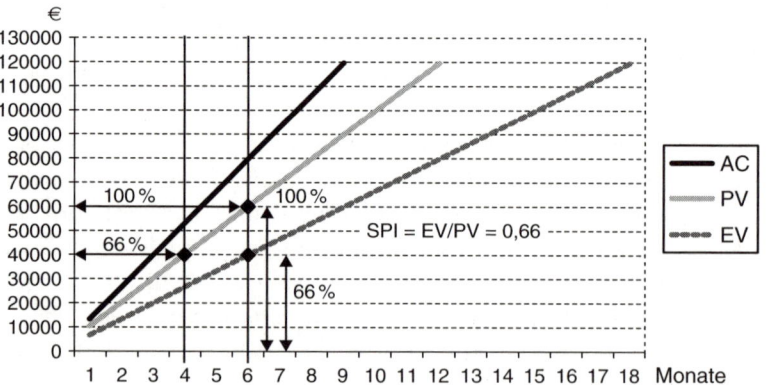

CPI und SPI stellen die größtmögliche Informationsreduktion bei der Projektverfolgung dar: Mit nur zwei Kennzahlen lässt sich der Zustand eines Projekts genau beurteilen! Auf einen Blick lässt sich erkennen, wie der Arbeitsfortschritt ist und wie es um die Kosteneinhaltung bestellt ist. Trägt man beide Werte in einem Diagramm auf (siehe Abb. 5–12), so lassen sich auch Tendenzen erkennen: Verbessern oder verschlechtern sich Kosten- und Terminsituation? Abbildung 5–12 zeigt den Optimalfall eines gut gemanagten Projekts: CPI und SPI pendeln um eins herum.

Mit nur zwei Kennzahlen lässt sich der Zustand eines Projekts genau beurteilen!

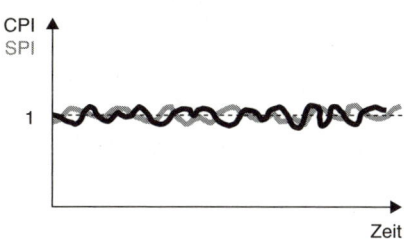

Abb. 5–12

CPI und SPI grafisch dargestellt am Beispiel eines gut gemanagten Projekts

CPI und SPI lassen sich wie folgt interpretieren:

Interpretation von CPI und SPI

- **CPI > 1:** Wir haben weniger Kosten gehabt, um die Leistung zu erbringen.
- **CPI = 1:** Wir sind genau im Kostenplan.
- **CPI < 1:** Wir haben mehr Kosten gehabt, um die Leistung zu erbringen.
- **SPI > 1:** Wir sind dem Zeitplan voraus.
- **SPI = 1:** Wir sind genau im Zeitplan.
- **SPI < 1:** Wir liegen hinter dem Zeitplan.

Abbildung 5–13 zeigt ein Fallbeispiel, in dem die gängigen möglichen Kombinationen von CPI- und SPI-Werten durchgespielt werden, und die jeweilige Interpretation dazu. Mögliche Ursachen für ungünstige CPI- und SPI-Werte sind:

Fallbeispiel

- **CPI > 1:**
  - Der Personalaufwand war geringer als geplant, es wurde effizienter gearbeitet.
  - Eventuell wurden zu viele Puffer eingebaut.
- **CPI < 1:**
  - Der Personalaufwand war höher als geplant, es wurde aber wenig effektiv gearbeitet (eventuell waren die Mitarbeiter unerfahren oder nicht dafür ausgebildet).
  - Es gab unerwartete technische Probleme (insbesondere wenn auch SPI < 1).

- **SPI > 1:**
  - Die Aufgabe war einfacher als gedacht.
  - Eventuell durch überhöhten Personaleinsatz erkauft (wenn CPI < 1)
  - Eventuell wurden zu viele Puffer eingebaut.
- **SPI < 1:**
  - Eventuell zu geringer Personaleinsatz (insbesondere wenn CPI > 1)
  - Es gab unerwartete technische Probleme (insbesondere wenn auch CPI < 1).

Abb. 5–13

Fallbeispiel: Gängige mögliche Kombinationen von CPI- und SPI-Werten und ihre Interpretation

PV	AC	EV	CPI	SPI	Interpretation
800	800	800	1,00	1,00	Optimaler Fall
800	600	400	0,67	0,50	Zu teuer und noch weiter hinter Zeitplan; einer der schlimmsten Fälle
800	400	600	1,50	0,75	Zwar kostengünstig, aber hinter Zeitplan; Warum wurden die Kosten so überschätzt?
800	600	600	1,00	0,75	Kosten o.k., aber hinter Zeitplan
800	800	1000	1,25	1,25	Kostengünstiger und vor Zeitplan; Überoptimaler Fall
800	1000	1000	1,00	1,25	Genau im Kostenplan und vor Zeitplan; Überoptimaler Fall
800	600	800	1,33	1,00	Kostengünstiger und genau im Zeitplan; Überoptimaler Fall
800	1000	800	0,80	1,00	Zu teuer, aber im Zeitplan
800	600	1000	1,67	1,25	Erfreulich; Wurden zu viele Puffer eingebaut?
800	1200	1000	0,83	1,25	Zu teuer, aber vor Zeitplan

Obere und untere Eingriffsgrenzen

Bei der Überwachung von CPI und SPI ist es sinnvoll, obere und untere Eingriffsgrenzen zu definieren. Die Über- bzw. Unterschreitung dieser Grenzen stellen dann Alarmsignale (z.B. für das Management) dar, bei denen Ursachen analysiert und besondere Maßnahmen ergriffen werden müssen. Eine mögliche Definition von solchen Eingriffsgrenzen sowie in diesen Fällen zu klärende Fragen sind z.B.:

- **Obere Eingriffsgrenze** (z.B. 1,5)
  - Wurde der Funktionsumfang (»Scope«) laut Projektdefinition tatsächlich verstanden? Wird tatsächlich der gedachte Umfang entwickelt?
  - Wurden zu viele Puffer eingebaut? Eventuell besteht Verbesserungsbedarf bei Schätzverfahren.
- **Untere Eingriffsgrenze** (z.B. 0,8 ... 0,9)
  - Ist die Teamleistung schlecht, z.B. aufgrund von zwischenmenschlichen Problemen, ungeeignetem Projektleiter, Kommunikationsproblemen in einem verteilten oder multinationalen Team?

- Stimmt die Qualifikation der Mitarbeiter?
- Gibt es unvorhergesehene technische Probleme?

Weitere Auswertungen und Kenngrößen sind:

Weitere Auswertungen und Kenngrößen

- Budget at Completion BAC = ursprünglich geplante Gesamtkosten
- Estimate at Completion EAC = BAC ÷ CPI; EAC stellt die prognostizierten Gesamtkosten dar aufgrund der momentanen Projektsituation.
- Die voraussichtliche Projektdauer kann berechnet werden aus der ursprünglich geplanten Projektdauer dividiert durch SPI.

Im Beispiel von oben sind BAC = 120.000 €, EAC = 120.000 € ÷ 0,5 = 240.000 € und die voraussichtliche Projektdauer beträgt 12 Monate ÷ 0,66 = 18,2 Monate.

Der Earned Value berechnet sich aus den Plankosten multipliziert mit dem Fortschrittsgrad. Hier genau liegt das Problem. Der Fortschrittsgrad ist schwierig zu bestimmen, wie wir schon früher in diesem Kapitel gesehen haben. In der Praxis haben sich daher verschiedene Näherungsmethoden herauskristallisiert, von denen wir die drei wichtigsten betrachten werden.

Problematik der Berechnung des Earned Value

Bei aufwandsproportionalen Methoden wird pro verstrichener sowie angefangener Zeiteinheit ein bestimmter Prozentsatz der Plankosten der Aktivität als Earned Value gebucht. Die Zeiteinheit wird für alle Aktivitäten einheitlich gewählt, z.B. Kalenderwochen. Nehmen wir z.B. an, eine Aktivität würde sich über 10 Kalenderwochen erstrecken und hätte Plankosten in Höhe von 25.000 €. Dann würden pro Woche 2.500 € als Earned Value gebucht. Sobald die Aktivität z.B. in die vierte Kalenderwoche eintreten würde, würde der Earned Value 10.000 € betragen. Der Fehler bei aufwandsproportionalen Methoden besteht darin, dass EV identisch mit PV ist. Die Aussagekraft auf Aktivitätenebene ist daher gering. Auf Projektebene wird der Gesamt-EV jedoch aus der Summe einer Vielzahl von Aktivitäten-EVs gebildet. Der Fehler betrifft aber nur die zum Berichtszeitpunkt laufenden Aktivitäten, nicht bereits abgeschlossene Aktivitäten. Auf den Fortschrittsgrad auf Projektebene macht sich der Einfluss von verspäteten, noch nicht begonnenen Aktivitäten bemerkbar sowie von vorzeitig abgeschlossenen Aktivitäten. Der Fehler ist daher umso geringer, je länger die Projektdauer ist, je mehr Aktivitäten das Projekt enthält und je kürzer die einzelnen Aktivitäten im Durchschnitt sind.

Aufwandsproportionale Methoden

Bei anderen, gröberen Methoden wird beim Start und/oder Ende einer Aktivität ein großer Teil der Kosten als Earned Value gebucht:

50/50-Methode   ▨ Die 50/50-Methode ist die gebräuchlichste Methode. Bei ihr wird
für jede begonnene Aktivität 50 % von deren Plankosten gebucht,
für jede beendete Aktivität weitere 50 %.

0/100-Methode   ▨ Die 0/100-Methode ist noch gröber: Hier werden nur für beendete
Aktivitäten 100 % der Plankosten gebucht.

Für diese beiden Methoden gilt das bereits oben Gesagte: Der Fehler ist
umso geringer, je länger die Projektdauer ist, je mehr Aktivitäten das
Projekt enthält und je kürzer die einzelnen Aktivitäten im Durchschnitt sind.

Meilensteinmethode   Bei der Meilensteinmethode werden Plankosten für Meilensteine
geplant. Bei erfolgreichem Erreichen eines Meilensteins werden dessen
Plankosten als Earned Value gebucht. Diese Methode ist dann sinnvoll, wenn das Projekt viele lange Aktivitäten enthält und daher der
Fehler bei Verwendung der vorgenannten Methoden groß wäre. Allerdings besteht bei der Meilensteinmethode das Problem, genügend viele
Meilensteine zu finden und diese zu bewerten.

Weitere Fortschrittsüberwachungsmethoden

Weitere Methoden arbeiten mit Metriken bezüglich der Arbeitsergebnisse der einzelnen Projektphasen. Zum Beispiel kann man die Reife
der Anforderungsdokumente in frühen Projektphasen (Anforderungs-
ermittlung, Design) u.a. an der zeitlichen Entwicklung der Anforderungsänderungen messen (siehe Abb. 5–14). Gehen die Anforderungsänderungen   zurück   bzw.   zeigt   die   Kurve   der   kumulierten
Anforderungsänderungen ein asymptotisches Verhalten, kann dies ein
Zeichen sein, die Anforderungsphase abzuschließen.

Abb. 5–14

Entwicklung von
Anforderungsänderungen

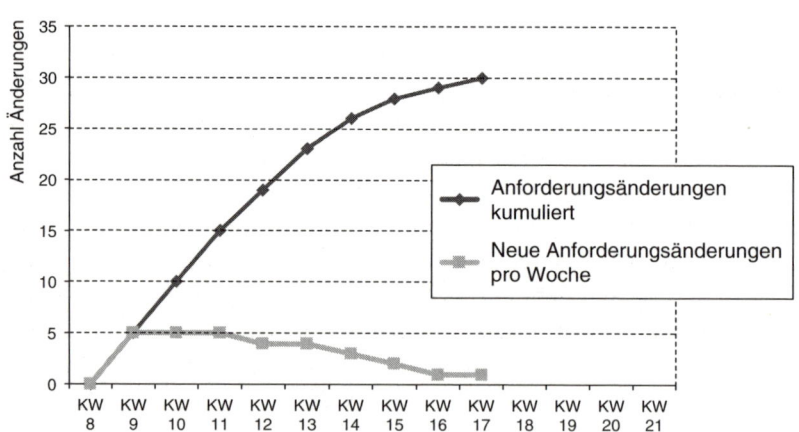

Weitere Beispiele zeigen die Abbildung 5–15 und 5–16 für den Testfortschritt im Systemtest oder die Entwicklung der Problemberichte im
Feldtest.

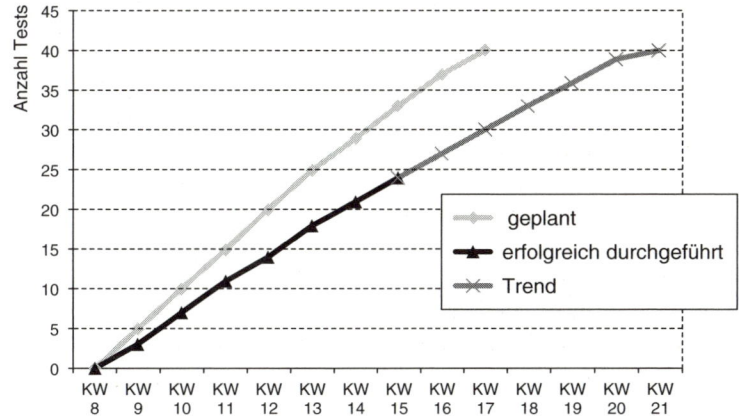

Abb. 5–15

Testfortschritt im
Systemtest

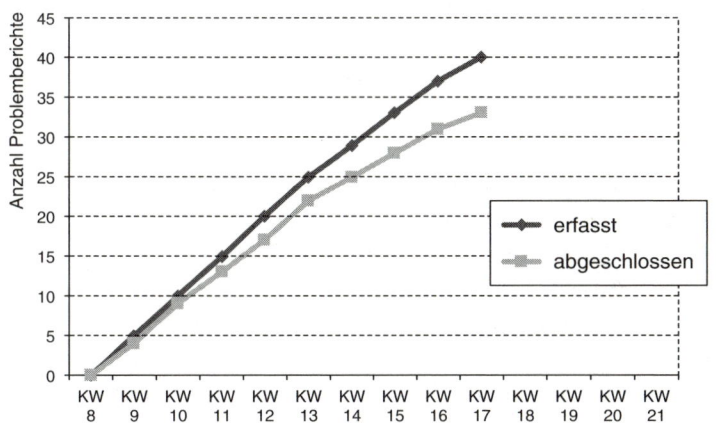

Abb. 5–16

Entwicklung der
Problemberichte
im Feldtest

5.1.3 Berichte an das Management

In fast jedem Unternehmen existiert ein geregeltes Berichtswesen der
Projekte an das Management. In kleineren Unternehmen erfolgt dies
häufig in Form von regelmäßigen mündlichen Berichten, in größeren
Unternehmen ist die Berichterstattung oft stärker institutionalisiert
und besteht meistens aus regelmäßigen (z.B. monatlichen) Sitzungen,
in denen eine größere Zahl von Projekten ihren Statusbericht mit festgelegten Berichtsinhalten an das untere oder mittlere Management
abgibt. Falls zusätzlich ein Lenkungsausschuss existiert, so erhält die-

Geregeltes Berichtswesen

ser meist beide unten ausgeführten Berichtsformen: den Informationsbedarf des unteren Managements in mündlicher Form (d.h. auf den Lenkungsausschusssitzungen) und den des mittleren bzw. Topmanagements in schriftlicher Form.

Zusätzlich werden oft schriftliche Berichte mit definierter Form und Inhalt angefertigt. Das Topmanagement erhält aus Zeitgründen meistens nur schriftliche Berichte und entscheidet auf deren Grundlage, ob ein zusätzlicher mündlicher Bericht erforderlich ist. Ansonsten erfolgen regelmäßige mündliche Berichte hier nur bei strategisch besonders wichtigen oder sehr großen Projekten.

Informationsbedarf des unteren Managements

Das untere Management interessiert sich meistens für:

- **Kostensituation**
  - Entwicklungskosten, z.B. aus der EVA (CPI, EAC, ...)
  - Bei Großserien im Bereich Embedded Systems: Prognose der Stückkosten verglichen mit den geplanten Kosten
- **Terminsituation**
  - Voraussichtlicher Endtermin, SPI (aus der EVA)
  - Termintrends aus der MTA
- **Leistungsumfang**
  - Wird die geforderte Funktionalität geliefert oder gibt es Abweichungen?
- **Qualitätssituation**
  - Wie ist die Produktqualität? (Z.B. wie viele Fehler der verschiedenen Schweregrade gibt es?)
  - Gibt es direkt kundenrelevante Probleme?
- **Personalstatus**
  - Gibt es kritische personelle Engpässe in Projekten?
- **Risiken**
  - Zusammenfassung der Risiken, z.B. Top 5 oder Top 10
  - Risiken und Chancen, bei komplexen Großserienprodukten im Bereich Embedded Systems meistens monetär bezogen auf die Stückkosten:
    - Welche Risiken gibt es für Kostensteigerungen, welche Chancen für Kostenminderungen?
    - Welche voraussichtlichen Stückkosten ergeben sich unter der Berücksichtigung von Wahrscheinlichkeiten für Risiken und Chancen?
- Ausgewählte technische Probleme, soweit sie für Kosten, Termine und Funktionsumfang relevant sind

Informationsbedarf des mittleren und des Topmanagements

Das mittlere Management hat eine deutlich größere Anzahl von Projekten zu überschauen und erhält daher meistens stark zusammengefasste »Ampelberichte« (siehe Abb. 5–17). Das Topmanagement, bei dem eine große Zahl von Projekten zusammenlaufen, benötigt noch stärkere Zusammenfassungen, ebenfalls in Form von Ampelberichten (siehe Abb. 5–18). Diese sind jedoch auf das Minimum reduziert, das Topmanagement möchte im Prinzip nur noch wissen:

- Gibt es massive Probleme?
- Verbessert oder verschlechtert sich die Situation?
- Sind Maßnahmen eingeleitet?
- Gibt es Handlungsbedarf für den Berichtsempfänger?

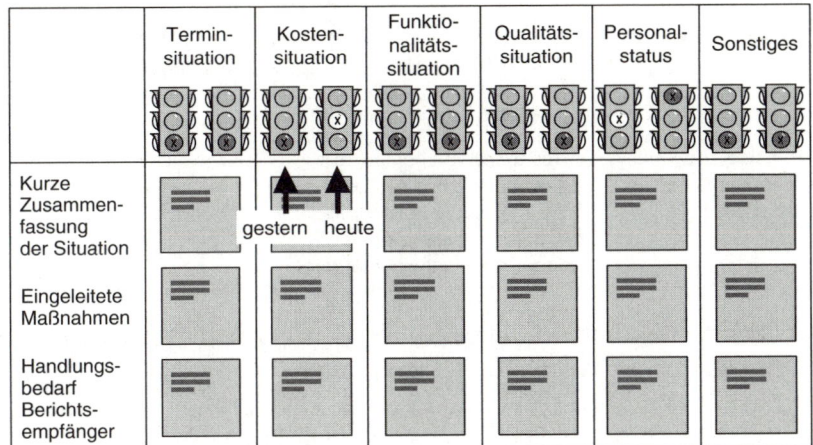

Abb. 5–17

Ampelberichte für das mittlere Management

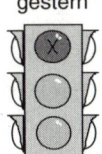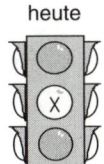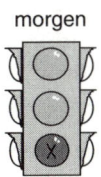

Abb. 5–18

Ampelberichte für das Topmanagement

5.2 Projektbesprechungen

5.2.1 Arten von Besprechungen

Projektbesprechungen (Projektmeetings) sind neben einer regelmäßigen Fortschrittsüberwachung das wichtigste Mittel zur Steuerung des Projekts. Wir unterscheiden projektinterne Besprechungen und Besprechungen unter Einbeziehung des Managements und gegebenenfalls auch von Kundenvertretern (siehe Abb. 5–19).

Wichtiges Mittel zur Steuerung des Projekts

Abb. 5–19

Arten von Projektbesprechungen

Art von Besprechung	Zweck	Teilnehmer
Teambesprechungen, technische Projekt-besprechung	Probleme u. Lösungen auf Aktivitätenebene, Arbeitsfortschritt	Projekt-/Teamleiter, Entwickler
Interne Fortschritts-besprechungen	Arbeitsfortschritt im Vergleich zum Plan, Maßnahmen, ausgewählte Probleme, Risiken, Change Requests	Projekt-/Teamleiter, Entwickler
Formale Fortschritts-besprechungen	Arbeitsfortschritt im Vergleich zum Plan, in Kürze: ausgewählte Probleme, Maßnahmen, Risiken	Projekt-/Teamleiter, Management
Meilensteinreviews	Arbeitsfortschritt im Vergleich zum Plan, Prüfung formaler Vorausset-zungen, Freigabe der nächsten Phase	Projekt-/Teamleiter, Management, QS, ggf. Kundenvertreter
Projektsteuerkreis bzw. Lenkungs-ausschuss	Rechenschaftsbericht, aus-gewählte Probleme, strategische Fragen, Koordination verschie-dener Interessen, Treffen wich-tiger Projektentscheidungen	Projekt-/Teamleiter, Management, Kundenvertreter

Teambesprechungen (Projektmeetings)

Bei den projektinternen Besprechungen nehmen die regelmäßigen (meistens wöchentlichen) Teambesprechungen breiten Raum ein. Hier werden die aktuellen Probleme, mögliche Lösungen und der Arbeits-fortschritt besprochen. Hier kann auch – falls keine schriftlichen Fort-schrittsberichte erfolgen – der Arbeitsfortschritt erfasst und schriftlich dokumentiert werden.

Interne Fortschritts-besprechungen

Es ist wichtig, dass sich das Projektteam regelmäßig von den Detailproblemen loslöst und sich kritisch mit dem Arbeitsfortschritt im Vergleich zum Plan beschäftigt. In Form von internen Fortschritts-besprechungen kann das Team fokussiert Planabweichungen und damit zusammenhängende Probleme besprechen und geeignete Maß-nahmen planen. Die Maßnahmen zielen entweder darauf ab, das Pro-jekt wieder auf den geplanten Kurs zu bringen oder, falls dies nicht möglich ist, den Plan anzupassen. Weitere Tagesordnungspunkte kön-nen Risiken (siehe Kapitel 8) und Change Requests gewidmet sein. Derartige Besprechungen sollten regelmäßig, z.B. monatlich stattfin-den und sind ein wichtiger Bestandteil einer Projektmanagementkultur im Projekt. Teilnehmer interner Fortschrittsbesprechungen sind meist identisch mit den Teilnehmern der technischen Besprechungen. Beide Arten von Besprechungen können auch kombiniert an einem Termin durchgeführt werden.

Formale Fortschritts-besprechungen

Formale Fortschrittsbesprechungen haben einen ähnlichen Cha-rakter, finden aber unter Beteiligung von Managementvertretern statt, oft im Rahmen regelmäßiger Sitzungen, in denen eine größere Zahl von Projekten ihren Statusbericht an das untere oder mittlere Management abgibt. Sie sind daher deutlich kürzer und haben mehr den Charakter eines Rechenschaftsberichts. Ausgewählte Probleme, Maßnahmen und Risiken können dort höchstens kurz besprochen werden.

Meilensteinreviews (siehe Kapitel 6) ähneln den formalen Fortschrittsbesprechungen, finden aber anlässlich des Erreichens wichtiger Projektmeilensteine statt, z.B. beim Übergang zwischen größeren Phasen des Projekts. Im Vordergrund steht die Prüfung, ob gewisse formale Voraussetzungen erfüllt sind, um die nächste Phase freigeben zu können. Formale Voraussetzungen sind z.B., ob bestimmte Dokumente vorliegen und ob bestimmte Prüfungen (Audits, Reviews) stattgefunden haben. Neben Managementvertretern sind normalerweise auch Vertreter der Qualitätssicherung anwesend. Meilensteinreviews sind meistens im Unternehmen im Rahmen eines definierten Produktentstehungsprozesses institutionalisiert.

Meilensteinreviews

Ein Lenkungsausschuss oder gar ein Entscheidungsausschuss wird normalerweise nur für große, wichtige und komplexe Projekte gebildet, besonders wenn verschiedene Parteien involviert sind und eine Koordination verschiedener Interessen stattfinden muss. Entsprechend stehen auf diesen Sitzungen neben einem Rechenschaftsbericht des Projekts hauptsächlich strategische Fragen, die Koordination verschiedener Interessen und das Treffen wichtiger Projektentscheidungen auf der Tagesordnung.

*Sitzungen
Lenkungsausschuss*

5.2.2 Besprechungskultur

Besprechungen stellen einen enormen Kostenfaktor dar, rechnet man die Vielzahl der wöchentlichen Meetings, die Anzahl der betroffenen Mitarbeiter und die jeweiligen Stundensätze zusammen. Gleichzeitig bringen Besprechungen in vielen Unternehmen erhebliche Frustrationen mit sich. Jeder kennt es: unnötige Meetings, schlecht vorbereitete Teilnehmer, uninformierte Vertreter, ein überforderter Gesprächsleiter, endlose Sitzungen, unbefriedigende Ergebnisse. Eine gute Besprechungskultur im Unternehmen hilft Kosten zu sparen und steigert die Effizienz der Projektarbeit und die Zufriedenheit der Mitarbeiter. Durch einige einfache Grundregeln lassen sich viele der o.g. Probleme vermeiden.

*»Frustfaktor
Besprechung«*

Vor der Besprechung

Die erste zu stellende Frage lautet: Ist die Besprechung überhaupt notwendig und sinnvoll? Eine Besprechung hat keinen Selbstzweck, son-

*Ist die Besprechung
überhaupt notwendig?*

dern soll ein bestimmtes Ergebnis erzielen. Können wir also mit dem vorgesehenen Teilnehmerkreis zu diesem Zeitpunkt das gewünschte Ergebnis erreichen? Liegen zum Beispiel alle Informationen oder Vorarbeiten vor? Lässt sich das Ergebnis nicht auf effizientere Art erzielen, z.B. eine Einzelperson oder Kleingruppe arbeitet etwas aus, verschickt es per E-Mail und eine Besprechung findet nur statt, wenn sich größerer Widerspruch ergibt? Aufgrund solcher Vorüberlegungen erledigen sich viele Besprechungen von alleine.

Teilnehmerkreis   Auch der Teilnehmerkreis sollte kritisch hinterfragt werden. Das Phänomen sich verringernder Effizienz mit steigender Teilnehmerzahl ist altbekannt. Zudem kostet jeder Teilnehmer das Unternehmen Geld. Ist also der betreffende Teilnehmer wirklich notwendig? Würde es nicht vielleicht ausreichen, ihn über das Ergebnis zu informieren?

Terminvereinbarung   Termine müssen rechtzeitig vereinbart werden, insbesondere auf Managementebene empfiehlt es sich, Besprechungstermine bereits zu Projektbeginn fest zu terminieren.

Einladung   Eine schriftliche Einladung sollte selbstverständlich sein. Aus dieser sollte u.a. Folgendes klar hervorgehen:

- Besprechungsziele, d.h., welche Ergebnisse sollen erreicht werden
- Die (realistische!) Tagesordnung
- Was an Vorbereitung unbedingt notwendig ist (gegebenenfalls werden zu lesende Anlagen mitgeschickt)
- Verbindlicher Beginn und Ende

»No Shows«   Teil einer guten Besprechungskultur ist es auch, dass der Eingeladene innerhalb einer bestimmten Frist verbindlich seine Teilnahme zusagt und, falls er dennoch kurzfristig verhindert ist, möglichst rechtzeitig absagt. Dadurch hat der Einladende im Vorfeld die Möglichkeit, die Sitzung abzusagen, falls erkennbar ist, dass der minimal notwendige Teilnehmerkreis nicht zustande kommt. Nichts ist schlimmer als »No Shows«, also Teilnehmer, die zwar zugesagt haben, aber nicht auftauchen. Die Konsequenz ist oft, dass die erschienenen Teilnehmer 20 Minuten warten, während jemand den nicht Erschienenen hinterhertelefoniert und dann die Sitzung abgesagt wird. Oder, schlimmer noch, weil man nun schon mal da ist, quält man sich durch die Tagesordnung mit unbefriedigenden Ergebnissen, da wichtige Teilnehmer fehlen.

Vorbereitung der   In den meisten Besprechungen ist eine sorgfältige Vorbereitung der
Teilnehmer   Teilnehmer unabdingbar. Sind die Teilnehmer unvorbereitet oder fangen erst während der Besprechung an, die mit der Einladung verschickten Dokumente zu sichten, sind meistens Zeitplan und Besprechungsziele gefährdet. Zu einer guten Besprechungskultur gehört, dass sich die Teilnehmer für jede Besprechung Vor- und Nachbereitungszeit

reservieren. Der Projektleiter tut gut daran, entsprechende Spielregeln im Projekt verbindlich zu vereinbaren.

Während der Besprechung

Jeder hat es schon einmal erlebt: Die Tagesordnung wird nicht eingehalten, Teilnehmer reden durcheinander, es werden keine klaren Beschlüsse gefasst und die vorgesehene Zeit wird weit überzogen. Eine wichtige Voraussetzung für eine erfolgreiche und für alle Anwesenden befriedigende Besprechung ist eine gute Moderation bzw. Gesprächsleitung. Dies ist umso wichtiger, je größer die Gruppe ist. Der Gesprächsleiter

Erfolgskriterien für eine gute Besprechung

- stimmt die Besprechungsziele mit den Teilnehmern ab,
- achtet auf die Einhaltung der Tagesordnung,
- moderiert den Gesprächsfluss bzw. den Gruppenprozess, um zu jedem Tagesordnungspunkt das gewünschte Ergebnis zu erzielen,
- fasst die jeweiligen Ergebnisse zusammen, holt gegebenenfalls die diesbezügliche Bestätigung der Gruppe ein, lässt die Ergebnisse protokollieren,
- achtet auf die Einhaltung der Sitzungsdauer und der Ziele.

Nicht jeder ist automatisch ein guter Gesprächsleiter. Neben gewissen persönlichen Voraussetzungen gehören dazu eine Ausbildung, die man sich in Kursen oder im Selbststudium aneignen kann, sowie etwas Erfahrung. Gut geführte Unternehmen legen Wert auf eine entsprechende Qualifizierung der Mitarbeiter (Moderatorenschulungen).

Die Tagesordnung sollte unbedingt realistisch sein in Bezug auf den gesetzten Zeitrahmen. Bei regelmäßig wiederkehrenden Besprechungen wie z.B. wöchentlichen Projektbesprechungen sollte eine Standardtagesordnung verwendet werden. Ergebnisse sollten unbedingt protokolliert werden (aus Effizienzgründen z.B. mit Hilfe eines Laptops während der Besprechung) und es sollte klar sein, wer das Protokoll führt. Der Gesprächsleiter muss das Protokoll am Ende kontrollieren. Gute Praxis ist es auch, eine Liste offener Punkte und/oder eine To-do-Liste zu führen, die bei der nächsten Sitzung dann kontrolliert wird. Vielfach üblich ist es, nur ein Ergebnisprotokoll zu erstellen und nur in Ausnahmefällen darüber hinauszugehen (z.B. Protokollierung verworfener Lösungen).

Tagesordnung, Protokoll, To-do-Liste

Zu einer guten Besprechungskultur gehört auch zeitliche Disziplin aller Beteiligten. Das fängt damit an, dass alle Teilnehmer pünktlich erscheinen. Ist dies nicht der Fall und verbringt man die ersten 15 Minuten mit Smalltalk, bis alle eingetroffen sind, kann man sicher

Zeitliche Disziplin

sein, dass bald überhaupt niemand mehr pünktlich kommt. Der Gesprächsleiter sollte immer pünktlich beginnen und zu spät Kommende höflich, aber bestimmt auf die Spielregeln aufmerksam machen. In manchen Teams wirkt auch eine »Partykasse« Wunder, in die jeder zu spät Kommende einen spürbaren Obolus entrichtet. Sehr wichtig ist auch, dass die vorgesehene Besprechungsdauer möglichst genau eingehalten wird. Die Teilnehmer haben sich schließlich das betreffende Zeitfenster eingeplant und haben evtl. Anschlusstermine. Der Gesprächsleiter muss dies durch eine straffe Sitzungsleitung gewährleisten. Dazu gehört, dass nötigenfalls Tagesordnungspunkte abgebrochen werden und entweder vertagt oder z.B. in Kleingruppen delegiert werden.

Nach der Besprechung

Nach der Besprechung wird – möglichst zeitnah – das Protokoll samt Liste offener Punkte, To-do-Liste und eventuell weiterer Anlagen fertig gestellt und verschickt. Je nach Art der Sitzung kann es erforderlich sein, dass die Zustimmung der Teilnehmer zum Protokoll eingeholt werden muss, entweder explizit oder besser, es muss in einem bestimmten Zeitraum widersprochen werden. Außerdem sind in der Regel Nacharbeiten (z.B. in der To-do-Liste) vereinbart worden, deren Erledigung überwacht werden muss.

5.3   Eingriffsmöglichkeiten bei Abweichungen

5.3.1   Eingriffsmöglichkeiten des Projektleiters

Wir unterscheiden nach der Art der Abweichung bzw. des Problems:

- Terminproblem
- Kostenproblem
- Funktionalitätsproblem
- Qualitätsproblem

Die genannten vier Ziel- bzw. Problembereiche sind allerdings untereinander verknüpft: Will man beispielsweise ein Zeitproblem lösen (es steht weniger Zeit zur Verfügung als gedacht), verursacht man an dessen Stelle ein weiteres Problem, z.B. in Form einer Kostenerhöhung, geringerer Qualität oder eines verminderten Funktionsumfangs, wie in Abbildung 5–20 gezeigt. Stattdessen könnte man das Zeitproblem vielleicht auch durch Abstriche bei Qualität und/oder Funktionalität lösen. Der Projektleiter hat im Prinzip dieselben Eingriffsmöglichkeiten wie in Abschnitt 4.5.6 beschrieben. Die Eingriffsmöglichkeiten hängen auch stark von den Kompetenzen des Projektleiters ab und diese steigen sowohl mit der Größe des Projekts als auch mit der Ausrichtung des Unternehmens auf Projektarbeit, z.B. in Form einer Matrixorganisation oder gar einer reinen Projektorganisation (siehe auch Abschnitt 10.1). Das Gleiche gilt übrigens für den Grad, nach dem die Kompetenzen des Projektleiters klar definiert sind.

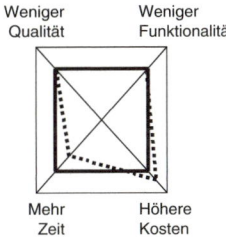 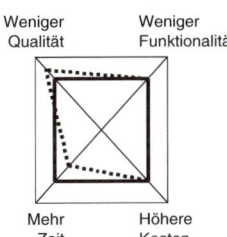 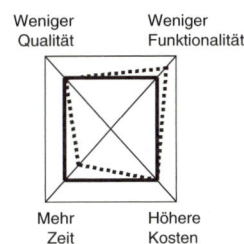

Abb. 5–20

Zusammenhang Qualität – Funktionalität – Zeitplan – Kosten

Terminproblem

Terminprobleme werden oft durch mehr Personaleinsatz zu lösen versucht (so genanntes »Crashing«). Dagegen spricht:

Mehr Personal

> »Adding manpower to a late project makes it even later.«
> (Brooks' law)

Einer der Gründe dafür liegt darin, dass zusätzliche Personen eingearbeitet werden müssen, obwohl niemand Zeit dafür hat. Außerdem steigt der Kommunikations- und Koordinationsaufwand erheblich an.

Bei manchen Projekten (z.B. bei Standardsoftware, die in aufeinander folgenden Releases entwickelt wird) kann man den Weg gehen, den Funktionsumfang zu dem angegebenen Termin zu reduzieren und Features ins nächste Release zu verschieben oder zu einem bestimmten Termin nachzuliefern.

Funktionsumfang reduzieren

Eine leider häufig praktizierte Möglichkeit ist es, bei der Qualität zu sparen, also z.B. bei Reviews oder bei den Testaktivitäten zu kürzen. Welche Folgen das hat und was davon zu halten ist, liegt auf der Hand.

Abstriche bei Qualität

Unter Umständen kann man durch Optimierung des Plans Zeit sparen, indem man Aktivitäten, die eigentlich nacheinander durchgeführt werden müssten, überlappen lässt (so genanntes »Fast Tracking«). Geht es dabei um Aktivitäten auf dem kritischen Pfad, so wird dadurch die Projektdauer verkürzt. Durch dieses Überlappen handelt man sich allerdings auch Zusatzaufwand ein, meistens in Form von

Kritischen Pfad kürzen

Nacharbeit. Beispiel: Das Schreiben des Benutzerhandbuchs war erst nach der Implementierungsphase geplant und wird nun vorgezogen. Gegen Ende der Implementierung wird das Benutzerhandbuch nochmals überarbeitet, um Änderungen, die sich während der Implementierungsphase ergeben haben, Rechnung zu tragen.

Kostenproblem

Betrifft das Kostenproblem die Stückkosten des Endprodukts (z.B. bei Embedded Systems), so gibt es verschiedene Methoden, die wir aber hier nicht weiter behandeln können. Wir beschränken uns auf Kostenprobleme beim Entwicklungsprojekt. Wird der in der Kostenplanung gesetzte Rahmen gesprengt, sind meistens Aufwandssteigerungen die Ursache, die in der Projektplanung noch nicht vorhersehbar waren. Diese Aufwandssteigerungen haben normalerweise mit technischen Problemen zu tun und Patentrezepte dagegen gibt es nicht. Eine Verminderung der Entwicklungskosten ist nur auf Kosten der Funktionalität (d.h. Projektumfang reduzieren) oder der Qualität (z.B. weniger Testen) möglich. Ansonsten muss das Kostenproblem mit dem Management diskutiert und ein neuer Kostenplan verhandelt werden.

Funktionalitätsproblem

Lassen sich Funktionalitäten des Produkts nicht wie gewünscht realisieren, sind normalerweise technische Probleme oder Anforderungsprobleme die Ursache, die immer individuell behandelt werden müssen. Einige allgemeine Möglichkeiten, die das Team prüfen kann, sind folgende:

▪ Ist es sinnvoll, projektexterne Experten hinzuzuziehen?
▪ Sind alternative Realisierungskonzepte möglich?
▪ Kann das Problem durch Outsourcen an einen erfahrenen Subunternehmer gelöst werden?
▪ Können Eigenentwicklungen durch zugekaufte Komponenten ersetzt werden?

Qualitätsproblem

Qualitätsprobleme treten naturgemäß erst in späten Projektphasen auf und dann bleibt als einzige Strategie entsprechend gründliches Testen und Beseitigen der Probleme. Das Projekt tut daher gut daran, Qualitätsprobleme erst gar nicht aufkommen zu lassen, indem bewährte Software-Engineering-Methoden schon im Vorfeld angewendet werden. Hierzu gehört z.B. der konsequente Einsatz von Reviews während aller Entwicklungsphasen: Review des Pflichtenhefts, Designreviews, Codereviews etc. Die Erfahrung zeigt, dass insbesondere Reviews in frühen Entwicklungsphasen einen besonders hohen Kosten-Nutzen-Effekt haben, indem Folgefehler in mehreren nachfolgenden Phasen vermieden werden.

5.3.2 Eingriffsmöglichkeiten von außerhalb

Eingriffsmöglichkeiten von außerhalb sind durch das Management bzw. den Lenkungsausschuss gegeben. Diese werden dann notwendig, wenn die Projektziele laut Projektdefinition in Gefahr sind.

Eine Gefahr kann beispielsweise in Interessenkonflikten bestehen, z.B. im eigenen Unternehmen oder in Bezug auf externe Auftraggeber, die der Projektleiter mangels Autorität oder Befugnisse nicht selbst lösen kann. Hier kommt dem Management bzw. dem Lenkungsausschuss eine Vermittlerrolle zu.

Interessenkonflikte

Häufig treten Ressourcenprobleme in Form von fehlenden Arbeitskräften auf. Oft stehen zu wenige oder nicht die richtigen Mitarbeiter (d.h. mit den erforderlichen Erfahrungen und Kenntnissen) zur Verfügung, weil diese anderweitig benötigt werden. Dieses Problem kann nur das Management lösen, indem es die Prioritäten bei der Ressourcenvergabe setzt oder gegebenenfalls zusätzliche Mittel für externe Arbeitskräfte bereitstellt.

Ressourcenprobleme

Eines der schwierigsten und unangenehmsten Probleme liegt vor, wenn es Schwierigkeiten mit dem Projektleiter gibt. Meistens werden diese Probleme erst mitten im Projekt offenkundig, weil das Projekt aus dem Plan läuft, Arbeitsergebnisse unbefriedigend sind oder die Mitarbeiter sich auflehnen. In den meisten Fällen wird der Projektleiter nicht sofort ausgetauscht, z.B. weil er unentbehrlich erscheint oder momentan keine Alternative zur Verfügung steht. Die Entscheidung hängt auch davon ab, ob die Probleme mehr in dessen Person gesehen werden oder eher mit Überlastung zusammenhängen. Im ersten Fall wird häufig versucht, den Projektleiter zu unterstützen, z.B. durch einen Vorgesetzten, der ihm methodisch unter die Arme greift.

Projektleiterprobleme

Überlastungsprobleme treten besonders in Projekten einer bestimmten Größenordnung auf, wenn der Projektleiter zwischen operativen und Leitungstätigkeiten zerrieben wird. In kleineren Projekten ist es die Regel, dass der Projektleiter selbst operativ tätig ist, z.B. als Chefdesigner und/oder Entwickler, und das funktioniert dort auch gut. In großen Projekten ist dies unmöglich. Dort wird oft sogar die Projektleitung auf mehrere Funktionsbereiche und Personen aufgeteilt, z.B. administrativ und technisch. Im Grenzbereich zwischen den bei-

Überlastung des Projektleiters

den Größenordnungen kommt es sehr häufig zu einer massiven Überlastung des Projektleiters. In solchen Fällen hilft eine Entlastung, z.B.
indem man ihm einen Mitarbeiter zur Seite stellt, der ihn bei Routine-
aufgaben unterstützt.

5.4   Änderungsmanagement

Steigende Tendenz zu
Änderungen

Änderungswünsche sind in Projekten an der Tagesordnung und die
Tendenz hierzu ist steigend. Ursachen sind die immer kürzer werden-
den Entwicklungszyklen bei gleichzeitig steigender Produktkomplexi-
tät. Daher werden mit Methoden wie Simultaneous Engineering schon
relativ früh im Projekt Festlegungen und Absprachen notwendig, die
später revidiert werden müssen. Aber auch die Notwendigkeit, flexib-
ler auf Kunden- und Marktbedürfnisse einzugehen, etwa durch stei-
genden Konkurrenzdruck im internationalen Wettbewerb, erhöhen
den Änderungsbedarf.

Das Umgehen mit
Änderungen macht den
Unterschied!

Erfolgreiche Unternehmen unterscheiden sich daher von weniger
erfolgreichen u.a. durch ihre Fähigkeit, Änderungen bewältigen zu
können. Die diesbezüglichen Erfolgsfaktoren sind:

- Die Konsequenzen von Änderungen, z.B. auf Zeitplan, Kosten und
  Qualität, können durch ein leistungsfähiges Projektmanagement
  klar aufgezeigt werden.
- Das Vorgehensmodell und die Entwicklungsmethodik (diverse ite-
  rative Modelle) erleichtern Änderungen.
- Es gibt eine Strategie zur Schadensbegrenzung, in der Regel in
  Form eines Einfrierens der Funktionalität ab einem bestimmten
  Zeitpunkt.
- Es gibt einen systematischen Prozess, durch den Änderungswün-
  sche analysiert, entschieden, beauftragt und verfolgt werden.

Diesen systematischen Prozess werden wir im Rest dieses Abschnitts
noch näher charakterisieren. Wir unterscheiden dabei zwei Ebenen
von Änderungsmanagement im Projekt (siehe Abb. 5–21):

- Das Änderungsmanagement auf Projektsteuerungsebene: Hier werden Änderungen am Projektumfang laut Projektdefinition entschieden, z.B. Terminänderungen, Anforderungsänderungen, Erweite-
  rungen des Funktionsumfangs oder Budgetkürzungen.
- Die operative Ebene des Änderungsmanagements: Hier werden die
  Änderungen der oberen Ebene umgesetzt. Außerdem werden weitere Änderungen entschieden und ausgeführt, z.B. im Rahmen der
  Fehlerbehebung oder sonstiger kleinerer Änderungen, die aber
  nicht den Projektumfang verändern.

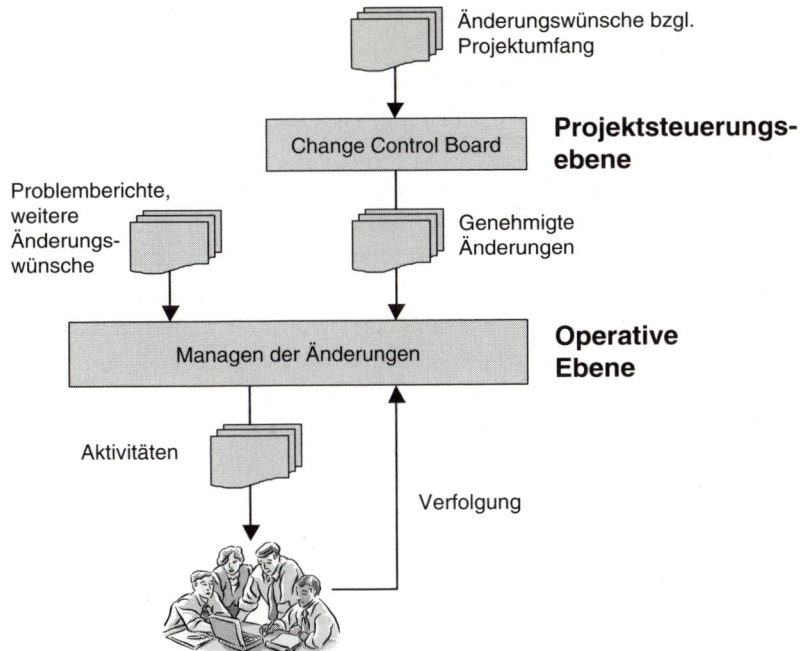

Abb. 5–21

Ebenen des Änderungs-

managements im Projekt

5.4.1 Änderungsmanagement auf Projektsteuerungsebene

Änderungen am Projektumfang müssen wegen der weitreichenden Konsequenzen auf jeden Fall sorgfältig und systematisch behandelt werden. Entscheidungsbefugt ist meistens ohnehin nicht der Projektleiter, sondern dessen Management oder der Lenkungsausschuss. In größeren Projekten gibt es unter Umständen ein eigenes Gremium dafür, oft »Change Control Board« genannt.

Change Control Board

Der erste Schritt ist die Dokumentation des Änderungsantrags inklusive der Konsequenzen. Bevor eine Entscheidung getroffen werden kann, müssen die Auswirkungen der Änderung sorgfältig analysiert werden. Bei einer Anforderungsänderung oder Funktionserweiterung können daraus z.B. Änderungen an Design, Code, Testplänen oder Dokumentation resultieren. Eventuell müssen auch laufende Aktivitäten geändert werden. Der Antrag wird im zuständigen Gremium diskutiert und genehmigt oder abgelehnt. Im positiven Fall werden die Änderungen an die operative Ebene delegiert.

Änderungsantrag

5.4.2 Operative Ebene des Änderungsmanagements

Auf der operativen Ebene werden die vom Change Control Board beschlossenen Änderungen umgesetzt. Hinzu kommen weitere Ände-

Umsetzung von
Änderungen

rungen, die nicht der Genehmigung durch die obere Ebene bedürfen. Dies sind in erster Linie Änderungen im Rahmen der Fehlerbehebung, aber auch sonstige kleinere Änderungen am Funktionsumfang. Diese werden auf der operativen Ebene, z.B. durch den Projektleiter oder einen dafür zuständigen Mitarbeiter, entschieden. Dieser Entscheidungsweg ist in Abbildung 5–22 dargestellt. Bei gemeldeten Fehlern (so genannten Problemberichten) muss zunächst entschieden werden, was die Ursache ist. Handelt es sich beispielsweise um eine Fehlbedienung oder um ein Missverständnis (das System funktioniert wie spezifiziert, aber die Erwartung des Benutzers deckt sich nicht mit dem spezifizierten Verhalten), wird der Antrag entweder zurückgewiesen oder man ist einem Spezifikationsfehler auf die Spur gekommen, d.h., die Spezifikation und die Implementierung werden geändert.

Generell kann die Ursachenanalyse sehr aufwendig sein. Zunächst muss das Fehlverhalten reproduziert und dann die eigentliche Ursache gefunden werden.

Abb. 5–22

Entscheidungsweg auf operativer Ebene

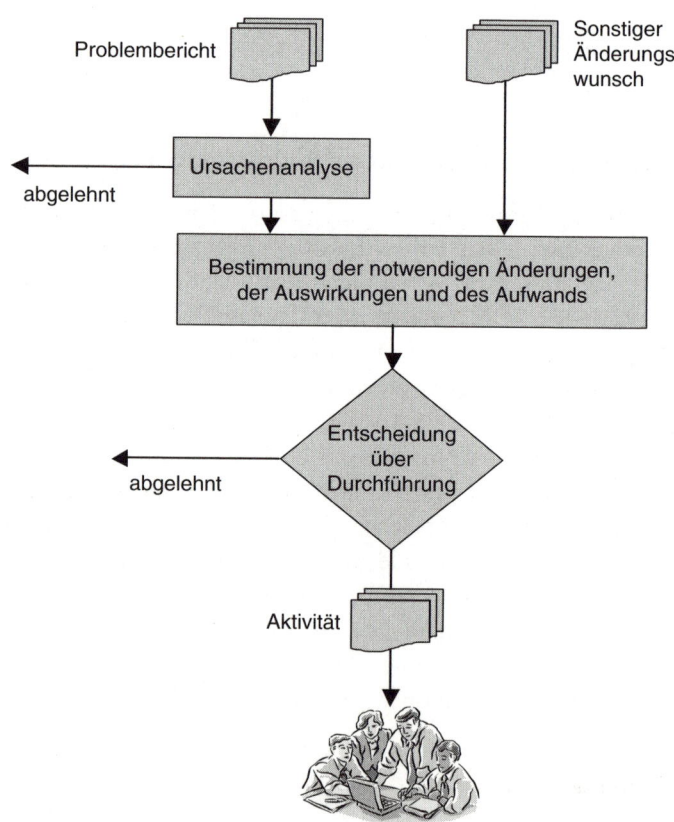

Im nächsten Schritt werden die notwendigen Änderungen, die Auswirkungen der Änderungen und der dafür notwendige Aufwand
bestimmt. Danach wird über die Durchführung entschieden. Wenn das
Produkt in verschiedenen aufeinander folgenden Versionen entwickelt
wird, muss die Änderung für eine bestimmte Version eingeplant werden. Danach werden die notwendigen Modifikationen an Plänen,
Dokumenten, Code etc. geplant, dokumentiert und an die betroffenen
Mitarbeiter kommuniziert bzw. in Auftrag gegeben. Die Projektdefinition, der Projektstrukturplan, der Aktivitätenzeitplan und der Kostenplan werden entsprechend fortgeschrieben. Dass die Änderungen auch
tatsächlich durchgeführt und getestet werden, muss mit geeigneten
Mitteln (siehe unten) verfolgt werden.

Analyse der vorzunehmenden Änderungen

Der oben beschriebene Ablauf wird in vielen Projekten durch entsprechende Softwarewerkzeuge unterstützt. Hier sind verschiedene
Varianten üblich, z.B. im Rahmen des Konfigurationsmanagement-
werkzeugs oder eines eigenständigen Änderungsmanagementsystems.
Dazu sind zahlreiche leistungsfähige Produkte am Markt verfügbar,
oft werden aber auch Eigenentwicklungen auf Datenbankbasis eingesetzt. Komfortable Werkzeuge bieten eine Verwaltung der Änderungs-
aufträge und der generierten Aktivitäten, die jeweils verschiedene definierte Zustände durchlaufen, so dass jeder Beteiligte sich jederzeit
einen Überblick über die Bearbeitungsstände verschaffen kann inklusive statistischer Auswertungen. Die Werkzeuge unterstützen auch den
kompletten Workflow, indem z.B. bei der Beauftragung einer Aktivität
E-Mails an die zuständigen Bearbeiter generiert werden. Manche Produkte bieten auch eine Web-Schnittstelle, so dass eine Nutzung auch
an verschiedenen Standorten möglich ist. Dadurch können u.U. auch
Kunden gefundene Fehler über diese Schnittstelle melden und deren
Bearbeitungszustand im System verfolgen.

Softwarewerkzeuge für Änderungsmanagement

5.5   Zusammenfassung

▨ Fortschrittsüberwachung wird in der Regel auf zwei Ebenen, nämlich auf Aktivitätenebene und Projektebene, durchgeführt.

▨ Auf Aktivitätenebene werden häufig eingesetzt:

- Erfassung des Aufwands
- Erfassung des Fertigstellungsgrads
- Erfassung des Restaufwands
- Erfassung des voraussichtlichen Endtermins
- Ampelberichte

- Besonders zu beachten sind Aktivitäten auf dem kritischen Pfad, Aktivitäten ohne Puffer oder mit geringem Puffer, Aktivitäten mit kritischen Ressourcen, komplexe, kritische Aktivitäten sowie das 90 %-Syndrom.

- Auf Projektebene sind Meilensteintrendanalyse und Earned Value Analysis mögliche und zu empfehlende Verfahren.

- Berichte an das Management sind meist mehrstufig aufgebaut (z.B. operatives Management und Topmanagement), wobei die nächsthöhere Stufe die darunter liegende Stufe meist stark aggregiert. Nichtsdestotrotz müssen auf der untersten Ebene fundierte und aussagekräftige Daten vorliegen.

- Projektbesprechungen sind neben einer regelmäßigen Fortschrittsüberwachung das wichtigste Mittel zur Steuerung des Projekts. Sie müssen entsprechend vorbereitet, zielgerichtet und strukturiert durchgeführt werden und durch eine entsprechende Dokumentation nachvollziehbar aufbereitet werden. Ein wichtiges Ergebnis sind daraus resultierende Aktionen in Form von To-do-Listen.

- Eingriffsmöglichkeiten im Falle von Abweichungen sind in der Regel mehr Personal, Reduzierung des Funktionsumfangs, Abstriche in der Qualität oder eine Kürzung des kritischen Pfads. Alle Möglichkeiten bringen Chancen und Risiken mit sich, die sorgfältig abgewägt werden müssen.

- Ein weiteres unabdingbares Werkzeug zur Projektsteuerung ist das Änderungsmanagement, da jedes Projekt über seinen Verlauf mit Änderungen konfrontiert ist. Änderungen müssen systematisch erfasst, bewertet, entschieden, umgesetzt und verfolgt werden. Man unterscheidet meist zwei Ebenen des Änderungsmanagements, die Projektebene und die operative Ebene.

6 Personalmanagement

Personalmanagement ist die wichtigste Querschnittsfunktion in einem Projekt. Wir werden zunächst den »Faktor Mensch« etwas näher beleuchten und die Frage stellen: Warum gehen Projekte schief? Anschließend werden wir auf die wichtigsten Schritte beim Aufbau und Management eines Teams eingehen. Die hierfür notwendigen Qualifikationen eines Projektleiters stehen am Ende dieses Kapitels.

»Personnel attributes and human resource activities provide by far the largest source of opportunity for improving software development productivity.« [Boehm 81]

Bill Curtis, einer der Autoren des Capability Maturity Model [CMM 95], führte 1980 ein Experiment mit Fortran-Programmierern durch. Er fügte in ein Fortran-Programm eine gewisse Anzahl von Fehlern ein. Die Testpersonen wurden gebeten, die Fehler zu suchen und diese zu verbessern. Es stellte sich heraus, dass einige die Aufgabenstellung 20-mal schneller erledigten als andere [Futrell 02]. Der Faktor 20 konnte in einer Vielzahl von Testreihen mit anderen Fehlern und anderen Testpersonen bestätigt werden.

Produktivitätsfaktor Mensch

Der »Faktor Mensch« kann also in Softwareprojekten sehr groß sein. Mr. Tompkins, der Roman-Held aus »Der Termin« [DeMarco 98] formuliert deshalb in seinem Tagebuch:

- »Wähle die richtigen Leute aus«
- »Betraue die richtigen Mitarbeiter mit den richtigen Aufgaben«
- »Motiviere die Mitarbeiter«
- »Helfe den Teams durchzustarten und abzuheben«
- »Alles andere sind Administrivialitäten«

6.1 Der Faktor Mensch

Wie stark der »Faktor Mensch« ein Projekt beeinflussen kann, soll an dem nachfolgenden Projektszenario verdeutlicht werden:

Beispiel   **Menschliche Probleme**

Willi kommt gerade von einem Gespräch mit der Geschäftsleitung zurück. Er strahlt über das ganze Gesicht. Er wird der Projektleiter des neuen Software-projekts sein. Es hat sich also gelohnt, dass er die Weiterbildung zum iSQI Certified Project Manager gemacht hat. Man hat ihm auch ein hervorragen-des Team zur Seite gestellt.

Gertrud wird in seinem Team sein. Er wollte schon immer mal mit Ger-trud zusammenarbeiten. Sie wurde schon oft für ihre akribische Anfor-derungsermittlung gelobt. Sie war eine der Ersten, die eine Weiterbildung zum iSQI Certified Requirements Engineer gemacht hatte.

Für das Softwaredesign hat man Frieda in das Team von Willi gestellt. Frieda hat die Entwicklung von UML von Anfang an mitverfolgt. Sie war auf zahlreichen Fortbildungen der OMG und hatte bis jetzt als Einzige die Prü-fung zum iSQI Certified Architect mit mehr als 90 % richtiger Antworten be-standen.

Die Implementierung wird Hans besorgen. Willi kennt Hans noch vom Studium. Beide hatten damals mehrfach bei Programmierwettbewerben mit-gemacht. Und Hans war es dann, der 1996 den Java-Cup gewann. Für das Testen wird Gerda zur Verfügung stehen. Sie ist vor kurzem erst eingestellt worden, aber die Geschäftsleitung hat Willi darüber informiert, dass Gerda beim iSQI bereits den Certified Tester, und zwar im Advanced Level, absol-viert hat.

Willi beginnt sofort mit der Planung des Projekts. Nach drei Tagen hat er alle notwendigen Informationen zusammen, um zum Projekt-Kick-off-Meeting einzuladen. Alles läuft prima. Nach zwei weiteren Projektworkshops steht die erste Fassung des Projektplans.

Seit dem Projektstart sind nun schon drei Wochen vergangen. Die Anfor-derungen werden langsam konkreter, es gibt schon eine Idee für die Software-architektur und Hans hat auch schon die neue Entwicklungsumgebung XDE installiert. Da erfährt Willi bei einem Gespräch in der Kaffee-Ecke, dass Hans ein Verhältnis mit Gertrud hat. Das wäre gar nicht so schlimm, wenn nicht Hans mit der Schwester von Frieda verheiratet wäre. Was wohl Frieda dazu sagt, wenn sie das erfährt?

Eine weitere Woche vergeht. Gerda, die eigentlich die Randbedingungen für den Systemtest schon fertig haben wollte, fehlt heute schon zum zweiten Mal in dieser Woche. Willi beginnt zu recherchieren. Er findet heraus, dass Gerda ein zweijähriges Kind hat. Das Kind ist krank, deshalb ist Gerda zu Hause geblieben. Ein paar Tage später erfährt Willi, dass die kleine Tochter von Gerda Leukämie hat und wahrscheinlich im nächsten halben Jahr ster-ben wird. Willi hatte sich Projektmanagement einfacher vorgestellt.

Es muss nicht immer gleich so schlimm kommen, aber die mensch-
lichen Probleme sind stets die schwerwiegendsten. Mangelnde Kommunikation steht ganz oben auf der Liste der größten Projektprobleme. In Abbildung 6–1 werden die häufigsten Ursachen für die in
Projekten auftretenden Schwierigkeiten aufgelistet.

Abb. 6–1
Ursachen für
Schwierigkeiten

- Mangelnde Kommunikation mit Kunden
- Mangelnde Kommunikation mit Kollegen
- Mangelnde Kommunikation mit Vorgesetzten
- Mangelnde Kommunikation mit Stakeholdern
- Unklare Kommunikationswege
- Der Kunde als Feinbild
- Mit der Dauer des Projekts sinkt die Motivation
- Endlose Meetings
- Zu viel Kontrolle
- Zu wenig Kontrolle
- Unrealistische Ziele

Team-Selbstmord

Wird gegen die Probleme nichts unternommen, so kommt es zum
»Teamicide«. Diese Wortschöpfung geht auf den Begriff »Suicide«
zurück und bedeutet so viel wie »Team-Selbstmord«. Tom DeMarco
und Timothy Lister geben in »Peopleware« [DeMarco & Lister 87]
eine ganze Reihe von Situationen und Gegenmaßnahmen an, so dass es
nicht zum Team-Selbstmord kommt:

- **Defensives Management**   *Defensives Management*
Situation:	Das Management traut sich weder Entschei-dungen selbst zu treffen noch die Verantwor-tung dafür zu delegieren.
Gegenmaßnahme:	Den Mitarbeitern erlauben, ihre eigenen Ent-scheidungen zu fällen, auch wenn sie Fehler machen. Jemand die Freiheit zu geben, Fehler zu machen, ist ein Zeichen von Vertrauen.

- **Bürokratie**   *Bürokratie*
Situation:	Das Management gibt genau vor, was und wie zu dokumentieren ist.
Gegenmaßnahme:	Dem Team zu erlauben, den Grad der Doku-mentation selbst zu wählen. Dokumentation ist eine Art der Kommunikation. Diese muss von den Beteiligten gestaltbar sein.

- **Verteiltes Team**   *Verteiltes Team*
Situation:	Das Team ist auf mehrere Standorte bzw. Zim-mer verteilt.

<table>
<tr><td></td><td>Gegenmaßnahme:</td><td>Schaffen Sie Kommunikations-Events wie zum Beispiel ein gemeinsames Projektfrühstück, einen gemeinsamen Wochenstart, »Stehempfang« zu Anlässen wie Geburtstagen oder Meilensteinen.</td></tr>
</table>

Häufige Unterbrechungen

Häufige Unterbrechungen

Situation:	Die Teammitglieder haben zu viele projektexterne Zuständigkeiten. Sie arbeiten noch in anderen Projekten mit oder sind für viele Querschnittsaufgaben in der Firma verantwortlich. Die Telefone läuten zu oft und die Mailboxen laufen voll wegen nicht projektrelevanter Angelegenheiten.
Gegenmaßnahme:	Umverteilen der nicht projektrelevanten Tätigkeiten. Umleiten von Anrufen und Weiterleitung von Mails.

Angeordnete Qualitätsreduktion

Angeordnete Qualitätsreduktion

Situation:	Aufgrund von finanziellem oder zeitlichem Druck soll an der Qualität gespart werden. Die Selbstachtung eines Entwicklers leidet, wenn er gezwungen wird, ein Produkt mit geringerer Qualität herzustellen, als er eigentlich dazu in der Lage ist.
Gegenmaßnahme:	Erlauben Sie nicht, dass Kostenreduktion zu Qualitätsreduktion führt, sondern streichen Sie besser einige Funktionen. Appellieren Sie an den Stolz der Entwickler.

Unrealistische Termine

Unrealistische Termine

Situation:	Nicht haltbare Termine entstehen, wenn die Herleitung des Termins ausschließlich außerhalb des Projektteams passiert und alleine von projektexternen Ereignissen abhängt, wie Messetermine, Marketingpläne, Vorstellungen der Geschäftsleitung etc.
Gegenmaßnahme:	Enge Terminpläne sind oft notwendig und können auch eine Herausforderung sein. Jedoch ist es ein Leichtes für ein Team, unrealistische fremdbestimmte Termine zu erkennen. Jeder Termin muss mit dem Team besprochen und eingeordnet werden (unrealistisch, fremdbestimmt, realistisch, notwendig etc.).

■ **Unbekannte und ungenutzte Gruppendynamik**

Situation: Manager steuern Projekte häufig zu stark über bilaterale rollenbezogene Gespräche mit einzelnen Mitarbeitern. Sie scheuen die Konfrontation mit dem ganzen Team. Dass im Team positive oder negative Initiativen entstehen und sich etablieren, bekommen die Manager nicht mit.

Gegenmaßnahme: Eine gut abgestimmte Mischung von bilateralen rollenbezogenen Gesprächen und Teammeetings, Workshops und Events hilft die interessanten Initiativen im Team zu erkennen und zu unterstützen bzw. diesen entgegenzuwirken.

Unbekannte und ungenutzte Gruppendynamik

6.2 Teamwork

»*There are four people named Everybody, Somebody, Anybody and Nobody. There was an important job to be done and Everybody was asked to do it. Everybody was sure that Somebody would do it. Anybody could have done it, but Nobody did it. Somebody got angry about that, because it was Everybody's job. Everybody thought, Anybody could do it, but Nobody realized that Everybody wouldn't do it. It ended up that Everybody blamed Somebody, when Nobody did, what Anybody could have done.*« [unknown Team Member]

Was ist ein Team?

»Ein Team besteht aus mindestens zwei Personen, die an einem gemeinsamen Ziel arbeiten, wobei jede Person eine definierte Verantwortung und definierte Aufgaben hat, die voneinander abhängig sind« [Humphrey 00].

Das oberflächliche Team

Dies ist nur eine Minimaldefinition für ein Team. Weit weg von dem, was sich Willi gewünscht hätte. In einem Team sollten sich die Eigenschaften der Teammitglieder ergänzen. Das heißt, dort wo der eine Schwächen hat, ist der andere stark. Oft werden solche Teams mit Sportmannschaften verglichen. »Die Metapher einer sportlichen Anstrengung ist aber völlig inkompatibel mit dem, was Arbeitsgruppen in einer glücklichen Organisation leisten sollen« [DeMarco 97].

Das Dream-Team

Eine Sportmannschaft steht mit anderen Teams im Wettbewerb und die Teammitglieder konkurrieren untereinander, um einen bestimmten Platz in der Hackordnung zu erhalten. Die Position des

Einzelnen hängt womöglich mit der Spielerfahrung und dem Gehalt zusammen. Die Herausforderung, einen Mannschaftskameraden in der Hackordnung zu überholen, ist mindestens genauso groß, wie das nächste Spiel zu gewinnen.

Trifft man auf Projektteams, die nicht an einem Strang ziehen, ist oft die interne Konkurrenz der Grund für die Disharmonien. Dennoch begegnen einem immer wieder Manager, die einen gewissen Wettbewerb innerhalb der Teams für positiv halten. Hier ist die Metapher aus der Welt des Sports gefährlich, denn sie legitimiert die Entscheidung des Einzelnen, gemeinsame Ziele zu ignorieren und seine eigenen darüber zu stellen.

Das Harmonie-Team
Dabei gibt es ein Bild, das besser auf die Welt der Softwareentwicklung passt: In einem Chor kann der Einzelne nur erfolgreich sein, wenn das Ganze stimmig ist. Niemand würde behaupten, der Chor hat fürchterlich geklungen, nur Willi hat prima gesungen. Ebenso wird der Chor nur erfolgreich sein, wenn jeder Einzelne gut singt. Genau wie die Qualität eines Softwareprodukts von allen Modulen bzw. von der Qualität aller Entwicklungsphasen abhängt. Es darf keine Strophe falsch gesungen werden und auch kein Einzelner darf falsch singen. Nur so entsteht Harmonie. Leider ist uns allen das Leben in einem Chor nicht so vertraut wie das in einem Fußballteam. Dafür sorgen schon die Schlagzeilen der einzelnen Akteure des deutschen Rekordmeisters.

6.2.1 Team-Building

Wie stelle ich nun ein Team auf, das in der Lage ist, ein Harmonie-Team zu werden? Wir brauchen die richtigen Charaktere, die eine genügende Portion an Erfahrung mitbringen, die nicht nur alles wissen, sondern auch vieles können und zueinander passen.

Abb. 6–2
Mitarbeiterprofil (Teil 1)

Willi (Stand 30.11.2003)	Wissen (B)uch (T)raining	Können (✔) Ja (–) Nein	Erfahrung (> 6 Monate)
Normen und Prozess-Standards			
V-Modell	B	✔	18
RUP	–	–	–
SPICE	T	✔	9
CMMI	B	–	–
CMM	B	–	–
IEC61508	–	–	–
FDA	–	–	–

Willi (Stand 30.11.2003)	Wissen (B)uch (T)raining	Können (✔) Ja (–) Nein	Erfahrung (> 6 Monate)
Prozesse			
Anforderungsanalyse	–	–	–
Design	T	✔	21
Implementierung	–	✔	24
Testen	B	–	–
Qualitätsmanagement	B	–	–
Konfigurationsmanagement	–	–	–
Projektmanagement	T	✔	–

Ideal ist es, wenn all diese Details über die potenziellen Teammitglieder in einer Skill-Datenbank vorhanden sind oder in Form von Mitarbeiterprofilen vorliegen. Die Abbildungen 6–2 bis 6–4 geben einen Überblick, was zu einem Mitarbeiterprofil gehören kann. Es ist notwendig zwischen *Wissen*, *Können* und *Erfahrung* zu unterscheiden. Wenn ein Mitarbeiter zu einem Thema ein Buch gelesen hat oder ein Training (Vorlesung, Seminar oder Workshop) besucht hat, so kann man davon ausgehen, dass er das Wissen zu diesem Thema besitzt. Dies impliziert nicht immer, dass er das Wissen auch anwenden kann und somit zum *Könner* wird. Das muss extra abgefragt werden. Genau wie die Erfahrung, die er durch den Einsatz des Wissens als Könner in früheren Projekten erworben hat.

Mitarbeiterprofile und Skill-Datenbank

Willi (Stand 30.11.2003)	Wissen (B)uch (T)raining	Können (✔) Ja (–) Nein	Erfahrung (> 6 Monate)
Entwicklungsmethoden			
UML	T	✔	18
SA/SD	–	–	–
State Machines	T	✔	18
Tools			
Rose RT	T	✔	12
XDE	–	✔	9
Clear Case	–	–	–
project kit	T	✔	6
MS-Project	–	✔	24
lint	–	✔	24

Abb. 6–3

Mitarbeiterprofil (Teil 2)

Willi (Stand 30.11.2003)	Wissen (B)uch (T)raining	Können (✔) Ja (–) Nein	Erfahrung (> 6 Monate)
Programmiersprachen			
C	–	✔	24
C++	–	✔	12
Java	–	✔	9
Plattformen			
Linux	–	✔	9
Windows NT	–	✔	24
Windows CE	–	–	–
QNX	–	–	–
VxWorks	–	–	–

Abb. 6–4
Mitarbeiterprofil (Teil 3)

Willi (Stand 30.11.2003)	Inhalt	Rolle	Team-größe	Dauer in Monaten
Projekte				
Mobile Odour	Duft Sensor SW	Designer	3	6
Clock Orange	Verteilte Datenbasis für Zeiterfassung	Tester	4	3
ReqX	Requirement Tracing Database	Programmierer	12	15
Time Manager	Zeiterfassung Frontend	Programmierer	2	6
MPL	Meta Process Language	Designer	3	12
CARS	CASE tool for Railway Signalling	Designer	18	9
CARS	CASE tool for Railway Signalling	Programmierer	18	12

Wissen, Können, Erfahrung

Über welche Kriterien das Wissen, das Können und die Erfahrung von Mitarbeitern festgehalten wird, hängt stark davon ab, welches die wichtigen Know-how-Felder in der Firma sind. Eine Anregung für eine Gliederung der möglichen Know-how-Felder kann der so genannte »Software Engineering Body of Knowledge« (Software Engineering Body of Knowledge), kurz »SWEBOK«, geben (*www.SWEBOK.org*). Diese Gliederung der Themenwelt des Software Engineerings wurde von einem internationalen Firmengremium (SAP, Boeing u.a.) unter der Leitung der IEEE (*www.computer.org*) erarbeitet und dient als Grundlage vieler Ausbildungsgänge und Studiengänge.

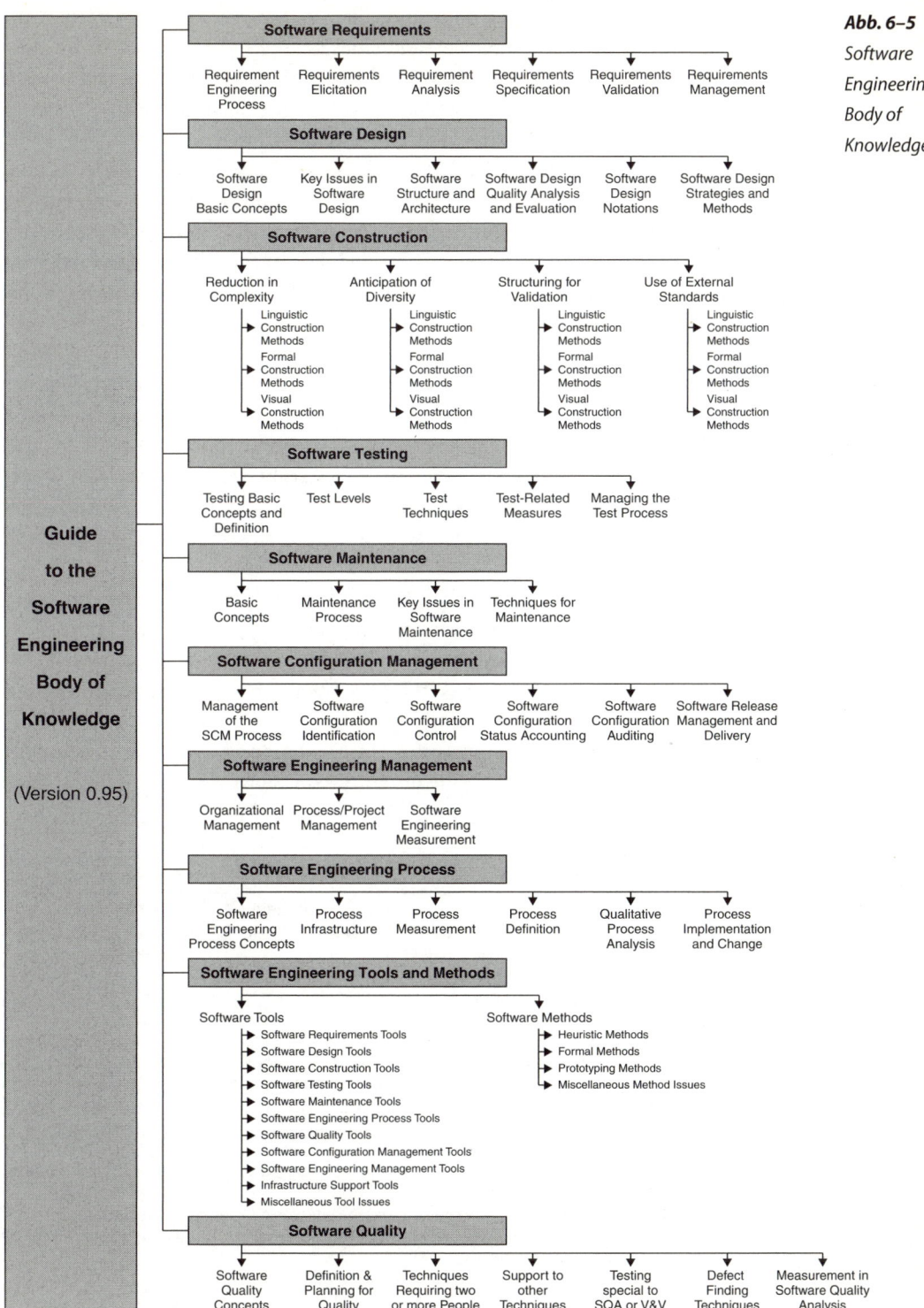

Abb. 6–5
*Software
Engineering
Body of
Knowledge*

Guide
to the
Software
Engineering
Body of
Knowledge

(Version 0.95)

Software Requirements

Requirement Engineering Process | Requirements Elicitation | Requirement Analysis | Requirements Specification | Requirements Validation | Requirements Management

Software Design

Software Design Basic Concepts | Key Issues in Software Design | Software Structure and Architecture | Software Design Quality Analysis and Evaluation | Software Design Notations | Software Design Strategies and Methods

Software Construction

Reduction in Complexity | Anticipation of Diversity | Structuring for Validation | Use of External Standards

- Linguistic Construction Methods
- Formal Construction Methods
- Visual Construction Methods

(repeated under each of the four)

Software Testing

Testing Basic Concepts and Definition | Test Levels | Test Techniques | Test-Related Measures | Managing the Test Process

Software Maintenance

Basic Concepts | Maintenance Process | Key Issues in Software Maintenance | Techniques for Maintenance

Software Configuration Management

Management of the SCM Process | Software Configuration Identification | Software Configuration Control | Software Configuration Status Accounting | Software Configuration Auditing | Software Release Management and Delivery

Software Engineering Management

Organizational Management | Process/Project Management | Software Engineering Measurement

Software Engineering Process

Software Engineering Process Concepts | Process Infrastructure | Process Measurement | Process Definition | Qualitative Process Analysis | Process Implementation and Change

Software Engineering Tools and Methods

Software Tools
- Software Requirements Tools
- Software Design Tools
- Software Construction Tools
- Software Testing Tools
- Software Maintenance Tools
- Software Engineering Process Tools
- Software Quality Tools
- Software Configuration Management Tools
- Software Engineering Management Tools
- Infrastructure Support Tools
- Miscellaneous Tool Issues

Software Methods
- Heuristic Methods
- Formal Methods
- Prototyping Methods
- Miscellaneous Method Issues

Software Quality

Software Quality Concepts | Definition & Planning for Quality | Techniques Requiring two or more People | Support to other Techniques | Testing special to SQA or V&V | Defect Finding Techniques | Measurement in Software Quality Analysis

Soft-Skills

Wissen, Können und Erfahrung sollten jedoch nicht die einzigen Parameter für die Zusammensetzung eines Teams sein. Die *Soft-Skills* müssen auch betrachtet werden. Dies ist nicht trivial. Deshalb wird es in den meisten Unternehmen nicht systematisch angegangen, sondern »aus dem Bauch heraus« beurteilt und entschieden. Zu den Soft-Skills gehören Charakter- und Persönlichkeitseigenschaften, wie »charmant«, »einfallsreich«, »freundlich«, »spontan« etc. Die Fragen, die sich bei der Teamzusammenstellung aufdrängen, sind: »Wie viel Spontaneität braucht unser Projekt?« – »Wie viel Einfallsreichtum benötigt es?« Sehr viele der so genannten Soft-Skills schlagen sich in der Kommunikationsfähigkeit einer Person nieder. Für ein Projekt ist es wichtig, eine möglichst gute Kommunikation im Projekt unter den Teammitgliedern und nach außen zu den Stakeholdern zu haben. Um ein Team hinsichtlich dieser Kommunikationsfähigkeit zusammenzustellen, kann man dem »Process Communication Model« (kurz PCM) folgen. Das PCM unterscheidet sechs Charaktere: »Träumer«, »Workaholic«, »Widerständler«, »Revolutionär«, »Bewahrer« und »Befürworter«. Alle unterscheiden sich in ihren Soft-Skills, lassen sich durch verschiedene Situationen motivieren bzw. demotivieren und reagieren bei Demotivation unterschiedlich (siehe Abb. 6–6). Ideal für ein Team ist es, wenn keiner der Charaktere zu häufig vertreten ist. Damit PCM eingesetzt werden kann, müssten die Mitarbeiterprofile um den PCM-Typ erweitert werden, so dass dieser bei der Teamzusammenstellung berücksichtigt werden kann.

Abb. 6–6
Process Communication Model

Das PCM wird in größeren Unternehmen in mehr als 20 Ländern eingesetzt. Die NASA stellt mit Hilfe von PCM die Astronautenteams zusammen [Futrell 02].

PCM-Typ	Charakter	Motivation	Demotivation	Reaktionen
Träumer	einfallsreich, nachdenklich, ruhig, introvertiert, leicht zu führen	schätzt Einsamkeit und braucht Zeit zum Überlegen, um kreativ zu sein, wird durch Insentives und Personen motiviert	unruhige Umgebung, Führungslosigkeit	Aufgaben werden nicht fertig; Rückzug vom Tagesgeschehen
Workaholic	logisch denkend, verantwortungsvoll, organisiert, Zeit-getrieben	Anerkennung von Leistung, Schulterklopfen, Bonus, Insentives, logische Argumentation	wenn es zu persönlich wird, wenn Argumente fehlen, Need-to-Know-Prinzip	Kritik, Frustration, Beschwerden bzgl. Geld, Fairness und anderen Mitarbeitern
Widerständler	freundlich, sensibel, mitfühlend, Gefühls-getrieben	eine angenehme Umgebung, sowohl bzgl. Räumlichkeiten als auch Kollegen	auf Fehlern herumreiten, Selbstherrlichkeit	Sozialisierung mit anderen, Selbstzweifel, Kritik

PCM-Typ	Charakter	Motivation	Demotivation	Reaktionen
Revolutionär	spontan, kreativ, verspielt, ausdrucks-stark, tatkräftig	ständiger Gedanken-austausch mit anderen, persönlicher Kontakt, Spaßfaktor	zeitliche Einschränkungen, Prediger	Oportunismus, Beschwerden, Vorwürfe
Bewahrer	hingebungsvoll, beobachtend, gewissenhaft, hartnäckig, bewerten durch Meinungen anderer	Anerkennung von Leistung, Kommittment zu Zielen	Selbstherrlichkeit, Machtspiele, Neudefinitionen	Kreuzzüge, Selbst-gerechtigkeit, verbale Attacken
Befürworter	anpassbar, überzeugend, charmant, einfallsreich, Aktions-orientiert	Risikobereitschaft, Geld	Unentschlossenheit, Schwäche, Konfrontation	aufwendige Argumen-tation, negative Dramaturgie, Regelbruch

Der Aufwand, Mitarbeiterprofile oder eine Skill-Datenbank zu pfle-gen, macht natürlich nur Sinn, wenn es zu jedem Projekt ent-sprechende Stellenbeschreibungen gibt, die sich auf die beschriebenen Qualifikationen (bzgl. Wissen, Können und Erfahrung) beziehen. Stel-lenbeschreibungen enthalten neben den geforderten Qualifikationen (siehe Abb. 6–7) auch eine Liste der Rechte und Pflichten (siehe Abb. 6–8) hinsichtlich des Projekts.

Rollendefinition

Projekt: Mobile Odour Rolle: Designer (Bedieneinheit) (Stand 03.12.2003)	Wissen (B)uch (T)raining	Können (✔) Ja (–) Nein	Erfahrung (> 6 Monate)
Normen und Standards			
V-Modell	T	–	–
Prozesse			
Design	–	✔	6
Implementierung	–	✔	12
Entwicklungsmethoden			
UML	T	✔	12
Tools			
Rose	–	✔	12
Programmiersprachen			
Java	–	✔	12
Plattformen			
Linux	–	✔	12

Abb. 6–7

Stellenbeschreibung

(Qualifikation)

Abb. 6–8

Stellenbeschreibung

(Rechte & Pflichten)

Projekt: Mobile Odour Rolle:　Designer (Bedieneinheit) (Stand 03.12.2003)	Rechte	Pflichten
Work Products		
Projektplan	einsehen	–
Anforderungsspezifikation	informiert werden	–
Systemdesign	zustimmen	mitarbeiten
Statusbericht	informiert werden	–
Modultestprotokoll	einsehen	–
Release Notes	Veto einlegen	überprüfen
Meetings		
Pilot-Kunden-Meeting	teilnehmen	–
Design-Review-Meeting	–	moderieren
Projekt-Status-Meeting	informiert werden	–
Abteilungsmeeting	–	protokollieren
Management-Meeting	–	–
Team-Meeting	–	planen, einladen

Stellenbeschreibung

Abbildung 6–9 zeigt eine Liste von möglichen *Rechten* und *Pflichten* bzgl. *Work Products* und *Meetings* auf, die in einem Projekt für die entsprechenden Stellenbeschreibungen verwendet werden können.

Abb. 6–9

Rechte & Pflichten

	Work Products	Meetings
Rechte	einsehen informiert werden Veto einlegen zustimmen	teilnehmen informiert werden
Pflichten	erstellen mitarbeiten prüfen verantworten freigeben	planen einladen moderieren protokollieren

Liegen nun die Stellenbeschreibungen für ein Projekt vor, so kann mit Hilfe der Skill-Datenbank das entsprechende Team zusammengestellt werden. Der Projektleiter sollte mit allen potenziellen Kandidaten bilaterale Gespräche führen, um die Eignung für die zu besetzende Stelle im Projekt zu überprüfen. In diesem Eignungsgespräch können evtl. unterschiedliche Interpretationen der Skill- bzw. Stellenbeschreibung abgeglichen werden. Das darauf folgende Kick-off-Meeting des Projekts läuft dann harmonischer ab und kann ganz im Stile einer

Informationsveranstaltung abgehalten werden, zumindest der erste Teil des Kick-off-Meetings. Denn der zweite Teil sollte immer ein »Social Event« sein, damit sich alle Teammitglieder näher kennen lernen. Der Social Event kann ein kleiner Umtrunk, ein Imbiss oder ein gemeinsames Essen mit Rahmenprogramm sein – je nach Projektgröße und Budget.

Das Kennenlernen aller Teammitglieder untereinander zu Projektbeginn ist ein wichtiger Aspekt für die spätere interne Projektkommunikation. Das Kennenlernen hat das Ziel, Vertrauen und Verbindlichkeit untereinander aufzubauen. Hier wird die Basis gelegt für einen konfliktfreien Projektablauf.

Erst wenn das Kick-off-Meeting samt Social Event erfolgreich durchgeführt wurde, erfolgen die nächsten Schritte des Team-Buildings und -Managements in moderierten Projektmeetings oder -workshops.

6.2.2   Team-Managing

Für das Management eines Teams ist es notwendig, die verschiedenen Phasen im Leben eines Projektteams zu kennen. Die Pessimisten unter den Projektleitern teilen ein Projektleben in die folgenden Phasen ein:

- Begeisterung
- Verwirrung
- Ernüchterung
- Panik
- Suche der Schuldigen
- Bestrafung der Unschuldigen
- Auszeichnung der Nichtbeteiligten

Wir hoffen nicht, dass dies für Ihr Projekt zutrifft. Aber auch wenn Sie nicht die aufgeführten Phasen beobachten können, so gibt es dennoch Phasen, die jedes Team ein oder mehrmals durchmacht. In Abbildung 6–10 werden die Phasen der Teamarbeit aufgezeigt.

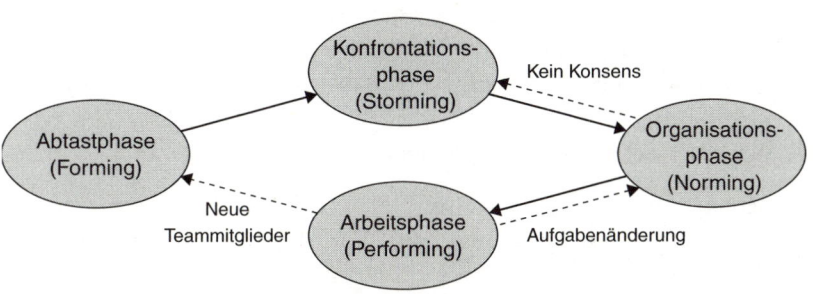

Abb. 6–10

Phasen der Teamarbeit

Abtastphase

In der *Abtastphase* werden das Projektziel, die Aufgaben der einzelnen Projektmitglieder und die Zusammenarbeit definiert. Die Teammitglieder finden heraus, was sie tun werden. Es wird klar, welcher Führungsstil akzeptabel ist und welche Arten der zwischenmenschlichen Kommunikation und Aufgabenteilung möglich sind. Diese Phase ist geprägt von Wohlwollen, Höflichkeit, Missverständnissen und Vorsicht.

Konfrontationsphase

Es schließt sich die *Konfrontationsphase* an. Jetzt werden Diskussionen über verschiedene Ansätze geführt, Meinungsstreite werden ausgetragen und die Rollen festgelegt. Teammitglieder fangen an, sich gegen Gruppenzwänge zu wehren. Es herrscht Anspannung, man ist kritisch und Konfrontationen stehen auf der Tagesordnung.

Organisationsphase

Danach gelangt das Team in die *Organisationsphase*. In dieser Phase werden die Gruppenregeln ausgehandelt, die Arbeitsweise festgelegt und das weitere Vorgehen bestimmt. Die Widerstände sind überwunden. Es etablieren sich Regeln und Teamstandards. Die Teamzugehörigkeit entsteht. Der Alltag ist geprägt von Engagement und Kooperationsbereitschaft.

Arbeitsphase

Anschließend beginnt die *Arbeitsphase*. Jetzt ist die Basis geschaffen für konstruktive Zusammenarbeit. Das Team konzentriert sich auf die Erledigung der Aufgaben. Die Diskussionen über zwischenmenschliche Beziehungen, Rollen und Aufgabenverteilung sind Vergangenheit. Diese Phase ist geprägt von Kreativität, technischen Herausforderungen und Gewissenhaftigkeit.

Sobald jedoch neue Teammitglieder hinzukommen, beginnt der Ablauf der genannten Phasen von vorne. Je nach Anzahl der neu hinzukommenden und in Abhängigkeit der bereits erreichten Teamgröße kann jeder Phasendurchlauf unterschiedlich lang dauern.

Meeting-Kultur

Ein wichtiger Aspekt für das Management eines Teams ist die praktizierte *Meeting-Kultur* (siehe auch Abschnitt 5.2.2). Sie wird in der Organisationsphase geprägt und stellt eine der wichtigsten Spielregeln in einem Projekt dar. Was ist bei jedem Meeting zu beachten?

- Nie ohne Agenda ein Meeting beginnen
- Nie zu spät zu einem Meeting kommen
- Nie ein Meeting ohne Rollendefinition durchführen (Moderator etc.)
- Nie ein Meeting ohne Protokoll veranstalten (Wort- oder Ergebnisprotokoll)
- Nie ein Meeting zeitlich überziehen

Projekt-Workshop

Bei jedem Meeting sollte klar sein, ob es sich um eine Informationsveranstaltung handelt oder um einen Workshop bzw. eine Diskussion. Letztere sollten nie mit mehr als 7 Teilnehmern durchgeführt werden. Nehmen mehr Personen teil, so ist keine sinnvolle bzw. effektive Diskussion bzw. Gruppenarbeit möglich. Eine *Informationsveranstaltung* unterscheidet sich von den anderen Meetings dadurch, dass lediglich Information präsentiert wird und einzelne Rückfragen erlaubt sind, aber keine Lösungsdiskussion zu irgendeinem Thema versucht wird.

Informations-
veranstaltung

Neben den Teammeetings gibt es eine Reihe weiterer *Kommunikationsplattformen* für ein Team. Es ist darauf zu achten, dass eine ausgewogene Auswahl von schriftlichen und mündlichen Plattformen angeboten wird.

Kommunikations-
plattformen

- Projekt-Mailingliste
- Projekt-Website
- Projektportal
- Projektfrühstück
- Projektstammtisch
- Projekt-Kaffee-Ecke mit Espresso-Maschine
- Projektparty
- Kamingespräch mit Kunden
- etc.

6.2.3 Team-Developing

> *»Der Mensch hat drei Wege klug zu handeln:*
> *Durch Nachdenken – der edelste,*
> *Durch Nachahmen – der leichteste,*
> *Durch Erfahrung – der bitterste.«*
> *Konfuzius*

Gutes Management überlässt es nicht dem Zufall, ob ein Team entsteht bzw. sich weiterentwickelt. Die Grundlagen werden im Team-Building gelegt durch den Abgleich der Mitarbeiterprofile und der Stellenbeschreibungen. Nun ist es an der Zeit, die Mitarbeiterprofile fortzuschreiben. Das heißt, zum einen wird die gemachte Projekterfahrung des Einzelnen in sein Profil mit aufgenommen. Zum anderen sollte für jedes Teammitglied ein Weiterbildungsplan aufgestellt werden, der sich durch die noch vorhandenen Abweichungen von Profil und Stellenbeschreibung ergibt.

Mitarbeiterentwicklung

Oftmals ist es auch notwendig, die Stellenbeschreibung mit fortschreitendem Projekt zu überarbeiten. Im Verlaufe eines Projekts wird häufig festgestellt, dass bestimmte anfallende Aufgaben – meistens so genannte »Querschnittsaufgaben« – noch nicht einer bestimmten Stellenbeschreibung zugewiesen sind. Beispiele hierfür sind das Reporting gegenüber sehr engagierten Stakeholdern, die Pflege (Installation, Administration) eines bestimmten Werkzeugs etc.

Durch das Ergänzen der Stellenbeschreibung und somit dem Übergeben von Detailverantwortung kann ein starker Motivationsschub ausgehen, wenn man die besagten Querschnittsaufgaben so vergibt, dass niemand benachteiligt bzw. übervorteilt wird.

Vertreter
Nachfolger

Ein wichtiger Aspekt der Teamweiterentwicklung ist die Besetzung der Vertreter- und Nachfolgerpositionen. Hier gilt es vorsichtig abzuwägen, wer eine Vertreterposition bekleiden kann und wer der ideale Nachfolger ist. Der Vertretertyp versucht wichtige Entscheidungen aufzuschieben, bis der eigentlich Verantwortliche wieder da ist. Der Nachfolger wird sofort entscheiden und versuchen, dem Ganzen seinen Stempel aufzudrücken. Es kann aus diesem Grund Sinn machen, für eine bestimmte Stelle im Projekt sehr wohl einen Nachfolger als auch einen Vertreter zu haben.

6.2.4   Team-Closing

Feedback-Workshop

Am Ende eines Projekts gibt es durchaus noch einiges zu tun hinsichtlich »Human Factors«. Kein Projekt sollte ohne einen Feedback-Workshop zu Ende gehen. In diesem Workshop werden nochmals »alle Karten auf den Tisch gelegt«. Typische Moderationsfragen für einen Feedback-Workshop sind:

- Was war gut?
- Was war weniger gut?
- Wann ging was schief?
- Warum ging was schief?
- Welche Merksätze kann man daraus ableiten?
- Gibt es offene Verbesserungsvorschläge?

In einem Feedback-Workshop können für die Beantwortung der obigen Fragen die folgenden Analyseschritte durchgeführt werden:

- Analyse der projektrelevanten Mails
- Was war wann Tagesgespräch im Projekt?
- Analyse der Historie der Offenen-Punkte-Liste

Aus dem Feedback-Workshop leiten sich Prozessverbesserungen und Merksätze für die nächsten Projekte ab. Die detaillierte Vorbereitung, Durchführung und Nachbereitung von Feedback-Workshops kann in Abschnitt 9.2, Projektabschluss, nachgelesen werden. Zuallerletzt müssen die Mitarbeiterprofile noch einmal nachgezogen werden sowie Referenzen und evtl. Zeugnisse erstellt werden.

Bei größeren und längeren Projekten kann es sinnvoll sein, einen Kreis von »Projekt-Alumni« zu initiieren. Das heißt, die »Ehemaligen des Projektteams« vereinbaren, sich regelmäßig zu treffen und weiterhin Erfahrungsaustausch zu betreiben.

6.3 Qualifikation des Projektleiters

» Wer einmal den Menschen in sich selbst begreift,
der begreift alle Menschen.«
Stefan Zweig

Wie der letzte Abschnitt gezeigt hat, kann der Umgang mit Teams sehr anspruchsvoll sein. Welche Eigenschaften muss nun ein Projektleiter haben, damit er allen Anforderungen gewachsen ist?

Emotionale Intelligenz

Neben der fachlichen Kompetenz im technischen und kaufmännischen Bereich benötigt ein Projektleiter Verhandlungsgeschick und Organisationstalent. Er muss kommunikationsfreudig sein und über ein gewisses Maß an natürlicher Autorität verfügen. Wichtigster Baustein für die Führungsqualitäten eines Projektleiters ist die emotionale Intelligenz. Sie beruht auf fünf Elementen:

- Selbstwahrnehmung,
- Eigenmotivation,
- Selbregulierung,
- Empathie und
- soziales Engagement.

Mit anderen Worten: Ein guter Projektleiter verfügt über Eigeninitiative, Entscheidungsfreudigkeit, Durchsetzungskraft, Delegationsbereitschaft und Einfühlungsvermögen. Er ist konsequent und kann seine Mitarbeiter motivieren. Letzteres ist wohl die wichtigste Fähigkeit. Das amerikanischen Wirtschaftsmagazin Fortune formuliert dies aus Unternehmenssicht wie folgt: »Der einzige und auch beste Maßstab zur Beurteilung eines wirklich exzellenten Unternehmens ist dessen Fähigkeit, talentierte Mitarbeiter anzuziehen, sie zu motivieren und auch zu halten.«

6.3.1 Führungsgrundsätze

Führungskräfte leben von und für die Veränderung. Sie müssen das aufgeben, was sie zur Führungskraft gemacht hat. Die folgenden sechs Führungsgrundsätze können dabei helfen, diesen Wandel zu vollziehen:

1. Die beste Zeit, ein Problem anzupacken, ist die Zeit seiner Entstehung.
2. Niemandem eingestehen, dass man auf ihn angewiesen ist.

Führungsgrundsätze

3. Von sich selbst mehr verlangen, als andere erwarten.

   Denn Mitarbeiter sollen auf ihren Chef stolz sein können. Wird der eigene Chef von anderen bewundert, so wird der Mitarbeiter durch das erhöhte Niveau seines Chefs ebenfalls erhöht.

4. Vom Mitarbeiter mehr verlangen als jeder andere.

   In jedem steckt ein Weltmeister. Unterforderung beleidigt jeden. Jeder ist stolz auf das, was sein Chef ihm zutraut. Jedoch darf niemand überfordert werden – Führen ist eine Kunst.

5. Am Mitarbeiter mehr persönlichen Anteil nehmen als jeder andere.

   Jeder strebt nach Individuellem. Der Grundsatz »Privates von Geschäftlichem trennen« ist hier ein schlechter Ratschlag, wie auch Willi in unserem einführenden Beispiel erfahren musste. Motivation und Gleichgültigkeit widersprechen sich auf das Schärfste. Nur wer sich für jemanden interessiert, wird diesen verstehen und ungeahnte Kräfte in ihm wecken können.

6. Dem Mitarbeiter mehr Sicherheit geben als jeder andere.

   Nur wer sich in Sicherheit wähnt, wird seine ganze Kraft der Sache widmen können. Erfolgreich ist nur der, der einmal mehr aufsteht, als er hingefallen ist. Hinfallen ist keine Schande, aber liegen bleiben. – Ein Manager muss seinen Leuten immer wieder helfen aufzustehen.

6.3.2   Führungswerkzeuge

» Wenn du ein Schiff bauen willst,
dann trommle nicht Männer zusammen,
um Holz zu beschaffen,
sondern lehre sie die Sehnsucht
nach dem weiten endlosen Meer.«

Antoine de Saint-Exupéry

Führungswerkzeuge   Wie lassen sich nun die Führungsgrundsätze aus dem letzten Abschnitt umsetzen? – Dazu benötigt der Projektleiter neben den eingangs geschilderten persönlichen Eigenschaften noch die Fähigkeit, die folgenden Führungswerkzeuge geschickt einzusetzen:

1. **Visionen**

   Unser Verhalten wird von Visionen bestimmt. »Die Sehnsucht nach dem weiten endlosen Meer« kann oft mehr bewirken als die beste Handlungsanweisung. Ebenso wird unser Projektalltag von Visionen geprägt.

2. **Vorbilder**

   Was heißt das »Führen durch Vorbild sein?« – Manager, die durch Vorbild führen, tun dies mit Überzeugung: »Die Leute wollen sehen, dass ich das Gleiche tue wie sie«, »Ich liebe und brauche die Befriedigung, die aus der Arbeit erwächst«, »Ich bin nicht so abgehoben, dass ich mich davor scheuen würde, mir die Hände schmutzig zu machen«, »Wir packen hier alle an, jeder krempelt sich die Ärmel hoch« oder »Ein Manager, der nur managt, ist reiner Overhead«. Mit derartigen Argumenten wird die Vorbildfunktion begründet.

   Aber wohin führt dies? – Eine Hierarchie von verkaufenden Verkaufsleitern, entwickelnden Entwicklungsleitern, schulenden Schulungsleitern, ... was in diesem Bild fehlt? – Es fehlt Management! – Führen durch Vorbild ist keine Schande, sondern eine Katastrophe [DeMarco 97].

   Vorbild sein – ja, in Tugenden wie Pünktlichkeit, Fairness, kommunikativ sein, Anteil nehmen etc., aber nicht in Tätigkeiten: Führungskräfte müssen das aufgeben, was sie zur Führungskraft gemacht hat.

3. **Delegation**

   Die Ziele bestimmt der Chef, die Wege bestimmen die Mitarbeiter. So kann der Manager den Überblick behalten und muss sich nicht in Details verlieren. Delegieren gelingt insbesondere durch eine Gesprächsführung mit offenen Fragen, wie im nächsten Abschnitt noch näher ausgeführt wird. Richtiges Delegieren ist die beste Motivation.

4. **Motivation**

   Wir können andere Menschen nicht motivieren, wir können ihnen nur helfen, sich selbst zu motivieren. Das heißt, die Führungskraft muss die eigenen Ziele zu den Zielen der Mitarbeiter machen.

5. **Lob**

   Leistung, die nicht anerkannt wird, wird nicht beibehalten. Leistung, die anerkannt wird, wird beibehalten. Ein Lob muss zeitlich nah zum auslösenden Moment erfolgen, dann entfaltet es seine größte Wirkung.

6. **Tadel**

   Durch Tadel darf kein Stress oder Druck entstehen. Menschen unter Druck denken nicht schneller. Richtiger Tadel erfordert eine disziplinierte Gesprächsführung (siehe unten).

6.3.3   Gesprächsstrategien

Eine Dame sagt »Nein« und meint »Vielleicht«,
sie sagt »Vielleicht« und meint »Ja«,
sie sagt niemals »Ja«, sonst wäre sie keine Dame.

Ein Diplomat sagt »Ja« und meint »Vielleicht«,
er sagt »Vielleicht« und meint »Nein«,
er sagt niemals »Nein«, sonst wäre er kein Diplomat.

4-Augen-Prinzip   Für eine Führungskraft sind Gesprächsstrategien das wichtigste Basiswerkzeug, um Mitarbeiter zu motivieren. Im Folgenden zeigen wir für verschiedene Gesprächssituationen eine jeweils dazu passende Gesprächsstrategie. Alle hier aufgeführten Gesprächssituationen vom »Lob« über »ideale Anweisung« zum »Tadel« setzen das 4-Augen-Prinzip voraus. So sollte zum Beispiel ein Tadelgespräch nie in einer Gruppe ablaufen, sondern immer nur mit der betroffenen Person alleine. Darüber hinaus gilt für Tadel und für Lob, dass die Gespräche in zeitlicher Nähe zu ihrer Ursache geführt werden müssen.

Ich-Botschaften   Generell gilt, dass jedes Gespräch sachlich zu führen ist, dass nie Personen angegriffen werden und dass möglichst »Ich-Botschaften« benutzt werden. Die Gesprächsführung liegt immer bei der Person, die Fragen stellt.

1. **Lob**

   Das Lob muss zeitlich nah zum ursächlichen Ereignis ausgesprochen werden. Die Führungskraft beschreibt die zu lobende Situation mit eigenen Worten und verwendet dabei Ich-Botschaften (»... ich finde es gut, dass Sie ...«). Dabei ist auf Blickkontakt zu achten. Die zu lobende Situation sollte genau beschrieben werden. Wann hat sich was ereignet? Warum ist es so gelaufen? Was war das Positive daran? Das Lob wird abgeschlossen mit einem Ausblick und der Aufforderung, Ähnliches weiterhin anzustreben.

2. **Die ideale Anweisung**

   Das Gespräch sollte mit einem positiven Einstieg beginnen, um die richtige Atmosphäre für das Gespräch zu schaffen. Hierfür eignet sich eine Begebenheit aus dem privaten Bereich (»... gestern habe ich Sie gesehen, wie ...« oder »... wann haben Sie das letzte Mal Sport getrieben ...«).

   Dann wird das Vorhaben als reizvolles Ziel beschrieben und die Bereitschaft des Mitarbeiters erfragt, mitzumachen (»... wir wollen ... machen Sie mit?«). Wichtig ist, dass die Bereitschaft nicht vorausgesetzt wird, sondern wirklich erfragt wird. Die

Führungskraft hat dieses »Ja« mit einer geschlossenen Frage an der richtigen Stelle im Gespräch abzufragen. Der Mitarbeiter muss an dieser Stelle wirklich »Ja« sagen, sonst muss das reizvolle Ziel wiederholt mit anderen Aspekten beschrieben werden.

Für das »Ja« gibt es eine prompte Anerkennung (»Es freut mich, dass wir uns auf Sie verlassen können ...«). Anschließend müssen die Ideen für die Umsetzung erfragt werden (»Was schlagen Sie vor? Wie gehen wir vor?«). Wichtig ist hier, dass der Mitarbeiter den Weg, das Wie, bestimmen darf. Das reizvolle Ziel wurde ja von der Führungskraft bereits vorher vorgegeben. Hier bringt sich der Mitarbeiter ein und erhält eine Chance zur Eigenmotivation, da er mitgestaltet.

Der vorgeschlagene Weg muss nun noch verbindlich vereinbart werden. Das heißt, es werden abschließend nochmals die Fragen nach dem »Wer? Was? Wann? Wie?« in einer Art Gesprächszusammenfassung beantwortet.

Zum Abschluss des Gesprächs wird ein positiver Ausstieg angestrebt (»Vielen Dank ... Viel Erfolg ...«).

3. **Tadel**
In Abbildung 6–11 sind beispielhafte Gründe für ein Tadelgespräch aufgeführt. Zum einen kann mit einem Tadelgespräch eine Korrektur im Verhalten der Mitarbeiter angestrebt werden. Zum anderen kann mit einem Tadelgespräch Kritik geübt werden oder eine Mängelrüge artikuliert werden. Der Ablauf eines Tadelgesprächs ist wie folgt:

Genau wie bei der idealen Anweisung beginnt auch das Tadelgespräch mit einem positiven Einstieg. Etwas aus dem persönlichen Bereich mit der Aussage: Die Person ist o.k.!

Als zweiter Schritt in der Gesprächsführung folgt die objektive Darstellung der zu tadelnden Soll-Ist-Abweichung und die Beschreibung der dadurch geschaffenen Situation bzw. Ergebnisse.

Der dritte Schritt ist der entscheidende Gesprächsabschnitt. Er gipfelt in einer geschlossenen Frage wie zum Beispiel: »Finden Sie es gut, dass dieses Ergebnis vorliegt?« Der Mitarbeiter hat diese Frage mit »Nein« zu beantworten und damit selbst die geschaffene Situation bzw. Ergebnisse abzulehnen. Tut der Mitarbeiter dies nicht, so geht die Gesprächsführung zum zweiten Schritt zurück und unternimmt einen neuen Anlauf, die Situation noch konkreter und objektiver zu schildern. Dies wird so lange wiederholt, bis der Mitarbeiter die geschlossene Frage mit »Nein« beantwortet und somit sein Tun verwirft.

Jetzt erfolgt die Anerkennung für die Einsicht und anschließend wird der Mitarbeiter aufgefordert, Vorschläge zu machen, wie man die Situation wieder in Ordnung bringen kann.

Das Gespräch schließt mit einem positiven Ausstieg.

Abb. 6–11

Gründe für ein
Tadelgespräch

Anlässe zur Korrektur	Anlässe zur Kritik	Anlässe zur Mängelrüge
Mangelnde Bereitschaft zur Verständigung unter Kollegen	Geringe oder fehlende Bindung an die übertragenen Aufgaben	Unzureichende Leistung
Gestörtes Kommunikations-verhalten zum Chef	Mangelndes Interesse an der Sache	Nicht erfüllte Arbeitspakete
Verzögerte Kommunikation mit Kollegen und Mitarbeitern	Schwaches Engagement für die aufgetragenen Pflichten	Unzureichende Arbeitsgüte
Mangelnde Bereitschaft bei bestimmten Aufgaben-bewältigungen	Geringe oder fehlende Bereitschaft, Verantwortung zu übernehmen	Nichtbeachtung von Normen und Standards
Mangelnde Hilfestellung bei Lösungssuche	Wenig Mut zu eigenen Entscheidungen	Nichteinhaltung von Vereinbarungen und Vorschriften
Erschwerte Kooperation mit Kollegen und Vorgesetzten	Große Bereitschaft zur »Rückdelegation«	Umgehen von Ordnungsprinzipien zum eigenen Vorteil
Mangelnde Anteilnahme am Leben der Arbeitsgemeinschaft	Scheu vor Konsequenzen aus personellen Verpflichtungen	...
Verweigerung des Kontaktes zu einzelnen Teammitgliedern	Mangelnde Bereitschaft zu Führungsfunktionen	
Unkollegiales Verhalten und unkollegiale Handlungen	...	
Dienst nach Vorschrift		

6.3.4   Konflikte lösen

Ungelöste Konflikte können das Todesurteil eines Projekts sein. Deshalb benötigt der Projektleiter dringend die Fähigkeit, Konflikte zu lösen.

Konflikte entstehen durch unterschiedliche Ziele und Wertevorstellungen. Andere Gründe für Konflikte sind Missverständnisse, Antipathie, Rivalitäten, Mobbing, Zukunfstängste und Erfolglosigkeit. Die Dramaturgie eines Konflikts lässt sich in vier Phasen aufteilen:

1. **Diskussion**
    Am Anfang steht meistens eine Sachfrage, an der sich unterschiedliche Meinungen und Interessen festmachen.
2. **Überlagerung**
    Im Verlauf der Diskussion werden Argumente der anderen Seite nicht mehr akzeptiert. Man unterstellt letztlich immer Unaufrichtigkeit. Die Sachebene wird zunehmend von der Beziehungsebene überlagert.
3. **Eskalation**
    Die andere Seite reagiert mit Empörung auf die unterstellte mangelnde Integrität und geht zum Gegenangriff über. Der Konflikt eskaliert, Emotionen beherrschen die Szene.
4. **Verhärtung**
    Wenn der Konflikt nicht entschieden werden kann, kühlen sich die Emotionen zunehmend ab und man tritt in eine Phase des kalten Kriegs ein. Der Konflikt wird chronisch.

In Abbildung 6–12 wird angedeutet, wie eine Konfliktlösung ablaufen kann. Zunächst müssen die Emotionen verarbeitet werden. Dies sollte jede beteiligte Person für sich selbst in Angriff nehmen. Dann folgt das Gespräch, was genauso wie bei den weiter oben beschriebenen Gesprächsstrategien mit einem positiven Einstieg beginnt. Das Gespräch muss in erster Linie dazu dienen, das Vertrauen in der Beziehung wieder aufzubauen. Hierbei ist eine absolut offene Kommunikation notwendig. Anschließend kann dann in der Sache eine Lösung gesucht werden. Die sachgerechte Lösung wird in verbindlichen Vereinbarungen festgehalten.

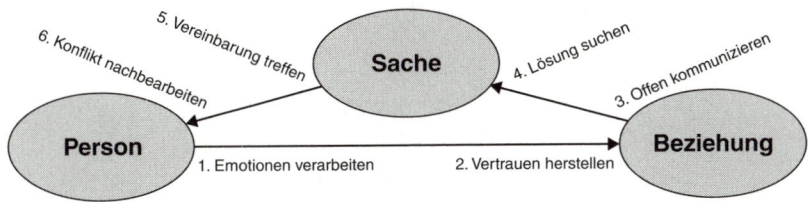

Abb. 6–12

Konfliktlösungsdreieck

Oft lässt sich die direkte Kommunikation nicht so ohne weiteres wieder herstellen. Dann kann evtl. ein Vermittler helfen, der mündliche Botschaften übermittelt, bis ein Treffen möglich wird. Kommt es dann zur lang ersehnten Aussprache, dann kann ein Moderator für das Gespräch sinnvoll sein. Ganz wichtig ist es jetzt, die Emotionen offen zu legen. Kränkungen und Verletzungen müssen angesprochen werden, sonst belasten sie weiterhin die Beziehungsebene. Jetzt ist auch die Zeit dafür, die Vergangenheit zu bewältigen. Gründe und Ursachen für die Kränkungen müssen eruiert werden. Dies kann, wenn man es richtig anpackt, eine vertrauensbildende Maßnahme sein. Vertrauen ist notwendig, um zu einer konsensfähigen Lösung zu kommen, die hoffentlich eine Win-Win-Situation darstellt.

6.4   Zusammenfassung

- Der »Faktor Mensch« ist in Softwareprojekten der wichtigste Faktor. Demnach ist die Auswahl der Teammitglieder eine der kritischen Tätigkeiten der Projektleitung.
- Die Teamentwicklung sollte nicht dem Zufall überlassen werden, sondern über bewusstes Team-Building, Team-Managing, Team-Developing und Team-Closing gesteuert werden.
- Die Anforderungen an einen Projektleiter sind sehr vielfältig. Um all diesen gewachsen zu sein, sollte jeder Projektleiter eine Menge von Führungsgrundsätzen, Führungswerkzeugen und Gesprächsstrategien beherrschen.

7 Qualitätssicherung

Dieses Kapitel behandelt die Qualitätsplanung im Rahmen der Projektplanung. Ferner wird auf die Qualitätsorganisation und die zwei Rollen einer Qualitätssicherung (QS) kurz eingegangen. Schließlich werden praktikable qualitätssichernde Maßnahmen wie Reviews und Audits erläutert.

Projekte stehen immer in einem Spannungsfeld zwischen Terminen, Kosten und Qualität. In den 80er Jahren wurde der Begriff der »Softwarekrise« in den USA populär. Ursache für das Scheitern von Projekten war dabei häufig eine mangelnde Softwarequalität. Eine zu hohe Fehlerrate nach Auslieferung der Software und Aufwände zur Fehlersuche von mehr als 50 % des Entwicklungsaufwands waren keine Seltenheit. Um dem zu begegnen, sind eine Qualitätsplanung im Rahmen der Projektplanung und begleitende, *qualitätssichernde Maßnahmen* während der ganzen Laufzeit eines Projekts zwingend erforderlich.

SW-Entwickler verstehen unter »Qualitätssicherung« (QS) meistens ihr Repertoire an Maßnahmen, um die Qualität der Projektergebnisse sicherzustellen, d.h. meist Reviews und Testen.

Bei Reifegradmodellen (siehe Kapitel 11) sind diese Maßnahmen in Prozessen wie »Verifikation«, »Validierung« oder in weiteren Engineering-Prozessen abgebildet. Der Begriff Qualitätssicherung wird jedoch als eine Prüfung der Einhaltung von Vorgaben durch eine projektexterne QS verstanden (z.B. ob die Prozesse im Projekt so gelebt werden, wie diese beschrieben sind). Dies wird im Folgenden als »formale QS« bezeichnet.

Formale QS

Der formalen QS kommt in den Reifegradmodellen eine entscheidende Rolle zu. Sie ist die treibende Kraft, die durch Prüfung der Einhaltung von Vorgaben dafür sorgt, dass Verbesserungen dauerhaft erhalten bleiben und nicht wegen mangelnder Prozessdisziplin wieder einschlafen. In diesem Sinne ist sie auch ein »Sprachrohr« zum Management.

Verifikation und Validierung (V&V)

Zusätzlich enthalten die Reifegradmodelle weitere verifizierende QS-Maßnahmen, die sicherstellen, dass ein Arbeitsprodukt seinen Anforderungen entspricht, sowie validierende QS-Maßnahmen, die sicherstellen, dass ein Arbeitsprodukt der beabsichtigten Nutzung in der vorgesehenen Wirkumgebung entspricht. Diese Maßnahmen werden im Folgenden »V&V-Maßnahmen« genannt.

Wir beschränken uns in diesem Abschnitt auf die Qualitätsplanung sowie auf praktische QS-Maßnahmen auf Projektebene. Dabei verstehen wir unter Qualitätssicherung die Summe aller qualitätssichernden Maßnahmen während der gesamten Laufzeit eines Projekts, also sowohl formale QS als auch V&V-Maßnahmen. Nicht betrachtet werden projektübergreifende Maßnahmen auf Organisationsebene, die bei Reifegradmodellen in weiteren Prozessen und Praktiken abgebildet sind.

7.1 Qualitätsplanung

Die Aufgabe der Qualitätsplanung besteht darin, die für das Projekt anwendbaren Q-Ziele, Q-Anforderungen und Vorgaben zu ermitteln und zu planen, wie diese durch qualitätssichernde Maßnahmen erfüllt werden können.

Konsequenzen fehlender Qualitätsplanung

Die Konsequenzen bei fehlender Qualitätsplanung sind meist zwangsläufig:

- Qualitätskriterien sind nicht identifiziert.
- Qualitätssichernde Maßnahmen werden nicht durchgeführt.
- Prozessschritte werden ausgelassen.
- Eine lange Zeitdauer vergeht, bis Probleme entdeckt und gelöst werden.
- Letztlich entspricht die Produktqualität nicht den Kundenerwartungen.

SW-QS-Plan

Die Ergebnisse der Qualitätsplanung werden in einem *Softwarequalitätssicherungsplan* (SW-QS-Plan) dokumentiert. In Abbildung 7–1 ist eine Beispielgliederung eines solchen Plans dargestellt, die alle wesentlichen Aspekte enthält. Unter Punkt 4 der Gliederung sollten sowohl Maßnahmen zur formalen QS als auch V&V-Maßnahmen geplant werden.

Abb. 7–1

*Beispielgliederung SW-
Qualitätssicherungsplan*

0) Geltungsbereich
1) Zuständigkeit und Befugnisse des QS-Personals
2) Benötigte Ressourcen
3) Budgetierung der QS-Aktivitäten
4) Qualitätssichernde Maßnahmen und Zeitplan
5) Bei den Prüfungen zugrunde zu legende Normen und Verfahren
6) Verfahren zur Behandlung von Abweichungen (inklusive Eskalation zum Management)
7) Zu erstellende Dokumentation
8) Art und Weise des Feedbacks an das Projektteam

In der Regel wird der SW-QS-Plan als eigenständiges Planungsdokument erstellt. In kleineren Projekten wird er gelegentlich auch als ein Abschnitt in anderen Planungsdokumenten beschrieben. Bei größeren Projekten mit umfangreichen V&V-Maßnahmen existieren oft weitere, separate Pläne (Testplan, Reviewplan etc.).

In Abbildung 7–2 ist im ersten Teil eine Checkliste zur Prüfung der SW-QS-Planung dargestellt. Der SW-QS-Plan steht in starker Abhängigkeit zur Projektplanung und muss konsistent zu dieser sein (siehe Kapitel 4). Daher muss bei der Prüfung der SW-QS-Planung auch die Projektplanung mit betrachtet werden. Fragen zur Prüfung des Projektplans durch die QS sind im zweiten Teil der Abbildung 7–2 dargestellt. Nach Abschluss der SW-QS-Planung sollten alle in Abbildung 7–2 dargestellten Fragen positiv beantwortet werden können.

*Checkliste Projekt- und
SW-QS-Planung*

Abb. 7–2

*Checkliste Projekt- und
SW-QS-Planung*

SW-QS-Planung

- Sind die SW-Q-Ziele und -Anforderungen abgestimmt, definiert und messbar?
- Sind die notwendigen Vorgaben und Prozesse identifiziert und ausreichend beschrieben ?
- Unterstützen diese Vorgaben ausreichend die Erreichung der SW-Q-Ziele?
- Sind ausreichende qualitätssichernde Maßnahmen eingeplant ...
  - zur Produkt- und Prozessqualität?
  - formale QS-Maßnahmen?
  - SW-Testplanung?
- Gibt es ein ausreichendes Bewusstsein zur Durchführung und Unterstützung der QS-Maßnahmen?

Projektplanung

- Sind die Projektpläne realistisch?
- Ist Training rechtzeitig geplant, um die notwendigen Qualifikationen zur Verfügung zu haben?
- Ist die Projektinfrastruktur geeignet (Toolunterstützung der Prozesse, HW, Kommunikation, ...)?
- Ist das SW-Konfigurationsmanagement geeignet?
- Kennt das Projektteam die kritischen Teile des Projekts?

Weitere hilfreiche Informationen und Anregungen zur SW-QS-Planung erhält man bei [IEEE Std 730], [IEEE Std 730.1], [IEEE Std 1012] und [IEEE Std 1059].

7.2   Q-Organisation und Rollen der QS

Die formale QS sollte durch eine externe Q-Organisation, die in einer anderen Linie als die Entwicklung angeordnet ist, oder durch eine Q-Organisation in der Entwicklung, die direkt der Entwicklungsleitung unterstellt ist, wahrgenommen werden. Im zweiten Fall muss dann aber gewährleistet sein, dass die QS nicht von der Projektleitung oder den unteren/mittleren Führungsebenen überstimmt werden kann.

QS-Verantwortlichkeiten   Zur Durchführung der formalen QS und zur Gewährleistung einer gewissen Kontinuität sollte den Projekten ein QS-Verantwortlicher zugeordnet werden, der gegebenenfalls auch mehrere Projekte betreut. In größeren Projekten oder wenn eine Testgruppe vorhanden ist, gibt es in der Regel zusätzlich noch einen Testmanager, der für die Testplanung und -steuerung verantwortlich ist.

Der QS-Verantwortliche ist nicht allein verantwortlich für die Qualität im Projekt (dies wird in der Praxis oft unterstellt). Vielmehr ist dies im erweiterten Sinne jeder einzelne Projektmitarbeiter, wobei dem Projektleiter eine herausragende Rolle zukommt. Um die gewünschte Qualität zu erreichen, veranlasst er die Durchführung der V&V-Maßnahmen.

Die zwei Rollen des   In der Praxis hat sich bewährt, dass der QS-Verantwortliche neben
QS-Verantwortlichen   der »unabhängigen, prüfenden Rolle« auch eine »unterstützende Rolle« wahrnehmen sollte, auch wenn dies z.B. in den Reifegradmodellen nicht explizit gefordert wird.

In der unterstützenden Rolle hilft er der Projektleitung bei der Projekt- und SW-QS-Planung, bei der Auswahl der Projektstandards sowie bei der Durchführung von QS-Maßnahmen im Projekt. Dadurch erreicht er die notwendige Akzeptanz im Projekt.

Weiter hat er als unabhängige, prüfende Rolle folgende Aufgaben:

- Prüfung der Einhaltung der Vorgaben und Kundenanforderungen für Arbeitsprodukte und Prozesse (z.B. durch Audits und Reviews)
- Verfolgung der Beseitigung entdeckter Mängel
- Berichtswesen an das Management
- Prüfung von Unterauftragnehmern

7.3 Qualitätssichernde Maßnahmen

Qualitätssicherung ist die Summe der qualitätssichernden Maßnahmen während der gesamten Laufzeit eines Projekts, die sicherstellen, dass die Qualitätsziele erfüllt und definierte Anforderungen und Vorgaben eingehalten werden.

Qualitätssichernde Maßnahmen

Es gibt eine Fülle unterschiedlicher QS-Maßnahmen, die man generell in zwei Klassen einteilen kann:

- Maßnahmen zur Sicherung der Prozessqualität, d.h. Konformität der Prozesse mit den Vorgaben
- Maßnahmen zur Sicherung der Arbeitsproduktqualität, d.h. Erfüllung der Anforderungen und Vorgaben an die jeweiligen Arbeitsprodukte

Die Palette reicht dabei von einem informellen Review bis (theoretisch) zum mathematischen Beweis der Korrektheit von Programmen. Hinzu kommt, dass in der Praxis Begriffe wie z.B. Audit und Review sehr unterschiedlich verstanden und verwendet werden. Abbildung 7–3 gibt einen Überblick über mögliche qualitätssichernde Maßnahmen.

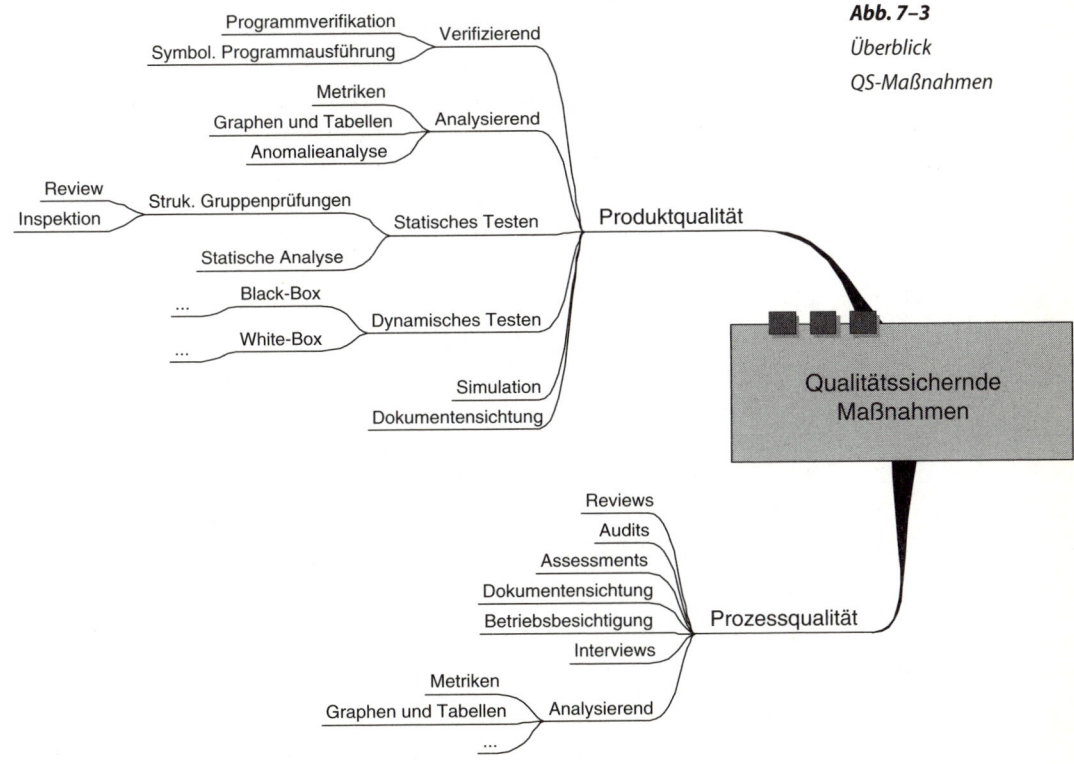

Abb. 7–3
Überblick
QS-Maßnahmen

Wir beschränken uns in diesem Buch auf die Darstellung von *Audits* und *Reviews* als bewährte QS-Maßnahmen auf Projektebene. Audits sind formale QS-Maßnahmen, während Reviews sowohl als formale QS als auch im Bereich von V&V-Maßnahmen eingesetzt werden können.

In den Projekten sind darüber hinaus weitere V&V-Maßnahmen wie eine statische Analyse von Programmen mittels Analysatoren sowie das dynamische Testen von Software unumgänglich. Dies wird hier nicht weiter betrachtet. Eine ausführliche Erläuterung findet sich z.B. in [Spillner & Linz 04].

Weitere hilfreiche Informationen zur Bewertung von Softwareprodukten erhält man bei [DIN 66272] und [DIN 12119].

7.3.1   Audits

Audit Ein Audit ist eine systematische und unabhängige Untersuchung mit formalem Charakter. In einem Audit wird festgestellt, ob die zu prüfenden Tätigkeiten und die damit zusammenhängenden Ergebnisse den geplanten Vorgaben entsprechen und diese Vorgaben geeignet sind, die Ziele zu erreichen (angelehnt an [Spillner & Linz 04]). Wir verstehen unter einem Audit in diesem Sinne eine formale QS-Maßnahme zur Sicherung der Prozessqualität. In einem Audit wird also die Konformität der Prozesse mit den Vorgaben überprüft.

Audits werden durch ausgebildete Auditoren nach einem definierten Ablauf durchgeführt (Auditprozess), um die Objektivität des Audits und der Auditergebnisse sicherzustellen. Audits müssen geplant werden. Zur effektiven Vorbereitung benötigen die Auditoren wichtige Dokumente im Vorfeld zur Sichtung (z.B. Projektplan, Vorgehensmodell, zugrunde liegende Vorgaben). Die Überprüfung der Einhaltung der Vorgaben und deren Eignung wird durch eine Kombination aus Interviews mit den Prozessverantwortlichen und begleitender Dokumentensichtung durchgeführt. Am Ende des Audits erfolgt unmittelbar ein vorläufiges Feedback an alle Beteiligten. Die Ergebnisse werden in einem ausführlichen, standardisierten Auditbericht dokumentiert und abgestimmt. Nach dem Audit sollte ein Nachfolgetreffen (Follow-up) folgen, in dem die Umsetzung von Verbesserungsmaßnahmen zur Behebung der festgestellten Abweichungen besprochen wird.

7.3.2   Reviews

Review »Ein Review ist eine manuelle Prüfmethode mit mehr oder weniger festgelegtem Ablauf, die nach einer individuellen Vorbereitung der Gutachter in einer Teamsitzung Stärken und Schwächen eines schriftlich vorliegenden Prüfobjekts identifiziert« [Spillner & Linz 04].

Wir verstehen unter Review in diesem Sinne eine QS-Maßnahme zur Sicherung der Produktqualität. Reviews können sowohl als formale QS-Maßnahme als auch im Rahmen von V&V-Maßnahmen eingesetzt werden. Prüfobjekte können dabei jegliche Arbeitsprodukte (Dokumente, Code etc.) sein. Es gibt mehrere Reviewarten wie Walkthrough, Inspektion und informelles Review.

Review ist ein Oberbegriff. In der Praxis wird der Begriff »Review« oft auch in einem erweiterten Sinne verwendet, z.B. wird das Erreichen eines Meilensteins oder der Abschluss einer Phase und die damit verbundene Dokumentation mittels eines Reviews geprüft. Dort stehen dann mehr die Prüfung des Projektstandes und das Vorliegen bestimmter Ergebnisse im Vordergrund.

Reviews sind, richtig durchgeführt, ein effizientes Mittel zur QS in Projekten. Idealerweise sollten sie so früh wie möglich nach Fertigstellung von Arbeitsprodukten durchgeführt werden. Reviews müssen daher geplant werden. Durch Reviews werden Fehler frühzeitig nach ihrer Entstehung entdeckt und damit Kosten vermieden. Reviews fördern auch den Wissensaustausch unter den beteiligten Personen.

Reviews sollen nach einem festgelegten Ablauf (Spielregeln) durchgeführt werden. Die Reviewsitzung sollte nicht zu lange dauern (max. ca. 2 Stunden) und nicht zu viele Teilnehmer haben (2 – 7 Teilnehmer). Näheres zu Reviews ist z.B. bei [Spillner & Linz 04] erläutert.

Das informelle Review ist eine abgeschwächte Version eines Reviews, welche keinem formalisierten Prozess unterliegt. Das informelle Review hat wegen des geringen Aufwands eine hohe Akzeptanz und weite Verbreitung gefunden. Auch informelle Reviews sollten zumindest zwei Kriterien erfüllen:

Informelles Review

1. Das Review sollte geplant werden, d.h., geeignete Gutachter sind auszuwählen, und das Vorgehen wie Verteilung, Termine etc. sollte im Vorfeld vereinbart werden.
2. Das Reviewergebnis muss dokumentiert werden, d.h., zumindest die Mängel sind festzuhalten (z.B. mittels Notizen auf dem Dokumentenausdruck).

7.3.3   Anregungen für die Praxis

Die Abbildung 7–4 enthält Anregungen für mögliche QS-Maßnahmen in einem Projekt, die sich in der Praxis als sinnvoll erwiesen haben.

Abb. 7–4

Anregungen für QS-Maßnahmen im Projekt

Produktqualität (formale QS):
▨ Angebotsreview
▨ Anforderungsreview (Schwerpunkt Einhaltung der Vorgaben)
▨ Planungsreviews für Projektplan, SW-QS-Plan und KM-Plan
▨ Testdurchführungsreview
▨ Meilensteinreviews

Produktqualität (V&V):
▨ Anforderungsreview (Schwerpunkt Inhalt)
▨ Architektur- und Designreviews
▨ Benutzerdokumentationsreview
▨ Statische Codeanalyse
▨ Codereviews für ausgewählte Programmteile
▨ Dynamisches Testen von Software
▨ Reviews durch das Management
▨ ggf. Reviews bei Unterauftragnehmern

Prozessqualität (formale QS):
▨ Audits im Projekt zu definierten Zeitpunkten (z.B. nach Projektstart, vor Meilensteinen etc.) und ad hoc
▨ ggf. Audits bei Unterauftragnehmern

QS-Maßnahmen Mobile Odors

Im Projekt Mobile Odors werden als Maßnahmen zur Produktqualität ein Review des Projektplans, ein Review des SW-QS-Plans sowie ein Meilensteinreview zum Erreichen des Meilensteins M3 im SW-QS-Plan geplant. Weitere zahlreiche QS-Maßnahmen werden im Entwicklungszyklus möglichst nah an der Entstehung der Prüfobjekte geplant. Dies sind z.B. Reviews der Pflichtenhefte, ein Review des Architekturmodells, ein dynamischer Test der Prototypen sowie ein Review der Testspezifikationen. Als Maßnahme zur Prozessqualität wird ein formales Audit aller Projektprozesse gemäß Vorgehensmodell nach vier Monaten geplant. Die Maßnahmen sind im Aktivitätenzeitplan im Anhang A.3 zu finden.

7.4   Zusammenfassung

░ Qualität muss ebenso wie Funktionalität, Zeitplan und Kosten geplant werden, da diese in einer engen Beziehung stehen.

░ Die Ergebnisse der Qualitätsplanung werden in einem Software-qualitätssicherungsplan dokumentiert, der Teil des Projektplans ist und die Durchführung der qualitätssichernden Maßnahmen steuert. Dies umfasst eine Überprüfung der Prozessqualität sowie eine Überprüfung der Arbeitsproduktqualität.

░ Als QS-Maßnahmen auf Projektebene werden häufig Reviews, Audits, statische Analyse und dynamisches Testen von Software eingesetzt.

░ Insbesondere Reviews sind, richtig durchgeführt, ein einfaches, aber effizientes Mittel zur Qualitätssicherung in Projekten.

8 Risikomanagement

Dieses Kapitel gibt einen Überblick über Risikomanagement und erläutert die Ermittlung und Bewertung von Risiken, die Planung von Gegenmaßnahmen sowie die Verfolgung von Risiken.

In einer KPMG-Studie wurden so genannte »runaway projects« untersucht, d.h. Projekte, die völlig außer Kontrolle geraten waren, ergebnislos eingestellt wurden oder Zeitrahmen oder Kostenrahmen um ein Vielfaches überzogen hatten [KPMG 95]. Dabei stellte sich Folgendes heraus:

»Risikomanagement und Projekterfolg«

- 55 % der Projekte hatten gar kein Risikomanagement betrieben.
- 38 % betrieben zwar Risikomanagement, aber nur halbherzig: Die Hälfte dieser Projekte unternahm nichts gegen die zu Projektbeginn ermittelten Risiken.
- 7 % wussten nicht, ob sie Risikomanagement betrieben oder nicht.

Fazit also: Ungefähr 80 % der Projekte unternahmen nichts gegen Projektrisiken!

8.1 Überblick

Inwiefern hat also Risikomanagement etwas mit Projekterfolg zu tun? Sinn des Risikomanagements ist es, möglichst frühzeitig potenzielle Projektprobleme zu identifizieren, lange bevor sie auftreten, um rechtzeitig Gegenmaßnahmen ergreifen zu können. Risikomanagement stellt also eine Art »Lebensversicherung« für das Projekt dar.

»Lebensversicherung« für das Projekt

Risikomanagement ist ein kontinuierlicher, projektbegleitender Prozess und ein wichtiger Bestandteil der Projektmanagementaktivitäten. Dabei ist es besonders wichtig, Risiken frühzeitig zu entdecken und etwas dagegen zu unternehmen, da z.B. Änderungen an Plänen oder Konzepten in frühen Projektphasen einfacher, kostengünstiger und weniger Folgeänderungen nach sich ziehen als später.

Was ist Risikomanagement?

Ein Risiko ist ein potenzielles, zukünftiges Problem, dessen Eintritt wichtige Projektziele oder die Projektergebnisse gefährden kann. Risiken bestehen also bezüglich

- der Realisierung des vereinbarten Leistungsumfangs der Produkte bzw. Ergebnisse des Projekts,
- der Qualität der Projektergebnisse,
- der Kosteneinhaltung sowie
- der Termineinhaltung.

Umfang von Risikomanagement　Risikomanagement umfasst alle Aktivitäten, um Risiken

- zu identifizieren,
- zu analysieren, zu bewerten und zu priorisieren,
- während des Projekts zu verfolgen sowie
- Gegenmaßnahmen zu ergreifen und diese während des Projekts zu verfolgen.

Abbildung 8–1 zeigt die Einordnung der Risikomanagementaktivitäten in die Projektphasen. Eine erste Risikoermittlung findet bereits vor der Angebotsabgabe (oder der ersten internen Projektentscheidung) statt und ist eine wichtige Grundlage für die Projektkalkulation (Einberechnung von Risikozuschlägen) sowie für die Entscheidung, ob das Projekt überhaupt angesichts der Risiken angegangen werden soll. Meistens findet eine erneute Risikoermittlung vor weiteren wichtigen Projektmeilensteinen statt, z.B. vor Beginn der Planungsphase und vor Beginn der Durchführungsphase, da mit Fortschreiten des Projekts und dem damit einhergehenden tieferen Einblick in die Zusammenhänge neue Risiken zutage treten. Während des Projekts werden dann die Risiken und die Gegenmaßnahmen laufend verfolgt.

Abb. 8–1
Risikomanagement
und Projektphasen

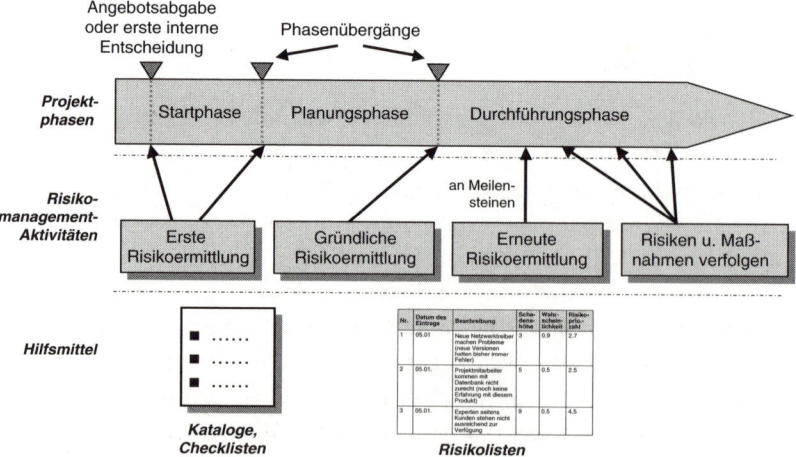

Der Gesetzgeber hat der eminenten Bedeutung eines systematischen Risikomanagements Rechnung getragen im Gesetz zur Kontrolle und Transparenz im Unternehmensbereich (KonTraG), das seit 1.5.1998 in Kraft ist. In der Folge wurden auch Änderungen im Aktiengesetz und GmbH-Gesetz vorgenommen. § 91 II AktG fordert z.B., dass

Gesetzliche Verpflichtung zu Risikomanagement

»... *der Vorstand geeignete Maßnahmen zu treffen, insbesondere ein Überwachungssystem einzurichten hat, damit den Fortbestand der Gesellschaft gefährdende Entwicklungen früh erkannt werden*«.

Weiterführende Konzepte des Risikomanagements sind u.a.:

Weiterführende Konzepte

▪ **Betrachtung von Chancen und Risiken:**
Oft werden neben Risiken auch die zugehörigen »Chancen« betrachtet. Chancen in diesem Sinne sind das Gegenteil von Risiken, also günstige Entwicklungen wie z.B. Kostenminderungen oder die frühere Beendigung von Aktivitäten gegenüber dem Plan. Anwendungsgebiete sind z.B. größere Projekte mit einer Vielzahl von Teilprojekten, in denen man in einer mehr ganzheitlichen Sichtweise sowohl positive als auch negative Einflüsse betrachten möchte. Ein Beispiel hierfür ist ein Fahrzeugprojekt im Automobilbau: Chancen und Risiken werden hier meistens monetär bewertet und jeweils mit Wahrscheinlichkeiten belegt, so dass es möglich ist, die voraussichtlichen Herstellungskosten deutlich realistischer zu berechnen als in einer Worst-Case-Abschätzung.

▪ **Verschiedene Ebenen von Risikomanagement:**
Betrachtet man Risikomanagement im ganzen Unternehmen oder in Großprojekten, so treten ganz neue Probleme auf. Risiken werden in ganz unterschiedlichen Teilbereichen ermittelt und müssen nun aufgrund von Querbezügen zwischen Teilbereichen kommuniziert werden sowie nach oben zur Unternehmens- oder Projektleitung über mehrere Ebenen hinweg verdichtet werden. Dies ist eine nicht triviale Aufgabenstellung, für die es eine Vielzahl von Methoden und Paradigmen gibt.

Wir gehen in diesem Kapitel auf weiterführende Konzepte nicht ein und beschränken uns auf reines Risikomanagement auf Projektebene.

8.2 Risikoermittlung

Der erste Schritt besteht darin, die Risiken zu ermitteln. Dies geschieht in der Regel in Form von Workshops, je nach Projektgröße unter Einbeziehung aller Projektmitglieder oder getrennt in verschiedenen Teams.

Risikoworkshops

Erfahrungsgemäß sollte die Teilnehmerzahl ca. 15 Personen nicht überschreiten. Meistens erfolgen in diesen Workshops auch gleich die Risikobewertung und die Planung von Gegenmaßnahmen, so dass als zeitliche Untergrenze etwa ein halber Tag anzusetzen ist, in den meisten Fällen aber mit einem ganzen Tag oder mehr zu rechnen ist.

Wesentliche Hilfsmittel bei der Risikoermittlung sind:

Risikoquellen

- **Risikoquellen:** Risikoquellen bezeichnen die Bereiche, aus denen Risiken entstehen können. Sie dienen als Grundlage bzw. als Anleitung für die Ermittlung von Risiken. Viele Unternehmen verwenden für diesen Zweck eine Art »Katalog«, der z.B. als hierarchisch strukturierte Liste von Quellen aufgebaut ist und auf unterster Ebene Beispiele, Fragen oder Checklisten enthält. Zum erstmaligen Aufbau eines derartigen Katalogs gibt es eine Fülle von Beispielen im Internet und in der Fachliteratur, die man dann im Laufe der Zeit durch eigene Systematiken und Beispiele weiterentwickeln kann. Abbildung 8–2 zeigt einige Beispiele für Risikoquellen.

Risikokategorien

- **Risikokategorien:** Risikokategorien sind sozusagen die »Container« zur Strukturierung der gefundenen Risiken. Sie helfen dem Team, Risiken zusammenzufassen bezüglich ihrer Auswirkung auf das Projekt (insbesondere hinsichtlich Zeit und Kosten) und Gegenmaßnahmen zu strukturieren. Die Verwendung von Risikokategorien ist für größere Projekte unerlässlich. Abbildung 8–3 zeigt einige Beispiele für Risikokategorien.

Abb. 8–2

Beispiele für Risikoquellen

Anforderungen

- Anforderungen insgesamt unausgereift oder in Teilen noch unklar
- Voraussehbar zahlreiche Änderungen
- Änderungsfreudigkeit des Kunden/Auftraggebers

Technik

- Unrealistisches Design
- Einzusetzende Technologie wird erst im Laufe des Projekts am Markt verfügbar
- Unklar, ob geforderte Performanz erfüllt werden kann
- Erstmaliger Einsatz neuer Tools, Soft- oder Hardwarekomponenten

Anwendung

- Hohe Komplexität, viele ungelöste Probleme
- Fehlende Erfahrung mit Teilaufgaben
- Keine Erfahrung in neuer Anwendungsdomäne

Kunde

- Konkurrierende Interessengruppen, Widerstände (z.B. von Anwendern)
- Keine Erfahrung mit Auftragvergabe nach außen
- Mangelnde Kooperationsfähigkeit oder -bereitschaft
- Beistellungen des Kunden
- Integrierte Entwicklung Auftraggeber/Auftragnehmer

Projektauftrag, -abwicklung
▨ Unrealistische Termine
▨ Unrealistische Budgets
Projektorganisation
▨ Einsatz von Unterlieferanten (generell)
▨ Bekannte Probleme von Unterlieferanten
▨ Zulieferungen von anderen Projekten oder internen Stellen
Ressourcen
▨ Nicht die richtigen Mitarbeiter (mangelnde Qualifikation oder Erfahrung)
▨ Ressourcenengpässe oder unzuverlässige Ressourcenzusagen
▨ Drohender Ressourcenentzug wegen anderer, wichtigerer Projekte
▨ Nicht der richtige Projektleiter (unerfahren, ungeeignet, nicht anerkannt etc.)
▨ Drohender Ausfall von Mitarbeitern (Krankheit, Kündigung etc.)

Risiken können strukturiert werden z.B. nach:
▨ Komponenten des Produkts
▨ Strukturen (Teams) innerhalb des Projekts
▨ Projektphasen
▨ Thematische Risikoarten (z.B. nach Risikoquellen)

Abb. 8–3
Beispiele für
Risikokategorien

Für die Durchführung eines Risikoworkshops wird ein Moderator benötigt, der die Risikomanagementmethodik kennt. Bei entsprechender Erfahrung kann diese Rolle auch von einer projektinternen Person wahrgenommen werden, z.B. vom Projektleiter oder einem Teamleiter. Neben Teilnehmern aus dem Projekt kann es u.U. auch sinnvoll sein, externe Experten (z.B. erfahrene Projektleiter aus anderen Projekten, Berater) hinzuzuziehen, wenn sie in der betreffenden Thematik über mehr Erfahrung verfügen als die Projektmitglieder.

Teilnehmer
Risikoworkshop

Es gibt viele Möglichkeiten, den Ablauf der Risikoermittlung zu gestalten. Wir beschränken uns hier auf eine einfache und praxiserprobte Variante:

Ablauf Risikoermittlung

1. In der Vorbereitung stellt der Moderator sicher, dass alle Hilfsmittel verfügbar sind. Die Teilnehmer sollten alle über einen Projektstrukturplan und über einen Risikokatalog o.Ä. verfügen. An technischen Hilfsmitteln werden Moderationsmaterial (insbesondere Metaplan-Karten oder große Post-its) und evtl. ein Beamer benötigt. Der Moderator bereitet Stellwände (alternativ: Raumwände) vor, die nach Risikokategorien strukturiert und entsprechend beschriftet sind.
2. Die Teilnehmer werden vom Moderator über den Ablauf instruiert und ermitteln nun, jeder für sich, innerhalb eines ge-

wissen Zeitraums (z.B. 30 Min.) die Risiken, die sie sehen. Empfehlenswert ist es, sich eng am Projektstrukturplan zu orientieren und auch die Risikokategorien danach auszurichten (also z.B. nach Produktkomponenten). Dabei ziehen sie einen Risikokatalog, Checklisten o.Ä. zu Rate. Die Teilnehmer notieren ihre Risiken auf Karten oder Post-its und hängen bzw. kleben sie in die jeweilige Kategorie. (Anmerkung: Post-its, einfach auf die Raumwände geklebt, eignen sich besonders gut dafür, da sie leicht und schnell anders angeordnet werden können.) Je nach Projektgröße ist es sinnvoll, die Teilnehmer in Gruppen nach Risikokategorien aufzuteilen. Bei größeren Projekten müssen die Schritte zwei und drei gegebenenfalls mehrfach durchlaufen werden.

3. Nun erfolgt das Konsolidieren der Risiken: Die Teilnehmer versammeln sich vor einer Kategorie und diskutieren die aufgeführten Risiken. Dabei werden Duplikate entfernt, Risiken modifiziert, verfeinert, umformuliert etc. Eventuell tauchen auch Ideen für neue Risiken auf, die noch hinzugefügt werden. Am Ende soll jedes Risiko verständlich charakterisiert sein und alle Teilnehmer ein gemeinsames Verständnis haben. Falls die Konsolidierung in getrennten Gruppen erfolgte, müssen die Kategorien noch im Plenum konsolidiert werden.

4. Als nächster Schritt werden die Risiken bewertet, siehe hierzu den folgenden Abschnitt.

8.3   Risikobewertung

Zur Bewertung gibt es eine Vielzahl von z.T. recht komplexen Bewertungssystematiken. In der Praxis hat sich die folgende Systematik als völlig ausreichend bewährt, in der Risiken nach drei Parametern bewertet und priorisiert werden:

Bewertungsparameter

▪ **Eintretenswahrscheinlichkeit:**
Wie wahrscheinlich ist es, dass der Risikofall eintritt?

▪ **Schadenshöhe:**
Welchen Schaden wird das Risiko verursachen?

▪ **Risikoprioritätszahl** (oder Risikokennzahl) =
Eintretenswahrscheinlichkeit × Schadenshöhe

Diese Bewertungsparameter sind naturgemäß sehr subjektiv, daher ist es wichtig, die Bewertungsparameter möglichst genau zu definieren bzw. auch zu charakterisieren, da sonst die Bewertungsergebnisse von unterschiedlichen Personen oder Teams zu uneinheitlich ausfallen. Das ist besonders für große Projekte mit mehreren Teams wichtig, die unabhängig voneinander Risikoworkshops durchführen.

Zur Charakterisierung der Bewertungsparameter empfiehlt es sich, schriftliche Beschreibungen der Parameter zu erstellen und den Teams als Arbeitsgrundlage an die Hand zu geben. Für die Eintretenswahrscheinlichkeit reicht z.B. eine stufenförmige Einteilung des Intervalls von null bis eins, das üblicherweise den Wertebereich einer Wahrscheinlichkeit darstellt (siehe hierzu Abb. 8–4). Für jede Stufe wird dann dessen Intervall durch eine verbale Erläuterung charakterisiert.

Eintretenswahrscheinlichkeit

Wahrscheinlichkeitsintervall	Interpretation
$0 \leq p \leq 0,25$	Es ist eher unwahrscheinlich, dass das Risiko eintritt, aber nicht auszuschließen.
$0,25 \leq p \leq 0,5$	Das Risiko wird eher nicht eintreten, es ist aber dennoch möglich.
$0,5 < p \leq 0,75$	Das Risiko wird eher eintreten als nicht eintreten, es ist aber keineswegs sicher.
$0,75 < p \leq 1$	Das Risiko wird mit ziemlicher Sicherheit eintreten.

Abb. 8–4

Charakterisierung der Eintretenswahrscheinlichkeit (Beispiel)

Für die Schadenshöhe ist die Interpretation etwas schwieriger. Zunächst muss festgelegt werden, welche Art von Schaden überhaupt gemeint ist (z.B. Schaden bezüglich Brauchbarkeit oder Qualität der Endergebnisse, Schaden bezüglich Überschreitung der Projektkosten, Schaden bezüglich Überschreitung der Projektdauer, Schadensersatzleistungen, Vertragsstrafen etc.). Risiken verursachen oftmals Schäden in mehreren solcher Kategorien, so führt z.B. eine aufwendige Nacharbeit einer vergessenen Kundenanforderung in einer späten Projektphase sowohl zu Zusatzkosten als auch zu einer Verzögerung des Endtermins. Daher muss definiert werden, wie die Schadenshöhe einzuschätzen ist, wenn mehrere Kategorien betroffen sind. Ergebnis der Einschätzung soll eine Kennzahl sein. Für diese Kennzahl muss ein Wertebereich definiert werden, z.B. von eins (sehr kleiner Schaden) bis zehn (sehr großer Schaden). Abbildung 8–5 zeigt ein Beispiel mit drei Schadenskategorien, die mit einer Und/Oder-Beziehung verknüpft sind, und mehreren Intervallen für die Schadenskennziffer. In dieser Matrix wird für jedes Feld eine möglichst genaue Interpretation des Schadens vorgenommen. Diese Interpretationen sind sehr unternehmensspezifisch und können daher recht unterschiedlich ausfallen.

Schadenshöhe

Kennziffer für Schadenshöhe	Schaden hinsichtlich Endprodukten des Projekts		Schaden hinsichtlich Projektkosten		Schaden hinsichtlich Überschreitung der Projektdauer
1 – 2	Einschränkungen der Funktionalität für Endbenutzer kaum merklich		Überschreitung Projektkosten ≤ 5 %		Verzögerung kann wieder aufgeholt werden, Endtermin wird gehalten.
3 – 5	Einschränkungen der Funktionalität für Endbenutzer merklich, wesentliche Funktionen sind aber unberührt, Produkt kann benutzt werden.	oder	Überschreitung Projektkosten > 5, aber ≤ 15 %	oder	Überschreitung Projektdauer bleibt ≤ 10 %
6 – 8	Wesentliche Funktionen sind betroffen, Produkt kann nur mit deutlichen Einschränkungen benutzt werden.		Überschreitung Projektkosten > 15, aber ≤ 30 %		Überschreitung Projektdauer bleibt ≤ 20 %
9 – 10	Endprodukte unbrauchbar		Überschreitung Projektkosten > 30 %		Überschreitung Projektdauer > 20 %

Abb. 8–5
Charakterisierung der Schadenshöhe (Beispiel)

Risikoprioritätszahl, Priorisierung der Risiken

Bewertung im Risikoworkshop

Ergebnis eines Risikoworkshops können viele Hunderte von Risiken sein, von denen viele vernachlässigbar sind. Man kann unmöglich für alle Risiken Gegenmaßnahmen planen und verfolgen. Es besteht daher die dringende Notwendigkeit, die Risiken zu priorisieren. Ein üblicher Weg, dies zu tun, besteht darin, die bisher zweidimensionale Bewertung (Eintretenswahrscheinlichkeit, Schadenshöhe) mittels der Formel Risikoprioritätszahl = Eintretenswahrscheinlichkeit × Schadenshöhe auf eine eindimensionale Bewertung abzubilden. Der Wertebereich der Risikoprioritätszahl geht dann im Beispiel der Abbildungen 8–4 und 8–5 von eins bis zehn, wobei zehn den schlechtesten Fall darstellt. Die Risiken können nun einfach priorisiert werden, indem nach der Risikoprioritätszahl sortiert wird.

Wie erfolgt nun die Bewertung im Risikoworkshop? Hier sind zahlreiche Varianten denkbar, von denen wir zwei herausgreifen:

1. Die Bewertung wird durch Konsensbildung gemeinsam in der ganzen Gruppe oder im jeweiligen Team vorgenommen. Dabei wird ein Risiko nach dem anderen von der Wand genommen, bewertet und diskutiert und dabei gleichzeitig auf den Computer übertragen (evtl. unter Verwendung eines Beamers).

2. Die Bewertung wird zwar in der Gruppe oder im jeweiligen Team, aber von jedem individuell vorgenommen. Das geschieht am effizientesten durch Punktekleben (oder Markieren mit Farbstift) auf einer vorbereiteten Skala (z.B. DIN-A3-Ausdrucke). Der Moderator bildet dann den Mittelwert der Mar-

kierungen. Abbildung 8–6 zeigt ein Beispiel dieser Vorgehensweise für ein Risiko.

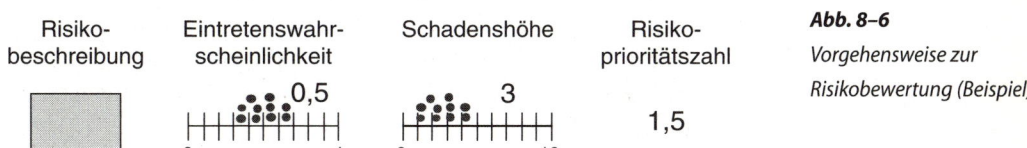

Abb. 8–6

Vorgehensweise zur

Risikobewertung (Beispiel)

Beide Methoden haben ihre Vor- und Nachteile. Methode zwei ist zwar etwas umständlich, dafür aber auch etwas objektiver. Weniger eloquente Teammitglieder können sich besser einbringen und es werden keine Meinungen übersehen.

Ergebnis der Risikobewertung ist eine Risikoliste, die u.a. eine Beschreibung des Risikos und die Bewertungsparameter enthält (siehe Beispiel in Abb. 8–7).

Risikoliste

Nr.	Datum des Eintrags	Beschreibung	Schadenshöhe	Wahrscheinlichkeit	Risikoprio.-zahl	Kategorie
1	05.01	Zeit für Anforderungsanalyse reicht nicht aus.	6	0.9	5.4	Anforderungsrisiko
2	05.01.	Ansprechpartner des Pilotkunden stehen wegen Urlaubssituation im Mai nicht genügend zur Verfügung.	5	0.5	2.5	Anforderungsrisiko
3	05.01.	Übertragungsdauer der Ergebnisse von Duftanalysen zu lange (Verdacht aus Vorstudie).	9	0.5	4.5	Technisches Risiko

Abb. 8–7

Beispiel einer Risikoliste im Projekt Mobile Odors

Der Projektleiter tut gut daran (nach Abschluss des Risikoworkshops), die Risiken zu einer Gesamtaussage für das Projekt zu verdichten, z.B. wie hoch werden die voraussichtliche Terminüberschreitung, Projektkostenüberschreitung und Produktkostenüberschreitung ausfallen?

Verdichtung zur Gesamtaussage für das Projekt

Diese Gesamtaussage kann er dann seinem Management präsentieren bzw. die Konsequenzen diskutieren. Derartige Konsequenzen können z.B. von der Vereinbarung von Maßnahmen, der Gewährung von Zuschlägen bezüglich Kosten oder Zeit bis gegebenenfalls hin zum vorzeitigen Abbruch des Projekts reichen.

Sollen alternativ oder zusätzlich die Toprisiken des Projekts dargestellt werden, z.B. in Berichten oder Managementpräsentationen, wird häufig das »Risikoportfolio« als Darstellungsform gewählt (siehe Abb.

Risikoportfolio

8–8). Dabei handelt es sich um eine grafische Darstellung der Risiken mit zwei Achsen: der Wahrscheinlichkeit und der Schadenshöhe. Teilt man die Achsen in Intervalle auf, so erhält man mehrere Rechtecke, in die die Risiken entsprechend ihrer Bewertung eingetragen werden. Einige dieser Rechtecke (z.B. die grau unterlegten Rechtecke in Abb. 8–8) enthalten die hochprioren Risiken, denen besondere Beachtung zu schenken ist.

Abb. 8–8
Beispiel eines Risikoportfolios (mit den drei Risiken aus Abb. 8–7)

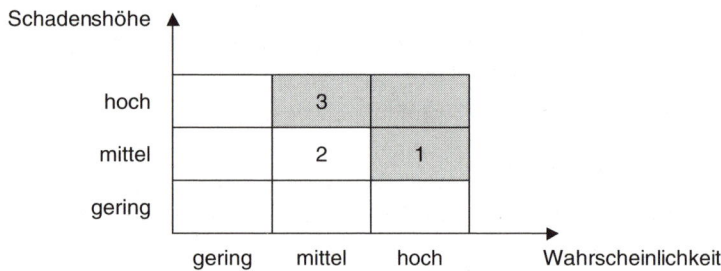

8.4 Planung von Gegenmaßnahmen

Was kann man nun gegen Risiken unternehmen? Wir unterscheiden dabei:

- präventive oder vorbeugende Maßnahmen (»Risk mitigation plans«) und
- Notfallmaßnahmen (»Contingency plans«).

Präventivmaßnahmen

Präventivmaßnahmen werden, wie der Name schon sagt, im Vorfeld gestartet. Sie zielen darauf ab, das Risiko entweder völlig zu vermeiden (»Risk avoidance«), z.B. durch andere Vorgehensweisen, Einsatz anderer Komponenten/Techniken, oder setzen dessen Eintrittswahrscheinlichkeit herab, z.B. durch Outsourcen des Risikos an einen Subunternehmer, der für die Lösung des Problems über mehr Erfahrung verfügt als man selbst. Abbildung 8–9 listet Beispiele für Präventivmaßnahmen auf.

Notfallmaßnahmen

Notfallmaßnahmen ändern nichts an der Eintrittswahrscheinlichkeit, sondern treten erst dann in Kraft, wenn das Risiko eintritt. Sie erfordern aber eventuell auch vorbereitende Maßnahmen im Vorfeld, z.B. zur Schaffung von Rückzugspositionen oder zur Vorbereitung von Ersatzlösungen. Notfallmaßnahmen können alternativ oder zusätzlich zu Präventivmaßnahmen ergriffen werden. Abbildung 8–10 zeigt Beispiele von Notfallmaßnahmen für technische Risiken.

Bei technischen Risiken:
▦ Simulation oder Prototyping von Systemen
▦ Beratung, Reviews durch Unabhängige
▦ Anbieten alternativer Funktionen/Konzepte (bei denen das Risiko nicht auftritt)
▦ Vorherige Erprobung von neuen Techniken und Werkzeugen
Bei Risiken bezügl. Anforderungen/Kunde:
▦ Verstärktes Bemühen um den Kunden, Kontaktpflege
▦ Kundenworkshops
▦ (Frühzeitige) Abnahme von Zwischenergebnissen vereinbaren
▦ Pflichten des Kunden vertraglich absichern
Bei Ressourcenproblemen:
▦ Schulung, Coaching von Mitarbeitern/Projektleiter
▦ Einsetzen von Mitarbeitern in ähnliche Projekte im Vorfeld
▦ Abwanderungsgefährdete Mitarbeiter zu halten versuchen
▦ Prioritäten für die Ressourcenzusage mit Management diskutieren
Sonstiges
▦ Preisaufschläge einkalkulieren
▦ »Outsourcen« von Risiken an Subunternehmer

Abb. 8–9

Beispiele für Präventivmaßnahmen

Aufbau von Rückzugspositionen, z.B.:
▦ Statt der Neuentwicklung die alte SW-Komponente einsetzen und ggf. hierfür aufrüsten
▦ Alternative SW- oder HW-Konzepte bei Performanzproblemen
▦ Bei drohendem Versagen von Zukaufprodukten: Alternativen in der Hinterhand haben

Abb. 8–10

Beispiele für Notfallmaßnahmen für technische Risiken

Gegenmaßnahmen kosten Aufwand und Geld und bringen evtl. noch weitere Belastungen für das Projekt mit sich. Sie werden daher in der Praxis nur für hochpriore Risiken eingeplant und auch nur nachdem eine Abwägung der Maßnahmenkosten gegen die voraussichtliche Schadenshöhe stattgefunden hat.

Lohnt sich die Gegenmaßnahme?

Die Gegenmaßnahmen werden im Risikoworkshop geplant und dokumentiert, z.B. in der Risikoliste. Eventuell findet die Planung kurz nach dem Workshop statt, z.B. wenn vorab erst noch Sachverhalte geklärt werden müssen. Gegenmaßnahmen werden wie alle anderen Aktivitäten des Projekts behandelt, d.h., es werden Abschätzungen vorgenommen, Zeitpläne aufgestellt, Verantwortliche bestimmt usw. Die genaue Dokumentation der Maßnahmen erfolgt wie alle anderen Aktivitäten auch im Projektplan.

Was ist konkret zu tun?

Speziell bei Notfallmaßnahmen von großer Tragweite kann es ratsam sein, die Entscheidungskompetenz im Eintrittsfall mit dem Management vorab zu vereinbaren, z.B. Projektleiter entscheidet selbst oder es wird ein verkürzter Entscheidungsweg vereinbart.

8.5   Risikoverfolgung

Was muss man im Auge behalten?

Gegenmaßnahmen werden wie alle anderen Aktivitäten des Projekts regelmäßig verfolgt, d.h., ihr Fortschritt wird geprüft, der Aufwand wird verfolgt, der für die Maßnahme Verantwortliche berichtet regelmäßig etc. Aber auch Risiken dürfen nicht aus den Augen verloren werden. Zum Beispiel könnten sich neue Sachverhalte ergeben, die ein neues Licht auf Schadenshöhe oder Eintretenswahrscheinlichkeit werfen. Im positiven Fall können z.B. Gegenmaßnahmen abgebrochen werden, im negativen Fall müssen neue Gegenmaßnahmen geplant oder vorhandene intensiviert werden. Außerdem könnte sich das Eintreten eines Risikos ankündigen und Notfallmaßnahmen müssten initiiert werden. Unter Umständen kann es für eine bessere Überwachung sinnvoll sein, die Symptome, mit denen sich das Eintreten eines Risikos ankündigt, bereits vorab zu ermitteln und zu dokumentieren.

Wie geht man vor?

Das Thema Risiken muss also in regelmäßigen Zeitpunkten zur Sprache kommen, am besten in den normalen Projektbesprechungen, aber in größerem (z.B. monatlichem) Abstand. Besonders kritische oder akute Fälle wird man zusätzlich auf den wöchentlichen Projektbesprechungen behandeln müssen.

Die wichtigsten Risiken (z.B. Top 10) werden kurz durchgesprochen, ebenso die zugehörigen Maßnahmen. Ergeben sich geänderte Einschätzungen hinsichtlich Schadenshöhe oder Eintretenswahrscheinlichkeit, so wird die Risikoliste entsprechend fortgeschrieben. Die Verfolgung der weniger wichtigen Risiken sollte aus Effizienzgründen in einem anderen Rahmen erfolgen (z.B. durch den Projektleiter oder durch zuständige Personen/Teams). So können z.B. für weniger wichtige Risiken Verantwortliche bestimmt werden, die das Risiko selbstständig im Auge behalten und sich nur bei Änderungen beim Projektleiter oder in der Projektbesprechung melden.

Visualisierung von Risiken

Eine weitere Technik, um die Risiken nicht aus dem Bewusstsein zu verlieren, ist die Visualisierung der Top-10-Risiken, z.B. in den Mitarbeiterbüros oder, wenn das Projektteam in räumlicher Nähe untergebracht ist, in Besprechungsräumen, Kaffee-Ecken, am Schwarzen Brett o.Ä.

Neue Risiken entstehen

Während das Projekt fortschreitet, könnten neue Risiken auftauchen, an die man zu einem früheren Zeitpunkt nicht gedacht hat bzw. noch gar nicht denken konnte. Man sollte daher, besonders bei längeren Projekten, zu regelmäßigen Zeitpunkten erneute Risikoworkshops durchführen. Ein guter Zeitpunkt hierfür ist die Zeit vor oder nach einem Meilenstein, wenn das Projekt in eine ganz neue Phase tritt und neue Aufgaben geplant werden müssen.

Ein wichtiger Grundsatz bei Risikomanagement ist: »Keep it simple!« Für die meisten Projekte ist eine einfache, kompakte Vorgehensweise mit einem einfachen Risikobewertungsalgorithmus völlig ausreichend. Dabei sollten der gesunde Menschenverstand und die Intuition nicht zu kurz kommen. Das heißt, dass man sich bei der Auswahl der Toprisiken nicht immer mechanisch an der Bewertung orientieren muss, sondern im Zweifelsfall auch ein geringer bewertetes Risiko vorziehen kann.

»Keep it simple«

Zur Vertiefung des Themas Risikomanagement sind folgende Literaturquellen und Internetadressen empfehlenswert: [Böhm 89], [Phillips 98], [Williams et al. 99], [SEI], [SEIR] und [Risknet].

Weiterführende Literatur

8.6   Zusammenfassung

- Risikomanagement ist ein kontinuierlicher, projektbegleitender Prozess und ein wichtiger Bestandteil der Projektmanagementaktivitäten.
- Es gibt eine gesetzliche Verpflichtung für Risikomanagement [KonTraG 99].
- Risiken werden in der Regel nach Eintretenswahrscheinlichkeit und Schadenshöhe bewertet.
- Was kann man gegen Risiken unternehmen? Hierzu können präventive oder vorbeugende Maßnahmen (»Risk mitigation plans«) sowie Notfallmaßnahmen (»Contingency plans«) eingesetzt werden.

9   Projektabnahme und -abschluss

Dieses Kapitel erläutert die Notwendigkeit und das Vorgehen für die beiden Prozesse Projektabnahme und Projektabschluss. Es wird weiterhin vermittelt, wie Aspekte dieser beiden Prozesse auch während eines laufenden Projekts nutzbringend eingesetzt werden können und nicht nur am Projektende.

Gegen Ende des Projekts stehen vor allem zwei Prozesse im Vordergrund: Um das Projekt abschließen zu können (*Projektabschluss*, engl.: closure), muss zunächst das Projektergebnis durch den Auftraggeber abgenommen werden (*Projektabnahme*, engl.: acceptance):

Zuerst die Projektabnahme, dann der Projektabschluss!

- Die Projektabnahme dient der formalen Akzeptanz der Projektergebnisse durch den Auftraggeber. Um diesen formalen Akt am Projektende durchführen zu können, sind zuvor verschiedene vorbereitende Tätigkeiten notwendig. In der Regel sollte mindestens ein ausführlicher Abnahmetest durchgeführt werden.
- Der Projektabschluss dient zum einen dazu, eventuell notwendige Aufräumarbeiten (wie zum Beispiel die Vervollständigung und Aktualisierung der Dokumentation oder die Archivierung der gesamten Projektunterlagen) durchzuführen. Ein weiterer wichtiger Aspekt ist die *Nachkalkulation* des abzuschließenden Projekts. So wird erkennbar, ob das Projekt ein Gewinn- oder Verlustgeschäft war, wie sich die Aufwände und Kosten auf einzelne Arbeitspakete verteilen und wo Differenzen zur ursprünglichen Planung sind. Der Hauptzweck des Projektabschlusses besteht darin, aus dem gerade durchgeführten Projekt für die Zukunft zu lernen, d.h., die gesammelten Erfahrungen für die Zukunft nutzbar zu machen. Dies betrifft den Personaleinsatz genauso wie die Kommunikation im Projektteam oder zu anderen (Teil-)Teams und auch die durchgeführten Prozesse an sich (Auswertung von Kennzahlen).

9.1   Projektabnahme

Validierung

Eine Technik, mittels derer die Projektabnahme oft durchgeführt wird, ist die *Validierung*. Dabei geht es um die Fragestellung: »Wurde das richtige Softwareprodukt entwickelt?« Oder anders ausgedrückt: Wurde vom Projektteam das Software- oder Embedded Softwareprodukt entwickelt, welches der Kunde tatsächlich haben wollte? Das entwickelte Softwareprodukt wird also gegen die Anforderungen des Kunden geprüft. Zur Durchführung der Validierung sind vor allem die folgenden drei Vorgehen gebräuchlich:

- Validierung durch den Auftragnehmer
- Validierung durch den Auftraggeber
- Validierung durch Dritte, die zu diesem Zwecke gesondert beauftragt werden

Verifikation

Voraussetzung für die Validierung des Softwareprodukts durch den Auftraggeber ist die vorherige *Verifikation* durch den Auftragnehmer. Prinzipiell gilt hierbei, dass die Verifikation möglichst frühzeitig durchgeführt werden sollte, um böse Überraschungen (im Sinne von »am Kunden vorbeientwickelt«) und spätere Überarbeitungsaufwände zu vermeiden. Das erstellte Softwareprodukt wird vom Projektteam gegen seine Spezifikation, d.h. die niedergeschriebenen Anforderungen, geprüft. Im Falle der Systemverifikation würde so zum Beispiel gegen das System-Pflichtenheft geprüft werden. Es steht also bei der Verifikation die Frage im Vordergrund: »Haben wir die Software richtig entwickelt, so wie sie ursprünglich spezifiziert wurde?« Eine Verifikation wird üblicherweise nicht nur für das Gesamtsystem durchgeführt, sondern auch für einzelne Arbeitsprodukte während des gesamten Entwicklungsverlaufs.

Man beachte den feinen Unterschied zwischen diesen beiden Fragestellungen: Auch wenn die Software gemäß Spezifikation richtig entwickelt wurde, heißt das noch nicht zwangsläufig, dass die richtige Software entwickelt wurde, denn die Software könnte bereits falsch oder ungenau spezifiziert worden sein.

9.1.1   Typische Probleme

Externer Auftraggeber

Wir betrachten zunächst den Fall eines externen Auftraggebers: Den typischen Problemen bei der Projektabnahme aus Auftragnehmersicht stehen Vorteile auf Auftraggeberseite gegenüber. Welche sind dies nun und wie kann diesen Problemen frühzeitig entgegengewirkt werden?

Fehler im Produkt

- Das gelieferte Softwareprodukt ist noch fehlerhaft: Wird dies von beiden Vertragsparteien eingesehen, so ist das weitere Vorgehen

einfach: Die gefundenen Fehler werden, wie bereits im Änderungsmanagement beschrieben (siehe Abschnitt 5.4), dokumentiert,
bewertet und ausgebessert.

- Der Kunde verweigert die Abnahme, das Softwareprodukt ist
jedoch aus Sicht des Auftragnehmers nicht fehlerhaft (hier ist dem
Auftragnehmer dringend zu empfehlen zu prüfen, ob dem denn
wirklich so ist! Denn allzu oft wird aneinander vorbei definiert und
geredet, was dann in späteren Projektphasen zu Problemen führt):
Eine aus Sicht des Auftragnehmers ungerechtfertigte Verweigerung
der Abnahme kann mehrere Gründe haben:

- Die Zahlung der gelieferten Leistung wird noch nicht fällig und *Kunde spart Geld*
  der Auftraggeber spart somit Geld (nämlich die anfallenden Zin-
  sen). Das Thema »Geld sparen« tritt noch deutlicher bei einer
  bestehenden Liquiditätsschwäche des Auftraggebers zutage. Der
  Auftraggeber wird seine Liquiditätsschwäche in der Regel kaum
  offen und von sich aus zugeben, stattdessen wird zu dem Mittel
  der Abnahmeverweigerung gegriffen. Wird dieser Umstand vom
  Auftragnehmer vermutet, kann eine Verhandlung hinsichtlich
  eines späteren Zahlungstermins oder die Billigung von Raten-
  zahlungen helfen. Zwar verschenkt der Auftragnehmer in diesem Fall selbst Liquidität, aber er erhält wenigstens die offizielle
  Abnahme durch den Auftraggeber und kann so das Projekt endlich abschließen. Es werden keine unnützen vorgeschobenen
  fachlichen Diskussionen geführt und das Projektteam kann sich
  schneller neuen Aufgaben widmen. Es verbleibt ein rein kauf-
  männisches Problem.

- Eine verzögerte Abnahme schiebt natürlich auch den Beginn der *Späterer Beginn der*
  Gewährleistung (in der Regel identisch mit dem Datum der *Gewährleistung*
  erfolgreichen Abnahme) hinaus. Bei Festpreisprojekten hat der
  Auftraggeber so länger die Möglichkeit, Fehler auf Kosten des
  Auftragnehmers ausbessern zu lassen.

- Eine Abnahmeverweigerung kann aber auch darin begründet *Überbetonung der*
  sein, dass im auftraggebenden Unternehmen niemand die Ver- *Abnahmeerklärung*
  antwortung für die Abnahme tragen will: Die Bedeutung von
  Abnahmeerklärungen wird einfach überschätzt. Hier kann ein
  Hinweis auf die sich anschließende Gewährleistungsfrist helfen,
  der sich niemand entziehen kann. Auch wenn die Abnahme
  erfolgt ist, muss der Auftragnehmer natürlich für Fehler im von
  ihm entwickelten Produkt gerade stehen. Eine andere Befürch-
  tung des Auftraggebers ist aber meist sehr wohl begründet:
  Nach Projektabschluss wird das Projektteam in der Regel aufgelöst, die beteiligten Personen widmen sich anderen Aufgaben.

Damit sind diese Personen – welche wesentliche Know-how-Träger für das Projekt und damit für den Auftraggeber sind – nur schwer oder eventuell auch gar nicht mehr für Fehlerverbesserungen oder Änderungswünsche zugreifbar.

Interner Auftraggeber Nun zum Fall des internen Auftraggebers, d.h. bei hausinterner (Produkt-)Entwicklung: Hier wird zwar die Projektabnahme nicht bewusst verschleppt, stattdessen fehlt sie aber häufig ganz oder wird nur sehr oberflächlich durchgeführt. Interessanterweise ist häufig in Unternehmen, die sowohl interne als auch externe Auftraggeber haben, folgendes Phänomen feststellbar: Projekte mit ausschließlich externen Auftraggebern werden in der Regel besser (vor allem im Sinne von Kosten und Zeit) abgewickelt als Projekte mit rein internen Auftraggebern. Der Grund hierfür liegt beim Auftraggeber: Im Falle der Entwicklung für externe Auftraggeber gibt es einen Vertrag, ein unterschriebenes Pflichtenheft, ein geregeltes Änderungsmanagement, Meilensteintermine, die nicht oder nur schwer verschiebbar sind, und viele »harte« Randbedingungen mehr. Diese harten Randbedingungen werden zwar bei der Entwicklung für externe Auftraggeber gelebt, aber bei interner Entwicklung plötzlich nicht mehr: Man will sich den Bürokratismus sparen, man will sehr flexibel zusätzliche Anforderungen umsetzen, es gibt nicht den einen Verantwortlichen auf Auftraggeberseite, alle reden mit und wollen ihre Wünsche umgesetzt haben, das Verschieben von Terminen führt nicht (sofort) zu Problemen etc. Eine Begleiterscheinung in solchen Fällen ist dann häufig, dass es kein detailliertes Pflichtenheft und damit auch keine Möglichkeit gibt, eine ordentliche Abnahme des entwickelten Produktes durchzuführen. Dabei wäre es gerade bei hausinterner Produktentwicklung besonders wichtig, eine Abnahme im Sinne von Validierungsmaßnahmen durchzuführen, damit nicht an den zukünftigen Endanwendern vorbeientwickelt wird. Die erfolgreiche Validierung sollte auch in diesem Falle der letzte Meilenstein vor der Abnahme sein.

9.1.2   Abnahmevoraussetzungen

Für eine potenziell erfolgreiche Projektabnahme sollten folgende Voraussetzungen erfüllt sein:

Erfolgreiche »interne« ▪ Es sollte immer zuerst eine Verifikation durch das Projektteam
Verifikation durchgeführt worden sein (und zwar möglichst frühzeitig im Projektverlauf), bevor das entwickelte Softwareprodukt zur Abnahme weitergegeben wird (siehe Abschnitt 9.1).

Validierungs- und ▪ Zu jeder Anforderung sind klare, d.h. messbare Validierungskriterien vorhanden. Oder anders ausgedrückt: Eine Anforderung ohne
Abnahmekriterien

messbare Validierungskriterien ist keine Anforderung! Eine Anforderung wie »LED 3 soll nach Drücken von Taste 1 kurz blinken«
ist zu ungenau: Es fehlt die Spezifikation, wie lange die LED blinken soll und mit welcher Blinkfrequenz. Diese Validierungskriterien – im Idealfall im Pflichtenheft direkt bei den zugehörigen
Anforderungen dokumentiert – werden durch Abnahmekriterien
ergänzt. Diese sind zum Beispiel, dass nur noch eine fest vorgegebene Anzahl von Fehlern in einer bestimmten Fehlerkategorie existiert oder dass die Software zu einem bestimmten Zeitpunkt beim
Auftraggeber installiert wurde. Zusammenfassend gilt: Im Vorfeld
von beiden Vertragsparteien festgelegte und verabschiedete Vali-
dierungs- und Abnahmekriterien geben eine erhöhte Sicherheit,
dass

- der Auftraggeber auch das bekommt, was er eigentlich haben
  wollte, und dass
- der Auftragnehmer die erfolgreiche Projektabnahme vom Auftraggeber bescheinigt bekommt. Ohne klare messbare Kriterien
  wird der Auftragnehmer zum Spielball für den Auftraggeber, da
  in der Regel sehr viel Raum für fachliche Mehrdeutigkeiten vorhanden ist.

Die Vorgehensweise, Verantwortlichkeiten, zusätzlich benötigte Res-   *Abnahmeprozess*
sourcen (Testsysteme, Personen etc.) und Termine für die Abnahme
müssen (genauso wie die Abnahmekriterien) frühzeitig festgelegt
bzw. geplant werden. Die Abnahme wird, wie in Kapitel 4 beschrieben, im Projektstrukturplan geplant und geschätzt und – analog zu
anderen Projekttätigkeiten auch – im Aktivitätenzeitplan eingeplant. Nur so kann die Abnahme effizient durchgeführt werden.

Zur Festlegung der Vorgehensweise gehört auch, dass für gefun-   *Umgang mit Mängeln*
dene Fehler eine Kategorisierung vorgegeben wird (z.B. Einteilung
über Schweregrad wie leichter, mittlerer, schwerer Mangel), und
wie mit gefundenen Fehlern dieser Kategorien umgegangen wird.
So bedeutet die erfolgte Abnahme nicht zwangsläufig, dass das entwickelte Produkt keine Fehler mehr besitzt. Die zu Projektbeginn
zwischen Auftraggeber und Auftragnehmer vereinbarte Abnahmeprozedur kann zum Beispiel folgende mögliche Abnahmeergeb-
nisse vorsehen:

- Billigung des Werkes ohne Einwände
- Abnahme mit unwesentlichen Mängeln (z.B. nur leichte Mängel)
- Abnahme trotz wesentlicher Mängel (z.B. mittlere und schwere
  Mängel), aber Mängelbehebung bis ...
- Abnahme wird wegen wesentlicher Mängel zurückgestellt
- Abnahme ohne Prüfung

- Keine Abnahme, Mängelbehebung bis ... und erneute Abnahme am ...

■ Die Abnahmeprozedur ist damit sehr eng mit dem Änderungsmanagement verknüpft, denn gefundene Mängel werden letztlich wie Change Requests behandelt.

Abb. 9–1

Beispiel einer Mängelliste aus dem Projekt Mobile Odors

Mängelliste für Projekt: Mobile Odors					
Nr.	Datum	Inhalt	Prio	Verantw.	bis wann
1	01.04	Überträgt man mit »Mobile Odors« zuerst den Duft von Heroin und danach zweimal hintereinander Lavendel, so bricht die Verbindung mit der Meldung »Duft unbekannt« ab.	Hoch	MW	31.05.
2	01.04	Die Übertragungszeit von Lavendel liegt in manchen Fällen bis zu 5 % über der maximalen Übertragungszeit.	Mittel	MW	01.06.
3	01.04	Überträgt man den künstlich hergestellten Lavendelduft Lavender 007, so verklebt der Riechsensor.	Hoch	MW	31.05.
4					
5					
6					
7					
etc.					

Dokumentation der Abnahme

Neben der eigentlichen Vorgehensweise muss im Vorfeld auch die Art und Weise der Dokumentation der Projektabnahme definiert werden. Wie Mängellisten prinzipiell aufgebaut sind, wurde bereits in Abbildung 9–1 dargelegt. Diese Mängelliste bildet den wesentlichen Inhalt eines Abnahmeprotokolls. Zusätzlich besteht das Abnahmeprotokoll aus einem Deckblatt, das typischerweise mindestens folgende Informationen enthält:

■ Projektdaten (Projektbezeichnung, Auftragsnummer, Auftragsdatum, Auftraggeber etc.)

■ Benennung der Software inklusive aller abzunehmenden Produkte wie Dokumentation und Begleitmaterial, das übergeben wurde (Empfänger, Datum der Übergabe, Benennung inklusive Versionsbezeichnung etc.)

■ Datum, Ort, Teilnehmer der Abnahme (inklusive der Zuordnung zur Firma bzw. Auftragnehmer oder Auftraggeber)

■ Art der Abnahme (handelt es sich z.B. um eine Teilabnahme oder um die Gesamtabnahme)

▓ Verweis auf weitere Eingangs- und/oder Ergebnisdokumente der durchgeführten Abnahme
▓ Abnahmeergebnis (und gegebenenfalls weiteres Vorgehen, wie z.B. Mängelbeseitigung, erneute Abnahme)
▓ Dokumentation des Datums »Beginn der Gewährleistung« (prinzipiell sind drei Termine zu unterscheiden, die alle unterschiedlich sein können: Datum der Auslieferung, Datum der Abnahme und Datum »Beginn der Gewährleistung«)
▓ Unterschrift von Auftraggeber und Auftragnehmer

9.1.3 Praxis und Tipps

Die nachfolgenden Szenarien sind vor allem für Festpreisprojekte relevant, denn bei Aufwandsprojekten werden zusätzliche, vom Auftragnehmer nicht eingeplante Aufwände sowieso bezahlt. Und letztlich geht es in den nachfolgenden Fällen immer darum, dass, aus welchen Gründen auch immer, der Auftragnehmer zusätzliche Aufwände zu tragen hat.

▓ Der Auftraggeber meldet bei der Abnahme berechtigterweise einen Fehler: Die notwendige Fehlerbehebung ist offensichtlich, hier gibt es keinen Diskussionsbedarf.

»Normaler« Fehler

▓ Der Auftraggeber behauptet, es fehle geschuldete Funktionalität. Dieses Szenario kann sich nur aufgrund unsauberer Definition der Anforderungen ergeben. Die Praxis zeigt, dass man sich noch so viel Mühe mit der Anforderungsdefinition und der Abgrenzung von Anforderungen machen kann, letztlich wird es immer den einen oder anderen Streitpunkt geben. Mit den Techniken der Anforderungsdefinition lässt sich dieses Risiko jedoch erheblich vermindern. Werden die Anforderungen erst im Laufe des Projekts erarbeitet, so empfiehlt es sich, bereits im Vertrag eine verbindliche Genehmigung der Anforderungen zu vereinbaren, gegebenenfalls nach einem gemeinsamen Review. Kommt es dann doch zur Diskussion über »fehlende« Funktionalität, so werden sich wohl beide Vertragsparteien einvernehmlich einigen müssen. Wenn der Auftragnehmer den Kunden noch länger behalten möchte, wird diese Einigung in der Regel eher zu Lasten des Auftragnehmers ausgehen. Eventuell ist es dem Auftragnehmer aber bereits zu Projektbeginn gelungen, mit dem Auftraggeber eine nach Aufwand zu bezahlende Wartungsphase zu vereinbaren. Durch eine entsprechende Preisgestaltung der Wartungsphase lassen sich Zusatzkosten für nachzuliefernde Funktionalität abmildern.

Streit um Funktionalität

Leistungsverweigerung   ▨   Kommt es zum Streit zwischen Auftragnehmer und Auftraggeber, dann wird vom Auftraggeber schnell zu dem Mittel gegriffen, offene Rechnungen vorerst nicht zu bezahlen. Der Auftragnehmer könnte nun im Gegenzug auf die Idee kommen, Leistungen zu verweigern. Obwohl der Auftragnehmer sich damit im Recht wähnt, ist davon abzuraten. Kann zum Beispiel der Auftraggeber aufgrund einer ungerechtfertigten Leistungsverweigerung seine Termine gegenüber Dritten nicht halten und entstehen dem Auftraggeber daraus Kosten, so können hohe Schadensersatzforderungen auf den Auftragnehmer zukommen. Im Zweifelsfall sollte hier immer juristischer Rat eingeholt werden!

Hinauszögern der   ▨   Ein weiteres übliches Szenario ist, dass der Kunde in regelmäßigen
Abnahme   Abständen einen schwerwiegenden Fehler meldet, um die Abnahme hinauszuzögern. Der Grund hierfür ist offensichtlich: Er spart Geld (siehe Abschnitt 9.1.1). Um dies zu umgehen, sollte das Vorgehen bei der Abnahme schon frühzeitig, d.h. zu Projektbeginn, beispielsweise folgendermaßen festgelegt sein:

- Die Abnahme erfolgt nach einer zuvor erstellten Abnahmespezifikation.
- Werden Fehler während der Abnahme gefunden, so werden diese dokumentiert, bewertet und es wird beschlossen, wie mit diesen Fehlern umgegangen wird.

Aus Sicht des Auftraggebers ist es natürlich günstig, dass nach Ausbesserung eventueller Fehler ein kompletter Test des Softwareprodukts durchgeführt wird. Aus Sicht des Auftragnehmers ist es günstig, dass ausschließlich auf Behebung der in der ersten Abnahme gefundenen Fehler geprüft wird. Dieses für den Auftragnehmer günstige Vorgehen heißt natürlich nicht, dass nach der Abnahme oder während einer Folgeabnahme gefundene Fehler nicht behoben werden müssten, sondern das heißt nur, dass diese Fehler kein Verweigerungsgrund für die Abnahme sind und dass sie im Zuge der Gewährleistung vom Auftragnehmer behoben werden.

Häufig zieht sich die Abnahme aber nicht aufgrund ständig neu gemeldeter Fehler hinaus, sondern einfach deshalb, weil der Auftraggeber (angeblich) keine Zeit hat, der Verantwortliche im Urlaub oder krank ist etc. Deshalb ist anzuraten, dass bereits im Vertrag eine Klausel vermerkt ist, dass Projektergebnisse automatisch als abgenommen gelten, wenn innerhalb einer gegebenen Frist (zum Beispiel 14 Tage nach Übergabe) Mängel nicht schriftlich an den Auftragnehmer gemeldet werden oder wenn eine wirtschaftliche Nutzung des gelieferten Produkts erfolgt.

Weitere Anmerkungen zur Projektabnahme:

■ Das Abnahmeverfahren sollte bereits frühzeitig mit dem Auftraggeber und wichtigen Stakeholdern durchgesprochen werden. Vor der offiziellen Abnahme sollte quasi ein inoffizieller Akzeptanztest in Form von Befragung der wichtigen Stakeholder nach Zufriedenheit, noch dringend zu erledigenden offenen Punkten etc. durchgeführt worden sein. Verträge werden oft auf emotionaler Ebene entschieden und nicht (nur) auf fachlicher. Dies gilt auch für die Projektabwicklung und hier insbesondere für die Vorbereitung der offiziellen Abnahme. Im Idealfall ist die Abnahme dann nur noch ein formaler Akt.

Frühzeitige Absprache

■ Zu den Abnahmekriterien gehört auch, wo das entwickelte Produkt abgenommen wird. In der Regel kommen drei verschiedene Modelle in Frage:

Abnahmeumgebung

● Abnahme auf dem Entwicklungssystem, d.h. in der Regel beim Auftragnehmer. Dies birgt für den Auftragnehmer das geringste Risiko.

● Abnahme auf dem Testsystem

● Abnahme auf dem Produktivsystem, d.h. in der endgültig installierten Umgebung. Dies ist das eigentlich sinnvolle Modell, wenn eine ordentliche Validierung für die Projektabnahme durchgeführt werden soll. Dies birgt für den Auftragnehmer allerdings das höchste Risiko, da Fehler auftreten können, für die er selbst keine Verantwortung trägt, da deren Ursache in der Umgebung des Auftraggebers liegen.

9.2 Projektabschluss

Der Projektabschluss ist der Projektabnahme nachgelagert. Ziele des Projektabschlusses sind:

■ Die Durchführung notwendiger »Aufräumarbeiten«: Hierzu gehört zum Beispiel der Abschluss der Planungsdokumente (siehe Kapitel 4). Insbesondere ist eine Nachkalkulation durchzuführen und diese mit der ursprünglichen Kalkulation zu vergleichen. Die Aktualisierung der technischen Dokumentation (sofern nicht idealerweise schon während des Projekts geschehen!) ist abzuschließen.

Aufräumen und Nachkalkulation

■ Außerdem sollen im Projektabschluss Erfahrungen, die das Projektteam gemacht hat, für die Zukunft nutzbar gemacht werden: Ob die für das Projekt gesteckten Ziele erreicht wurden sowie die Art und Weise der Projektabwicklung werden hinterfragt und

Metriken auswerten und Erfahrungen austauschen

bewertet. Was ist während der Projektabwicklung gut gelaufen und was ist verbesserungsfähig? Auch die während des Projekts gesammelten quantitativen Daten werden zur Nutzung in zukünftigen Projekten ausgewertet.

Gerade bei größeren Projekten bietet sich an, die Tätigkeiten des Projektabschlusses bereits am Ende der verschiedenen Projektphasen durchzuführen. Das Ziel ist dann nicht mehr nur, für zukünftige Projekte zu lernen, sondern das Erlernte sofort in der nächsten Phase desselben Projekts anzuwenden.

Workshop oder Review   Diese Phasen- und Projektabschlüsse werden entweder als

- Workshop,
- Projektreview
- oder in kleinen Projekten auch einfach als Feedback-Sitzungen

durchgeführt. Der Aufwand für die Durchführung des Abschlusses fällt dabei in der eben genannten Aufzählung von oben nach unten ab. Abschlussworkshops sind mindestens eintägig, Projektreviews dauern maximal einen halben Tag und Feedback-Sitzungen finden etwa im Umfang eines normalen Projektmeetings statt. Als Ergebnisdokument des Phasen-/Projektabschlusses entsteht im einfachsten Fall ein Sitzungsprotokoll oder – etwas aufwendiger – auch ein eigenständiger Abschlussbericht.

Was sind nun die typischen Themen zur Bearbeitung vor, während und nach einem Projektreview/Workshop?

- **Vorbereitung:**
  - Abschluss der Dokumentation (dies wurde zu Beginn dieses Abschnitts erläutert)
  - Es ist zu empfehlen, die Nachkalkulation des Projekts vor dem eigentlichen Workshop/Review durchzuführen und mit den ursprünglichen Aufwands- und Kostenschätzungen zu vergleichen, dieser Vergleich wird später im Workshop präsentiert.
  - Im Workshop soll die Effektivität und Effizienz der im Projekt gelebten Prozesse betrachtet werden: Um eine objektive Aussage machen zu können, muss dies bereits zu Projektbeginn durch die Definition und während des Projekts durch die Erfassung von geeigneten Metriken vorbereitet werden. Ein Beispiel für eine Metrik zur Messung der Prozess-Effektivität wäre etwa »Menge der vereinbarten Funktionalität gegenüber Menge der gelieferten Funktionalität«, ein Beispiel für eine Metrik bezüglich Prozess-Effizienz wäre die »durchschnittliche Terminverschiebung von Aktivitäten«. Als Vorbereitung zum Abschluss-Workshop

sind die erfassten Zahlen zu interpretieren und aufzubereiten, um sie im Workshop zu präsentieren und gegebenenfalls zu diskutieren.

Durchführung:

- Weichen die präsentierten Zahlen der Nachkalkulation stark von den ursprünglichen Schätzungen ab, so werden die Abweichungen im Workshop genauer diskutiert, um die Ursachen hierfür herauszufinden.
- Die Zusammenarbeit wird analysiert: Dies betrifft nicht nur die Zusammenarbeit im Team, sondern auch die Zusammenarbeit zwischen allen beteiligten Teams (inklusive der Zusammenarbeit mit dem Auftraggeber).
- Die während des Projekts identifizierten Risiken und aufgetretenen Probleme werden abschließend betrachtet. Dabei steht vor allem im Vordergrund, wie mit den Risiken umgegangen wurde, ob Gegenmaßnahmen adäquat waren und bei der Risikominimierung geholfen haben.
- Die Einhaltung der Projektprozesse wird besprochen, beispielsweise was gut und was schlecht bzw. gar nicht geklappt hat und wo und warum von definierten Prozessen abgewichen wurde. Im Idealfall kann dies durch Metriken belegt werden.
- Die erfassten Metriken werden präsentiert und interpretiert. Wird anhand der Zahlen Verbesserungspotenzial identifiziert, so werden hierfür geeignete Maßnahmen definiert und geplant (dies ist stark abhängig von der Dauer des Reviews/Workshops: Bei einem Projektreview wird man sich sicherlich auf die Identifikation des Verbesserungspotenzials beschränken und die Definition und Planung von geeigneten Maßnahmen aus dem Meeting auslagern und einer – eventuell auch kleineren – Arbeitsgruppe zur Bearbeitung übergeben).

Nachbereitung:

- Die Analyse der Projekt- und Teamarbeit sowie der erfassten Metriken wird eine Reihe von Verbesserungspotenzialen aufdecken. Diese werden im Nachgang zum Projekt zum Beispiel durch Aktualisierung von Prozessbeschreibungen, Dokumentvorlagen und Checklisten (hierzu gehört auch der Risikokatalog) umgesetzt.
- Die Mitarbeiterprofile müssen in der Personalabteilung auf den neuesten Stand gebracht werden (zum Beispiel durch neue Einträge in einer unternehmensweiten Skill-Datenbank).
- Die Ergebnisse der Analysearbeit sollten nicht nur innerhalb des Teams, sondern innerhalb des gesamten Unternehmens veröf-

fentlicht werden. Dabei kann es nicht Sinn und Zweck sein, den
erstellten Erfahrungsbericht nur im Intranet zu veröffentlichen,
die Ergebnisse müssen kommuniziert werden! Eine sinnvolle
Vorgehensweise ist zum Beispiel, den Erfahrungsbericht innerhalb eines unternehmensinternen Forums zu präsentieren und zu
diskutieren. Auch aus Fehlern kann gelernt werden, d.h., die
richtige Unternehmens-Kommunikationskultur ist hierbei wichtig!

9.3   Zusammenfassung

- Die Projektabnahme dient der formalen Akzeptanz der Projektergebnisse durch den Auftraggeber.
- Der Hauptzweck des Projektabschlusses besteht darin, aus dem
  gerade durchgeführten Projekt für die Zukunft zu lernen, d.h., die
  gesammelten Erfahrungen für die Zukunft nutzbar zu machen.
- Der Projektabschluss ist der Projektabnahme nachgelagert.
- Vor Durchführung der Projektabnahme sollten mindestens folgende Voraussetzungen erfüllt sein:

  - Die Abnahmekriterien sind definiert.
  - Die Abnahmeprozedur ist definiert.
  - Es wurde eine erfolgreiche interne Verifikation durchgeführt.

10 Projektorganisation

Dieses Kapitel erläutert verschiedene Organisationsformen sowie deren Vor- und Nachteile. Es werden Hinweise zur Anwendung dieser Organisationsformen gegeben. Des Weiteren werden typische Projektgremien beschrieben.

Ein Ziel der *Projektorganisation* ist die Regelung der statischen Aspekte (*Aufbauorganisation*) und auch der dynamischen Aspekte (*Ablauforganisation*) im Projekt. Letzteres wurde bereits in Kapitel 2 besprochen: Das Projekt wird vom Ablauf her in verschiedene Phasen strukturiert. Weiterhin gehört hierzu die Regelung der Verantwortlichkeiten, beispielsweise

Aufbau- versus Ablauforganisation

- die Regelung der Aufgaben und Rechte der beteiligten Personen, d.h. die Rollenverteilung im Projekt, und
- damit auch die Festlegung der Kompetenzen,
- die Definition der internen Schnittstellen wie zum Beispiel Schnittstellen zwischen den einzelnen Teilteams, genauso
- die Definition der externen Schnittstellen wie zum Beispiel zu Unterauftragnehmern und
- die Festlegung von Eskalationswegen.

Der statische Aspekt beschäftigt sich damit, welche Organisationseinheiten bzw. welche Personen aus welchen Organisationseinheiten im Projekt zusammenarbeiten, mit welchen Über- bzw. Unterordnungen und mit welchen Befugnissen sie dies tun. Die Projektorganisation steht damit in enger Beziehung mit der Unternehmensorganisation.

Zudem werden – vor allem in größeren Projekten – verschiedene Projektgremien installiert. Diese führen Projektkontrolle – gegebenenfalls auf sehr hohem Niveau – durch, außerdem sind sie aber auch dafür vorhanden, dass Probleme aus den Projekten heraus eskaliert und dort besprochen werden können.

Projektgremien

Informationsfluss   Die Gremien benötigen auf den verschiedenen Ebenen Informationen aus dem Projekt (gegebenenfalls auch über mehrere Hierarchien hinweg aus Teilprojekten) zur Kontrolle und Steuerung des Projekts (siehe auch Abschnitt 5.1.3).

10.1   Organisationsformen

Projekte werden von Menschen abgewickelt, d.h., bei der Projektarbeit steht die Zusammenarbeit von Menschen zur Erreichung der gesteckten Ziele im Vordergrund. In der Regel müssen mehrere Menschen auf diese Zielerreichung hinarbeiten und je mehr Menschen hierzu benötigt werden, umso wichtiger ist es, sich über die Organisation der Zusammenarbeit aller Beteiligten Gedanken zu machen. Die nachfolgend skizzierten Organisationsformen sind die in der Praxis am häufigsten anzutreffenden.

10.1.1   Stammorganisation

Bei der Projektabwicklung im Rahmen der *Stammorganisation* gibt es keine projektspezifischen Organisationseinheiten, die Projekte werden innerhalb der Stammorganisation, also z.B. innerhalb einer Abteilung, durchgeführt.

Der Vorteil dieser Vorgehensweise ist, dass dies keinen Eingriff in die Unternehmensorganisation mit sich bringt und daher aufwandsarm ist.

Ein Nachteil ist darin zu sehen, dass hier typischerweise (längerfristiges) Projektgeschäft neben dem (kurzfristigen) Tagesgeschäft gemacht wird und deshalb das Projektgeschäft meist im Tagesgeschäft untergeht. Ein weiterer Nachteil ist, dass interdisziplinäre (z.B. abteilungsübergreifende) Projekte schwieriger abzuwickeln sind.

10.1.2   Stabs-/Einfluss-Projektorganisation

Der Koordinator   Bei der *Einfluss-Projektorganisation* (auch als *Stabs-Projektorganisation* bekannt) koordiniert der Projektleiter seine Teammitglieder, die aus verschiedenen Organisationseinheiten (z.B. Abteilungen) stammen können. Der Projektleiter selbst kommt aus einer Stabseinheit im Unternehmen, also quasi aus einer zusätzlichen Abteilung im Unternehmen, die die Mitarbeiter mit der Qualifikation »Projektleiter« beherbergt. Bei Bedarf werden Mitarbeiter aus diesem Stab zum Projektleiter für ein konkretes Projekt ernannt. Dieser Sachverhalt ist auch in Abbildung 10–1 dargestellt.

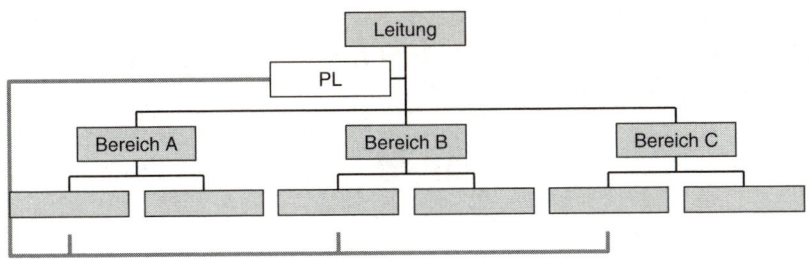

Abb. 10–1

Stabs- oder Einfluss-

Projektorganisation

Vorteil dieser Organisationsform ist, dass hier kein Eingriff in die Linienorganisation des Unternehmens erfolgt. In diesem Sinne handelt es sich also um eine aufwandsarme Projektorganisationsform.

Wesentlicher Nachteil der Einfluss-Projektorganisation besteht darin, dass die Entscheidungsbefugnis beim *Linienmanagement* verbleibt, d.h., der Projektleiter hat nur koordinierende Funktion, er sorgt für den Informationsaustausch. Dies kann zu ähnlichen Konflikten wie bei der »Projektabwicklung im Rahmen der Stammorganisation« führen, d.h., dass Abteilungsinteressen Vorrang gegenüber dem Projekt haben, der Projektleiter ist auf die Kooperationsbereitschaft der einzelnen Fachabteilungen angewiesen. Ein weiteres Problem kann die mangelnde Akzeptanz des Projektleiters durch das Projektteam sein, er koordiniert nur und hat keine Weisungsbefugnis (daher ist in der Abbildung 10–1 die Linie vom Projektleiter (PL) zu seinem Team auch bewusst unter den Mitarbeitern und nicht über ihnen gezeichnet worden).

10.1.3   Matrix-Projektorganisation

Bei der *Matrix-Projektorganisation* ist dieser Mangel eines »Projektkoordinators ohne Befugnisse« beseitigt. Im Vergleich zur Einfluss-Projektorganisation gibt es für die Mitarbeiter neben dem Abteilungsleiter nun auch den Projektleiter als weitere Führungsperson. Die fachliche Verantwortung wird dem Projektleiter übertragen, die Personalverantwortung liegt nicht bei diesem, sondern zum Beispiel beim Abteilungsleiter. Abbildung 10–2 zeigt dies im Vergleich zur Einflussorganisation durch die geänderte Linienführung vom Projektleiter (PL) zu seinem Team an. In Abbildung 10–2 ist jedoch noch nicht erkennbar, warum diese Projektorganisationsform »Matrix-Projektorganisation« genannt wird, dies wird erst durch Abbildung 10–3 deutlich. Fachliche und personelle Verantwortung bilden hier zwei Achsen, die zusammen eine Matrix aufbauen. Pro Projekt (bzw. Projektleiter, vertikale Achse in der Darstellung) sind mehrere Mitarbeiter aus eventuell

Fachliche Verantwortung

verschiedenen Abteilungen (horizontale Achse) zugeordnet. Diese
Zuordnung ist in Abbildung 10–3 anhand der Färbung von Projektleiter und Mitarbeitern zu erkennen.

Abb. 10–2

*Matrix-
Projektorganisation (1)*

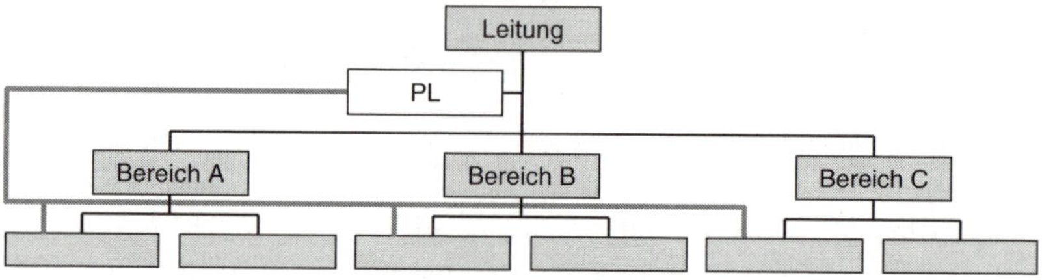

Abb. 10–3

*Matrix-
Projektorganisation (2)*

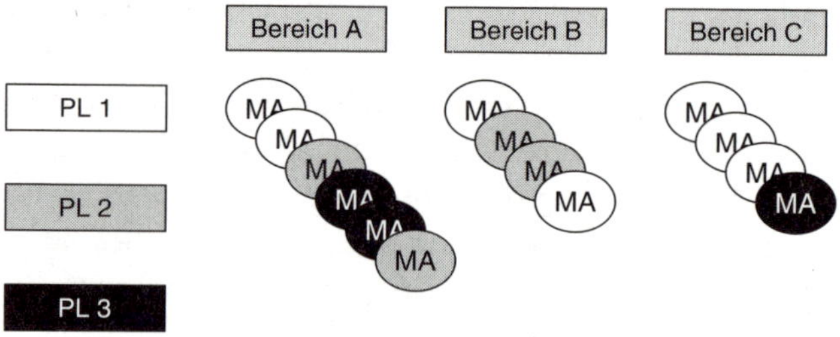

Abb. 10–4

*Gleichzeitige Mitarbeit in
mehreren Projekten*

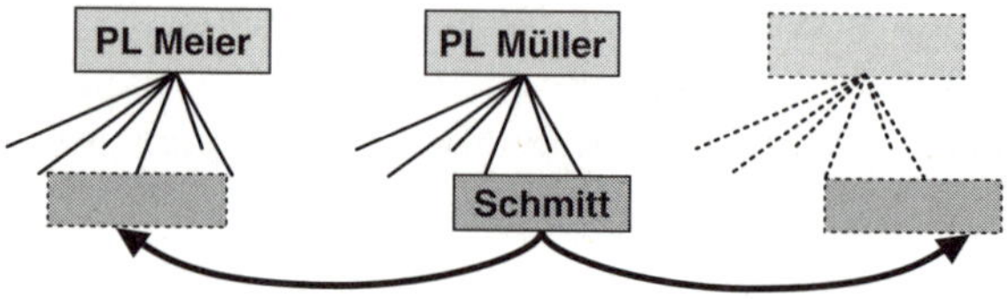

*Problematik des
»Kontextswitch«*

Natürlich können einem Projekt nicht nur mehrere Mitarbeiter zugeordnet sein, sondern umgekehrt kann auch ein Mitarbeiter in mehreren Projekten »quasi gleichzeitig« arbeiten (siehe Abb. 10–4). Wenn es
sich vermeiden lässt, sollte jedoch von dem gleichzeitigen Einsatz eines
Mitarbeiters in mehreren Projekten abgesehen werden, denn jeder
Wechsel einer gerade durchgeführten Arbeit (»Kontextswitch«) führt
zu Reibungsverlusten und Belastungsspitzen. Der Kontextswitch zwischen mehreren unterschiedlichen Projekten benötigt Zeit und diese ist
gegebenenfalls mit einzuplanen (was in der Realität aber meist vergessen wird). Arbeitet beispielsweise ein Mitarbeiter »gleichzeitig« an
zwei Projekten und muss er diese Arbeit aufgrund von existierenden
Meilensteinterminen so verrichten, dass er häufig zwischen Tätigkeiten beider Projekte wechseln muss, so bedeutet dies einen höheren
Aufwand, als wenn er zunächst das eine Projekt abschließen könnte
und dann erst das andere Projekt beginnen würde. Trotzdem wird sich

dieses »quasi gleichzeitige« Arbeiten in mehreren Projekten nicht immer vermeiden lassen. Je spezieller die Qualifikation eines Mitarbeiters – d.h. in der Regel auch je größer der Mangel an Mitarbeitern dieser Qualifikation im Unternehmen – und je häufiger diese Qualifikation in Projekten benötigt wird, umso höher ist die Wahrscheinlichkeit, dass der Mitarbeiter genau so eingesetzt werden muss.

Letztlich gilt für eine gute Projektorganisation dasselbe wie für ein gutes Softwaredesign: Es ist das Prinzip der »schlanken Schnittstelle« anzuwenden. Bezogen auf Mitarbeiter im Projekt bedeutet dies vor allem, Kommunikationsschnittstellen zu minimieren, d.h.

Schlanke Schnittstellen

- eindeutig Verantwortliche für bestimmte Aufgaben festlegen,
- die Aufgaben so verteilen, dass
  - der Abstimmungsbedarf durch geschickte Zuordnung von Systemteilen zu Bearbeitern minimiert wird (d.h. möglichst viele Schnittstellen in einer Hand),
  - möglichst selten zwischen mehreren verschiedenen Aufgaben und/oder Bearbeitern gewechselt werden muss (siehe vorangegangene Bemerkungen zum »Kontextswitch«) und
  - Teams so groß wie nötig, aber so klein wie möglich eingeteilt werden (der Abstimmungsaufwand steigt überproportional mit der Teamgröße).

So werden Kommunikationspfade und damit Kommunikationsaufwand, Missverständnisse, Doppelarbeiten etc. minimiert und Arbeiten effizienter erledigt.

Nach diesem Exkurs wieder zurück zu dem Thema »Matrix-Projektorganisation«: Der wesentliche Vorteil gegenüber der Einfluss-Projektorganisation ist die »Personifizierung der Verantwortung« durch den Projektleiter. Es erfolgt auch keine Umorganisation des Unternehmens wie bei der reinen Projektorganisation (siehe folgender Abschnitt), so dass aus diesem Blickwinkel die Matrix-Projektorganisation ebenfalls als aufwandsarm zu bezeichnen ist.

Der Kommunikationsaufwand wird jedoch üblicherweise steigen (dies gilt auch bereits für die Einfluss-Projektorganisation), denn Mitarbeiter aus mehreren Abteilungen müssen untereinander, mit dem Projektleiter und mit dem Linienvorgesetzten kommunizieren. Um den Kommunikationsaufwand zu verringern, werden die Mitarbeiter manchmal in eigenen Projekträumen zusammengefasst. Dadurch wird die Kooperation verbessert, der Kommunikationsaufwand sinkt und die Wahrscheinlichkeit eines Projekterfolges steigt.

Verkürzen der Kommunikationswege

»Diener zweier Herren«

Die Matrix-Projektorganisation kann aber auch zu Konflikten führen: Der Mitarbeiter ist quasi »Diener zweier Herren«: Wenn z.B. sowohl sein Abteilungsleiter wie auch der Projektleiter hochpriore Aufgaben an ihn vergeben, wer entscheidet, was wichtiger ist, was zuerst fertig werden muss? Der Mitarbeiter kann im Extremfall zwischen zwei Fronten stehen. Erster Ansatz zur Lösung des Problems wird sein, dass der Mitarbeiter dieses Problem zusammen mit den beiden Vorgesetzten diskutiert, denn diesen ist häufig gar nicht bewusst (z.B. aufgrund mangelnder Kommunikation miteinander), dass hier überhaupt ein Problem vorliegt.

10.1.4   Reine Projektorganisation

Die *reine Projektorganisation* ist aus dem Blickwinkel der klaren Verantwortlichkeiten und der Optimierung von Kommunikationsaufwänden sicherlich eine sehr gute Organisationsform. Das Unternehmen ist dann in weiten Teilen (z.B. bis auf Verwaltung und sonstige Querschnittsfunktionen) nur noch in Projekten organisiert (siehe Abb. 10–5). Der Projektleiter trägt sowohl die fachliche wie auch die personelle Verantwortung für seine Mitarbeiter.

Abb. 10–5

Reine Projektorganisation

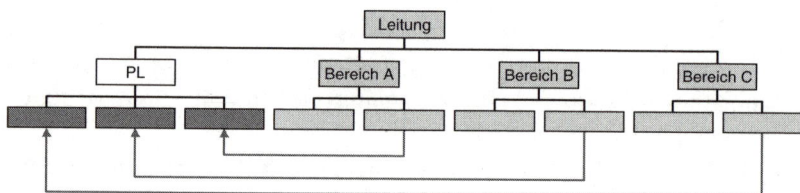

Als Vorteile dieser Organisationsform sind also zu nennen die feste Zuordnung von Ressourcen zum Projekt, die optimale Ausrichtung von Ressourcen und Aktivitäten auf die Projektziele sowie weitreichende Befugnisse für den Projektleiter.

Als Nachteil ist der Aufwand für die Umorganisation des Unternehmens anzuführen. Außerdem können durch die »Wegnahme von Mitarbeitern« Konflikte mit den Bereichsleitern entstehen. Am Projektende treten Unsicherheiten und Zukunftsängste auf. Auch die Personalfluktuation kann steigen, alleine getrieben aus Sorge der Mitarbeiter über die eigene Zukunft. Daher sind die Weichen für das Wiedereingliedern der Projektmitarbeiter in neue Projekte frühzeitig von Projektleitung und Personalabteilung zu stellen.

10.2 Anwendung der Organisationsformen

Die erläuterten Organisationsformen eignen sich unterschiedlich gut für verschiedene Projekttypen. Aufgrund der bereits genannten Vor- und Nachteile sind die beiden wesentlichen Kriterien vor allem

Kriterien

- die Größe und Dauer eines Projekts und
- der Grad der Interdisziplinarität, d.h., wie viele verschiedene Fachabteilungen aus dem eigenen Unternehmen zusammenarbeiten müssen.

	kleine Projekte, kurze Laufzeit	mittlere Projekte, mittlere Laufzeit	große Projekte lange Laufzeit
	Sehr kleine Projekte	**Mittlere Projekte**	**Sehr große Projekte**
Niedrige Überbereichlichkeit	S-PO E-PO	M-PO	R-PO
Mittlere Überbereichlichkeit	E-PO	M-PO	R-PO
Große Überbereichlichkeit	E-PO	M-PO	R-PO
S-PO: PM in der Stammorganisation **E-PO:** Stabs-/Einflussorganisation **M-PO:** Matrixorganisation **R-PO:** Reine Projektorganisation			

Abb. 10–6

Projekt-Organisationsformen in Abhängigkeit vom Grad der »Bereichsüberschreitung« und »Projektgröße«

In der Regel wird nur für kleine Projekte die Einfluss-Projektorganisation gewählt. Wenn das Projekt innerhalb nur einer Abteilung abgewickelt wird, ergibt sich automatisch die »Projektabwicklung im Rahmen der Stammorganisation«.

Nur für wirklich große Projekte – hauptsächlich im Sinne von Projektlaufzeit, aber auch im Sinne von Anzahl der beteiligten Mitarbeiter – rentiert sich der Aufwand für die reine Projektorganisation.

Für alle anderen Fälle wird man in der Regel auf die Matrix-Projektorganisation zurückgreifen, die wohl die am häufigsten verwendete Projektorganisation ist.

Bei sehr großen Projekten ist auch ein Wechsel der Projektorganisationsform denkbar. Dieser Wechsel wird nicht notwendigerweise aktiv eingeplant, wie man aus Abbildung 10–7 vermuten könnte, sondern ergibt sich zum Teil automatisch aufgrund der Zerlegung in einzelne Teilprojekte.

Wechsel der Organisationsformen

Abb. 10–7
Wechsel der einzelnen Projektorganisationsformen

Phase	Organisationsform
Definition	**E-PO:** Es ist noch unsicher, ob es zu einer Beauftragung kommt.
Entwurf	**M-PO:** Interdisziplinäres Team für überschaubaren Zeitraum benötigt.
Realisierung Erprobung	**R-PO:** Das Projekt ist so bedeutend geworden, dass eine eigene Organisationsform angebracht erscheint.
Einsatz	**S-PO:** Wartung und Support sollen von den einzelnen zuständigen Stellen erbracht werden.

Abbildung 10–7 beschreibt etwa folgendes Szenario:

Angebotsphase als Einfluss-Projektorganisation

1. Es geht zunächst darum, auf eine Kundenanfrage zu reagieren und ein Angebot auszuarbeiten. Bei einem entsprechenden Angebotsvolumen und Komplexität der vom Kunden gestellten Aufgabe sind hierfür Experten aus mehreren Fachrichtungen notwendig, die sich im Rahmen der Einfluss-Projektorganisationsform (E-PO) aufstellen. Diese Angebotsphase ist nicht immer als eigenes Projekt aufgesetzt, aber zum Beispiel zumindest von einem Vertriebsbeauftragten koordiniert, der schließlich – nachdem seine Kollegen ihm zugearbeitet haben – das Angebot beim Kunden präsentiert.

Entwurfsphase als Matrix-Projektorganisation

2. In der Entwurfsphase wird ein kleines Team von Experten – oft aus verschiedenen Bereichen wie etwa Datenbankspezialisten, Java-Programmierer, SAP-Berater etc. – benötigt, um die Softwarearchitektur zu definieren. Es geht also darum, für einen im Vergleich zur gesamten Projektlaufzeit relativ kurzen Zeitraum ein Team aus verschiedenen Bereichen zusammenzustellen. Hier bietet sich die Matrix-Projektorganisation (M-PO) an.

Realisierungsphase als reine Projektorganisation

3. Jetzt ist die Softwarearchitektur verabschiedet, das Projekt wird um weiteres Personal zur Realisierung aufgestockt. Die in der Entwurfsphase eingesetzten Experten arbeiten zum Teil weiterhin im Projekt oder aber werden schon wieder in anderen Projekten zu Rate gezogen. Da es sich aber um ein großes Projekt handelt, eignet sich für dieses vergrößerte Team, das über einen langen Zeitraum zusammenarbeiten muss, die reine Projektorganisation (R-PO).

Wartungsphase als Stammorganisation

4. Das Projekt ist ausgeliefert und abgeschlossen. Wartung und Kunden-Support werden durch eine spezielle Abteilung im Unternehmen übernommen. Das heißt, diese Aufgaben werden im Rahmen der Stammorganisation (S-PO) abgewickelt.

10.3 Projektgremien

Entsprechend der Hierarchiestufen im Projekt und im Unternehmen werden verschiedene Gremien installiert, die mit unterschiedlicher Zielsetzung bzw. Detaillierung Projekte betrachten. Abbildung 10–8 zeigt eine typische Gliederung von Projektgremien.

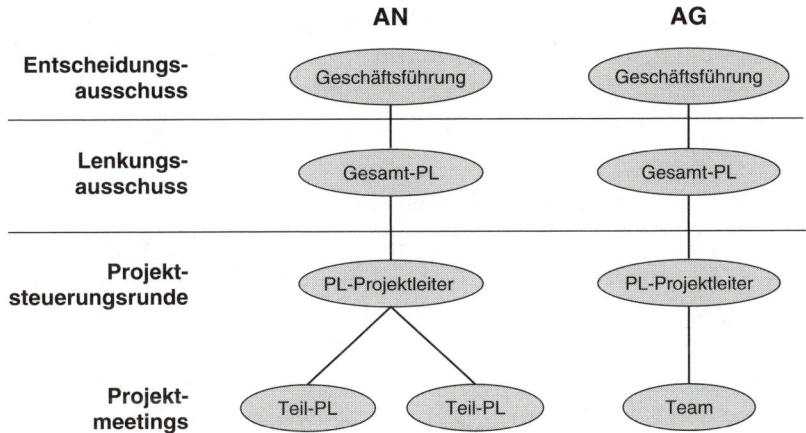

Abb. 10–8

Projektgremien

- Auf unterster Ebene gibt es die meist wöchentlichen *Projektmeetings*, die der Projektleiter mit seinem Team durchführt. Im Vordergrund stehen zum Beispiel folgende Themen:
  - Klärung fachlicher Probleme auf Detailebene
  - Arbeitspakete und Projektfortschritt
  - Risiken
- Größere Projekte sind oft in mehrere parallel arbeitende Teilteams untergliedert, die entsprechend von Teilprojektleitern geführt werden. In diesem Falle finden die Projektmeetings auf Teilprojektleiterebene statt, die Teilprojektleiter treffen sich wiederum regelmäßig mit dem Projektleiter (im folgenden Gesamtprojektleiter genannt) in der *Projektsteuerungs-* oder *Projektleitungsrunde*. Im Vordergrund stehen zum Beispiel folgende Themen:
  - Klärung fachlicher und organisatorischer Probleme auf Projektebene
  - Koordinierung verschiedener, an der Projektdurchführung beteiligter Gruppen
  - Projektfortschritt und Risiken
- Im *Lenkungsausschuss* (engl.: steering committee) befinden sich der Gesamtprojektleiter und Entwicklungsleiter von Auftragnehmerseite, der Projektleiter und weitere wichtige Personen vom auf-

traggebenden Unternehmen sowie auch von eventuell weiteren kooperierenden Unternehmen. Üblicherweise sind wichtige Stakeholder, insbesondere auch Kostenverantwortliche und Vertreter aus der Geschäftsleitung, anwesend. Im Falle eines internen Projekts (zum Beispiel interne Produktentwicklung) fehlen Vertreter anderer Firmen, stattdessen werden andere interne Abteilungen mit eingebunden (wie zum Beispiel Produktmanagement, Marketing, Vertrieb, Produktion, Logistik, Einkauf). Im Vordergrund stehen zum Beispiel folgende Themen:

- Wichtige und strategische Entscheidungen
- Finanzielle Fragen oder schwerwiegende organisatorische Probleme
- Projektfortschritt und Risiken auf hohem Niveau

Meist ist der Lenkungsausschuss das oberste Gremium. Wenn jedoch die Geschäftsleitung nicht in den Lenkungsausschuss eingebunden ist, gibt es gegebenenfalls als zusätzliche Eskalationsstufe ein weiteres Gremium, Entscheidungsausschuss genannt. Diese Ebene trägt die unternehmerische Verantwortung und ist damit die letzte und höchste Eskalationsstufe. Diese Ebene oberhalb der Lenkungsausschüsse der laufenden Projekte kann sich auch mit (projekt-)übergreifenden IT-Fragen auf hohem Niveau beschäftigen, z.B. mit grundlegenden Hardware- und Softwareentscheidungen in einem Unternehmen, und ist auch für Entscheidungen bei der Projektpriorisierung im Rahmen der so genannten Programmplanung zuständig.

10.4 Zusammenfassung

Die Aufbauorganisation beschreibt die statischen Aspekte eines Projekts, die Ablauforganisation die dynamischen.

Genauso wie die Ablauforganisation dem konkreten Projekt angepasst werden muss (Stichwort Prozess-Tailoring), sind nicht alle Organisationsformen für alle Projekte gleich gut geeignet. Die Organisationsform muss entsprechend konkreter Projektkriterien gewählt werden.

Entsprechend den Hierarchiestufen im Projekt und im Unternehmen werden verschiedene Gremien installiert, die mit unterschiedlicher Zielsetzung bzw. Detaillierung die Projekte betrachten. Die am meisten verbreiteten sind:

- Team-Meeting (gegebenenfalls auf Teilprojektebene)
- Projektleiter-Meeting (Projektleiter und seine Teilprojektleiter)
- Lenkungsausschuss

11 Reifegradmodelle

Dieses Kapitel erläutert das Prinzip von Reifegradmodellen sowie deren wesentlichen Bestandteile, die Prozesse und Best Practices sowie die Reifegradstufen. Weiter werden die am weitesten verbreiteten Modelle CMM, CMMI und ISO 15504 (genannt SPICE) kurz vorgestellt. Schließlich wird am Beispiel der ISO 15504 auf den Bezug von Reifegradmodellen zu Projektmanagement eingegangen.

11.1 Prinzip von Reifegradmodellen

Reifegradmodelle (engl: maturity models) enthalten »*Best Practices*«, die sich in der Industrie über Jahrzehnte hinweg in vielen Projekten als erfolgreich erwiesen haben und deren Implementierung erfahrungsgemäß zu Verbesserungen hinsichtlich z.B. Qualität, Termin- und Budgeteinhaltung führen. Unternehmen können diese Praktiken adaptieren, um somit besser und erfolgreicher Software zu entwickeln und dabei schrittweise verschiedene Reifegradstufen zu erreichen.

»Best Practices«

Diese Modelle gruppieren Praktiken nach ihrer Zusammengehörigkeit. Je nach Modell werden diese Gruppen als «Prozesse«, »Prozessbereiche«, oder auch »Schlüsselprozessbereiche« bezeichnet. Außerdem verwenden die meisten Reifegradmodelle Kategorien von Prozessen (organisatorische Prozesse, unterstützende Prozesse, Engineering-Prozesse etc.).

Strukturierung von Praktiken

Reifegradmodelle stellen keine Prozessbeschreibungen im eigentlichen Sinne zur Verfügung, dazu sind die Praktiken zu allgemein gehalten. Die Praktiken können jedoch als Grundlage zur Entwicklung von Prozessbeschreibungen dienen, müssen also an die betrieblichen Erfordernisse angepasst und detailliert werden.

Reifegradstufen (engl.: capability levels) werden verwendet, um verschiedene evolutionäre Stadien in der allmählichen Verbesserung

Reifegradstufen

der Prozesse zu beschreiben. Den Reifegradstufen sind jeweils Gruppen von Praktiken zugeordnet, die aufeinander aufbauen. Die Reifegradstufen können als Orientierungshilfe für die Prioritäten bei der Prozessverbesserung verwendet werden. Sie schlagen also eine Reihenfolge der Verbesserungsbereiche vor.

Assessments   Eine weitere Anwendung ist die Bestimmung des Entwicklungsstandes in einem Projekt oder Unternehmen durch so genannte Assessments. In einem Assessment (ähnlich einem mehrtägigen Audit) werden die betrieblichen Abläufe mit den Anforderungen des Reifegradmodells verglichen. Ergebnis ist u.a. eine Reifegradaussage (je nach Reifegradmodell für die einzelnen Prozesse oder für die untersuchte Organisation) sowie Stärken und Schwächen in den einzelnen Prozessen. Anhand der Assessmentergebnisse können konkrete Verbesserungsmaßnahmen definiert werden. Reifegrade können also auch dem Nachweis der Güte der (Entwicklungs-)Prozesse dienen und werden zunehmend von Unternehmen bei der Lieferantenbeurteilung eingesetzt.

11.2 Die gängigen Reifegradmodelle im Überblick

11.2.1 CMM

»Softwarekrise«   In den 70er und 80er Jahren wurde der Begriff der »Softwarekrise« in den USA populär. Ursache war die zunehmende Anzahl von katastrophalen Misserfolgen bei Softwareprojekten: riesige Termin- und Budgetüberschreitungen, immense Qualitätsprobleme und Milliarden verschwendeter Dollar. Watts Humphrey [Humphrey 87] formulierte 1987 die Idee, in der Industrie bewährte Praktiken (»Best Practices«) in einem Modell zu vereinen, dem Capability Maturity Model (CMM, siehe auch [Humphrey 89]). Zur Unterscheidung von später entwickelten weiteren CMM-Modellen nennt man dieses Modell auch »Software CMM« [CMM 95]. Die Version 1.0 erschien im August 1991 und die verbesserte, heute noch gültige Version 1.1 im Februar 1993. Die Architektur von CMM zeigt Abbildung 11–1.

Stufe (Level)	Fokus	Schlüsselprozessbereich
Optimierend (5)	Kontinuierliche Prozessverbesserung	▨ Fehlerverhütung ▨ Technologie-Änderungs-management ▨ Prozess-Änderungsmanagement
Geleitet (4)	Produkt- und Prozessqualität	▨ Quantitatives Prozessmanagement ▨ Software-Qualitätsmanagement
Definiert (3)	Definierter ingenieurmäßiger Prozess	▨ Organisationsweiter Prozessfokus ▨ Organisationsweite Prozess-definition ▨ Trainingsprogramm ▨ Integriertes Softwaremanagement ▨ Software-Produktentwicklung ▨ Koordination zwischen Gruppen ▨ Partner-Reviews
Wiederholbar (2)	Projektmanagement und Verpflichtungs-prozess	▨ Anforderungsmanagement ▨ Software-Projektplanung ▨ Software-Projektsteuerung und -verfolgung ▨ Software-Unterauftragnehmer-management ▨ Software-Qualitätssicherung ▨ Software-Konfigurations-management
Initial (1)	»Helden«	

Abb. 11–1

Architektur von CMM

Dieses Konzept wurde von der amerikanischen Industrie und vor allem vom Department of Defense, dem größten Auftraggeber von software-intensiven Systemen, aufgegriffen und verhalf CMM zu großem Erfolg in Nordamerika und es verbreitete sich von dort aus schnell in die ganze Welt. Die Anwendergemeinde umfasst heute eine große Zahl von Unternehmen, die offizielle (an das SEI gemeldete) Assessments durchführten. Von 1987 bis Juni 2002 wurden beispielsweise an das SEI 2325 Assessments in 1756 Organisationseinheiten von 512 Unternehmen berichtet. Daneben gibt es noch eine hohe Dunkelziffer, näm-lich die Anwendungen von CMM, die nicht an das SEI gemeldet wer-den. Viele Unternehmen haben z.B. interne, CMM-basierte Assess-mentverfahren, melden aber die durchgeführten Assessments nicht an das SEI. Der Grund liegt einerseits darin, dass solche Assessments aus Aufwandsgründen oft nicht exakt nach den offiziellen Assessmentpro-zessen durchgeführt werden, und andererseits werden die bei offiziel-len Assessments anfallenden Gebühren gespart. Die tatsächlich durch-geführten Assessments dürften die offiziellen um ein Vielfaches über-

Erfolg von CMM

steigen. Zahlen gibt es hierzu zwar nicht, aber die Autoren kennen eine ganze Reihe von großen Unternehmen, die jeweils Hunderte von inoffiziellen Assessments pro Jahr durchführen.

Die Schlüsselprozessbereiche (Key Process Areas, KPAs) umfassen die einzelnen Praktiken und sind den Stufen fest zugeordnet. Um z.B. Stufe 2 zu erreichen, müssen deren Schlüsselprozessbereiche implementiert sein, bei Stufe 3 diejenigen von Stufe 2 und 3 usw. Über die Stufen wird ein Weg der Prozessverbesserung definiert, der auf langjähriger Erfahrung in einer Vielzahl von Projekten basiert.

Die Reifegradstufen bauen aufeinander auf und haben folgende Bedeutung:

- **Stufe 1:** Prozesse sind nicht definiert oder werden nicht befolgt. Projekterfolge sind durchaus möglich, basieren dann aber auf Individualleistungen der so genannten »Helden«.
- **Stufe 2:** Die Schlüsselprozessbereiche dieser Stufe sind in allen Projekten implementiert, wobei deren Implementierungen von Projekt zu Projekt unterschiedlich sein können. Die Prozesse sind im jeweiligen Projekt definiert, werden gelebt und auch unter Stress beibehalten.
- **Stufe 3:** Zusätzlich zu den neu hinzukommenden Prozessbereichen sind nun die Prozesse organisationsweit standardisiert und werden für ein neues Projekt zurechtgeschnitten (mittels »Tailoring Guidelines«). Die Erfahrungen bei der Nutzung fließen zurück in die Prozessdefinitionen.
- **Stufe 4:** Die Prozesse werden nun mit statistischen Methoden überwacht und gesteuert.
- **Stufe 5:** Die Prozesse werden ständig systematisch verbessert. Verbesserungsideen werden systematisch erprobt und ihr Erfolg quantitativ erwiesen oder widerlegt.

Status und Zukunft
von CMM   CMM (bzw. genauer: Software CMM) wird durch das CMMI (CMM Integration) abgelöst werden. CMM wird nicht weiterentwickelt und das SEI stellte die Trainings Ende 2003 ein. Transition Partner des SEI können die Trainings jedoch weiter anbieten. Das Modell kann selbstverständlich auch darüber hinaus genutzt werden bzw. Assessments können weiterhin durchgeführt werden. Daten von offiziellen Assessments werden vom SEI weiter aufgezeichnet und ausgewertet. Das CMM-Modell kann von den SEI-Webseiten [SEI] heruntergeladen werden. Die SEI-Webseiten sowie das SEI Information Repository [SEIR] bieten außerdem eine große Menge weiterer Informationen und Hilfsmittel rund um das Thema Software Engineering an.

11.2.2 SPICE – ISO/IEC 15504

ISO 15504 entstand aus dem Wunsch heraus, Assessmentmodelle und *Kompatibilität von*
-verfahren in eine definierte Beziehung zu setzen und – in einem gewis- *Assessments*
sen Sinne – zueinander kompatibel zu machen. Ein entsprechender
Beschluss wurde im Juni 1991 im JTC1 (Joint Technical Committee 1)
von den Organisationen ISO und IEC gefasst und im Juni 1993 wurde
ein Projekt zur Erarbeitung einer solchen Norm gestartet. Dieses Projekt trug den Namen »SPICE« (Software Process Improvement and
Capability Determination). 1995 wurde der erste Arbeitsentwurf einer
zukünftigen Norm entwickelt. Es folgten weltweit industrielle Erpro-
bungen (»Trials«) und im Dezember 1998 erschien der bis Oktober 2003
(bis auf eine geringfügige redaktionelle Überarbeitung 1999) unverän-
derte Entwurf der zukünftigen Norm, der ISO/IEC 15504:1998(E) TR
[ISO 15504].

Das SPICE-Projekt konnte u.a. auf das CMM-Modell als Vorbild *SPICE im Vergleich*
zurückgreifen, ist jedoch sowohl inhaltlich als auch strukturell andere *zu CMM*
Wege gegangen. Strukturell ist in erster Linie zu bemerken, dass SPICE
die Kopplung der Prozesse an die Reifegradstufen aufgehoben hat,
d.h., dass für jeden Prozess unabhängig von anderen ein individueller
Reifegrad ermittelt werden kann. Bei Assessments kann nun eine belie-
bige Auswahl von Prozessen vorgenommen werden. Die Verbesserungs-
reihenfolge impliziert kein stufenweises Vorgehen – wie bei CMM, wo
die Prozesse an die Stufen gebunden sind –, sondern kann beliebig
gewählt werden. Der Anwender kann also die Prozesse, in denen er
sich zuerst verbessern möchte, beliebig auswählen. Wenn man von
einem SPICE-Assessment spricht, so ist damit ein Assessment auf der
Grundlage des exemplarischen Assessmentmodells aus Teil 5 des Norm-
entwurfs gemeint.

Auch die Reifegradstufen wurden gegenüber der CMM-Konven- *Reifegradstufen von SPICE*
tion verändert: Es gibt eine Reifegradstufe mehr (siehe Abb. 11–2).
Diese zusätzliche Reifegradstufe ist im Vergleich zu CMM zwischen
Stufe 1 und 2 eingefügt, ab Stufe 2 entspricht die Philosophie wieder
der von CMM. Bei der eingeschobenen Stufe 1 wird, verkürzt gesagt,
gefordert, dass die grundlegenden Praktiken (»Base Practices«) gelebt
werden, während ab Stufe 2 zusätzliche Management Practices gefordert werden. So sind z.B. für Stufe 2 Managementpraktiken notwendig, die sich mit Planung, Steuerung und Qualitätssicherung der Pro-
zessausführung und von Arbeitsprodukten des Prozesses befassen. Zur
Erreichung der nächsten Stufen werden weitere Management Practices
benötigt, wobei auch hier ähnlich wie beim CMM immer die Anforderungen der darunter liegenden Stufen erfüllt sein müssen (zum Beispiel

für Stufe 3 müssen alle Anforderungen der Stufen 1 und 2 erfüllt sein). Abbildung 11–3 zeigt das Prozessmodell von SPICE. Für einen detaillierteren Vergleich zwischen den Reifegradmodellen siehe [Hörmann & Müller 02].

Abb. 11–2

Reifegradstufen SPICE und CMM im Vergleich

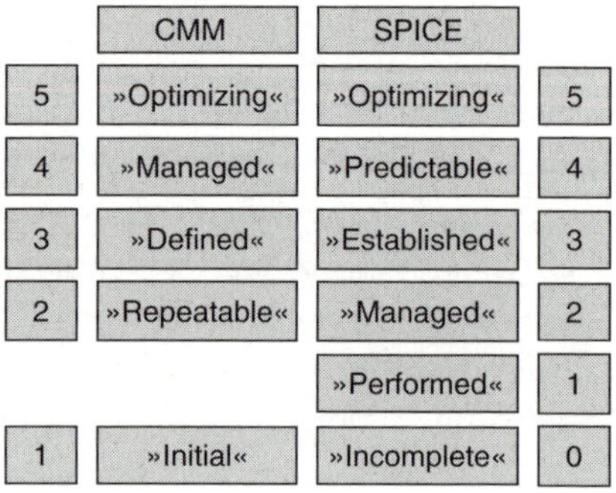

	CMM	SPICE	
5	»Optimizing«	»Optimizing«	5
4	»Managed«	»Predictable«	4
3	»Defined«	»Established«	3
2	»Repeatable«	»Managed«	2
		»Performed«	1
1	»Initial«	»Incomplete«	0

Abb. 11–3

Das SPICE-Prozessmodell

PRIMARY LIFE CYCLE PROCESSES				SUPPORTING LIFE CYCLE PROCESSES	
CUS.1	Acquisition	ENG.1	Development	SUP.1	Documentation
CUS.1.1	Acquisition Preparation	ENG.1.1	System requirements analysis and design	SUP.2	Configuration Management
CUS.1.2	Supplier selection	ENG.1.2	Software requirements analysis	SUP.3	Quality Assurance
CUS.1.3	Supplier monitoring	ENG.1.3	Software design	SUP.4	Verification
CUS.1.4	Customer acceptance	ENG.1.4	Software construction	SUP.5	Validation
CUS.2	Supply	ENG.1.5	Software integration	SUP.6	Joint Review
CUS.3	Requirements elicitation	ENG.1.6	Software testing	SUP.7	Audit
CUS.4	Operation	ENG.1.7	System integration and testing	SUP.8	Problem Resolution
CUS.4.1	Operational use	ENG.2	System and software maintenance		
CUS.4.2	Customer support				

ORGANISATIONAL LIFE CYCLE PROCESSES					
MAN.1	Management	ORG.1	Organisational alignment	ORG.3	Human Resource Management
MAN.2	Project Management	ORG.2	Improvement process	ORG.4	Infrastructure
MAN.3	Quality Management	ORG.2.1	Process establishment	ORG.5	Measurement
MAN.4	Risk Management	ORG.2.2	Process assessment	ORG.6	Reuse
		ORG.2.3	Process improvement		

Teile der ISO 15504 haben derzeit noch den Status Technical Report (TR), also die letzte Vorstufe vor dem International Standard, während andere Teile bereits als International Standard (IS) erschienen sind. Eine wesentliche Neuerung ist, dass das Referenzmodell (bisheriger Part 2) wegfällt und stattdessen Anforderungen an Referenzmodelle und Assessmentmodelle aufgenommen werden (neuer Part 2). Der bisherige Part 5 (das Assessmentmodell, d.h. der Teil, in dem das Modell und die Praktiken im Detail erläutert sind) wird in veränderter Form (basierend auf der ISO 12207 Amd2 als Referenzmodell) auch weiterhin als beispielhaftes Assessmentmodell erhalten bleiben. Insgesamt werden die bisher neun Teile durch fünf Teile ersetzt.

Status und Zukunft von SPICE

In Zukunft werden also verschiedene, alternative Modelle nach erfolgtem Nachweis der Kompatibilität als Referenzmodell eingesetzt werden können, beispielsweise die ISO/IEC 12207 (Software Life Cycle Processes) und ISO/IEC 15288 (System Life Cycle Processes). Dadurch erweitert sich das Anwendungsspektrum der ISO 15504 beträchtlich, der Fokus wird nicht mehr rein auf Software liegen.

Die ISO 15504 hat international eine geringere Verbreitung als die CMM-Modelle und wird in der Praxis hauptsächlich in Australien, Europa und dort insbesondere in Deutschland angewendet. In Deutschland hat die ISO 15504 durch die Entscheidung verschiedener Automobilhersteller (Herstellerinitiative Software, »HIS«, bestehend aus Audi, BMW, DaimlerChrysler, Porsche, VW) enorm an Bedeutung gewonnen. Die ISO 15504 wird hier für die Bewertung von Lieferanten eingesetzt.

Verbreitung von SPICE

11.2.3 CMMI

Integration verschiedener CMM-Modelle

Im Lauf der Jahre sind neben dem ursprünglichen Software CMM eine Reihe weiterer Reifegradmodelle für andere Anwendungsgebiete entstanden (wie z.B. People CMM, Software Acquisition CMM etc.). Neben der Weiterentwicklung des Software CMM gehörte deshalb bei CMMI auch die Integration (daher das »I« im Namen) verschiedener Modelle sowie die Kompatibilität zur ISO 15504 zur Zielsetzung. Die Weiterentwicklung beinhaltet auch die Abkehr von der bisherigen Spezialisierung auf Software, so dass CMMI für allgemeinere Entwicklungsprozesse (insbesondere Systems Engineering) anwendbar ist.

Historie von CMMI

CMMI wurde durch ein erfahrenes Team aus Industrie, US-Regierung und SEI entwickelt. Der erste Entwurf von CMMI erschien als V0.2 im Jahr 1998 und wurde ausführlich industriell erprobt. Danach erschienen weitere Versionen 1.0 und 1.02. Mittlerweile liegt eine stabile, ausgereifte V1.1 vor, die Ende 2001 veröffentlicht wurde und eine erwartete Lebensdauer von vier bis fünf Jahren hat [CMMI 03].

CMMI Product Suite

Das SEI spricht bei CMMI von einer »Product Suite«, bestehend aus verschiedenen Modellen, Assessmentmethoden und Trainingsprodukten. Die Modelle liegen als »Model Framework« mit zwei Dimensionen vor:

1. Dimension: Disziplin
   - Software Engineering
   - Systems Engineering
   - Integrated Product and Process Development (IPPD)
   - Supplier Sourcing (SS)
2. Dimension: Repräsentationsform
   - Staged Representation
   - Continuous Representation

CMMI-Repräsentationsformen

Die Disziplinen basieren alle auf demselben Textkern, angereichert um disziplinspezifische Erläuterungen, zusätzliche Praktiken oder zusätzliche Prozessbereiche. Jedes der CMMI-Modelle ist in zwei verschiedenen Repräsentationsformen erhältlich. Die Staged Representation ist von der Grundstruktur wie das Software CMM aufgebaut, d.h. mit den gleichen Stufen, und die Prozessbereiche sind den Stufen fest zugeordnet. Die Continuous Representation ist analog zur ISO 15504 strukturiert, d.h., die Prozessbereiche sind nach funktionalen Gesichtspunkten in Gruppen eingeteilt. Die in einem Assessment zu untersuchenden Prozesse können wie bei SPICE beliebig gewählt werden (d.h. unabhängig von Reifegradstufen) und für jeden Prozess kann unabhängig von anderen ein individueller Reifegrad ermittelt werden. Das

Besondere ist, dass die beiden Repräsentationsformen inhaltlich identisch sind, die Praktiken sind lediglich anders strukturiert. Das Prozessmodell ist in Abbildung 11–4 wiedergegeben.

STAGED REPRESENTATION	CONTINUOUS REPRESENTATION
LEVEL 2: MANAGED	**PROJECT MANAGEMENT**
Requirements management	Project planning
Project planning	Project monitoring and control
Project monitoring and control	Supplier agreement management
Supplier agreement management	Integrated project management
Measurement and analysis	Risk management
Process and product quality assurance	Quantitative project management
Configuration management	**ENGINEERING**
LEVEL 3: DEFINED	Requirements management
Requirements development	Requirements development
Technical solution	Technical solution
Product integration	Product integration
Verification	Verification
Validation	Validation
Organisational process focus	**SUPPORT**
Organisational process definition	Configuration management
Organisational training	Process and product quality assurance
Integrated project management	Measurement and analysis
Risk management	Decision analysis and resolution
Decision analysis and resolution	Causal analysis and resolution
LEVEL 4: QUANTITAVELY MANAGED	**PROCESS MANAGEMENT**
Organisational process performance	Organisational process focus
Quantitative project management	Organisational process definition
LEVEL 5: OPTIMIZING	Organisational training
Organisational innovation and deployment	Organisational process performance
Causal analysis and resolution	Organiisational innovation and deployment

Abb. 11–4
CMMI-Prozessmodell

CMMI wird stetig an Bedeutung gewinnen und die Benutzergemeinde weiter wachsen. Entscheidende Faktoren hierfür sind:

Zukunftschancen von CMMI

- die Anwendbarkeit auf Software- und System-Engineering-Prozesse
- die Flexibilität zweier Repräsentationsformen bei voller inhaltlicher Kompatibilität

■ die Qualität, Ausführlichkeit und Verständlichkeit der Modelle
■ der professionelle Support

Die CMMI-Modelle können von den SEI-Webseiten [SEI] heruntergeladen werden. Die SEI-Webseiten sowie das SEI Information Repository [SEIR] bieten außerdem eine große Menge weiterer Informationen und Hilfsmittel rund um das Thema Software Engineering an.

11.3 Bezug zu Projektmanagement

Projektmanagement-
prozesse

In jedem der Reifegradmodelle gibt es zumindest einen grundlegenden
Projektmanagementprozess, in CMM und insbesondere in CMMI gibt
es auch noch weitere Prozesse, die höhere Konzepte des Projektmanagements enthalten. In SPICE und CMMI existiert das Konzept gene-
rischer Praktiken (bei SPICE »Management Practices«, bei CMMI
»Generic Practices« genannt), die auf alle Prozesse anwendbar sind
und deren Implementierung zur Erreichung höherer Reifegradstufen
notwendig ist. Unter diesen generischen Praktiken befinden sich ebenfalls Projektmanagementpraktiken. Deren Anwendung gewährleistet
dann beispielsweise, dass alle Prozesse mit Projektmanagementmethoden geplant und verfolgt werden. Auch zu anderen Themen dieses
Buches finden sich bei den Reifegradmodellen zahlreiche Prozesse oder
einzelne Praktiken, so z.B. zu Qualitätssicherung, Qualitätsmanage-
ment und Risikomanagement.

Relevanz für
Projektmanagement

Bei der Gestaltung der Projektmanagementprozesse im Unternehmen oder im einzelnen Projekt können Reifegradmodelle als Grundlage der Prozessgestaltung herangezogen werden. Viele Unternehmen
sind auch Assessments durch andere Unternehmen ausgesetzt (z.B. in
der Automobilindustrie), so dass die Kompatibilität der Projektmanagementpraktiken mit den Forderungen der Reifegradmodelle eine
große Rolle spielt. Dadurch ergeben sich häufig Wettbewerbsvorteile
und Vorteile bei der Lieferantenauswahl.

Beispiel   **Beispiel eines Projektmanagementprozesses (nach SPICE)**

Wie sieht nun konkret ein Projektmanagementprozess in einem Reifegradmodell aus? Wir betrachten beispielhaft den Projektmanagementprozess aus
SPICE (Prozess MAN.2) zunächst nur anhand der »Base Practices«. Diese
stellen, wie bereits in Abschnitt 11.2.2 erläutert, die grundlegenden Praktiken
des Prozesses dar. Ihre Implementierung ist zusammen mit geeigneten Arbeitsprodukten des Prozesses eine notwendige Voraussetzung für das Erreichen der ersten Reifegradstufe. Für das Erreichen höherer Reifegradstufen
sind weitere Praktiken erforderlich (so genannte »Management Practices«),
auf die wir hier aber nicht weiter eingehen.

MAN.2.BP1 :Define the scope of work.

Define the work to be undertaken by the project, and determine that achievement of the goals of the project is feasible with available resources and constraints.

MAN.2.BP2: Determine development strategy.

Evaluate options available for achieving the goals of the project, and determine, on the basis of risks and opportunities, which strategy will be adopted.

MAN.2.BP3: Select software life cycle model.

Select a software life cycle model for the project which is appropriate to the scope, magnitude and complexity of the project.

MAN.2.BP4: Size and estimate tasks and resources.

Size and estimate tasks and resources necessary to complete the work by evaluating the options available for achieving the goals of the project and by taking into consideration existing risks and opportunities.

MAN.2.BP5: Develop work breakdown structure.

Develop a work break down structure incorporating project tasks, deliverables and sequence and relating these to the resources required to accomplish them and to the strategy to be followed.

MAN.2.BP6: Identify infrastructure requirements.

Identify and select the environmental and human resource elements needed to support the project strategy and performance.

MAN.2.BP7: Establish project schedule.

Establish the project schedule, based on the work breakdown structure, estimates, and infrastructure elements.

MAN.2.BP8: Allocate responsibilities.

Identify the specific individuals and groups contributing to, and impacted by, the project, allocate them their specific responsibilities, and ensure that the commitments are understood and accepted, funded and achievable.

MAN.2.BP9: Identify interfaces. Identify and monitor the efficiency of interfaces between elements in the project and with other projects and organizational units.

MAN.2.BP10: Establish and implement project plans.

Provide a mechanism to ensure that project plans are formally developed, implemented and maintained, and available to those involved with the project. Document the results of the activities in this process within the project plans, and ensure that the plans are published to all those involved.

MAN.2.BP11: Track progress against plans.

Regularly compare and report the status of the project against the
project plans. Use disciplined approaches to regularly evaluate the
performance of the project. Methods and techniques which can be
applied include:

- metrics,
- technical and managerial reviews,
- assessment of established quality and performance criteria.

MAN.2.BP12: Act to correct deviations.

Take action when project targets are not achieved, to correct
deviations from the plan and to prevent recurrence of problems
identified in the project. Update project plans accordingly.

Liste möglicher Input- und Output-Arbeitsprodukte nach SPICE

Zusätzlich enthält SPICE (genauer: TR 15504-5, Annex A) zu jedem
Prozess eine Liste möglicher Input- und Output-Arbeitsprodukte, wie
in Abbildung 11–5 dargestellt. Diese Liste kann als Hilfsmittel bei der
Prozessimplementierung dienen bzw. auch als Anhaltspunkt bei einem
Assessment. Sie darf jedoch auf keinen Fall als verbindliche Vorschrift
verstanden werden, dass alle diese Arbeitsprodukte vorhanden sein
müssen.

Abb. 11–5

Liste möglicher Input- und Output-Arbeitsprodukte des SPICE-Projekt-managementprozesses

MAN.2 – Project management process – Associated Work Products	
Input	**Output**
1) Software development methodology	2) Life cycle model
2) Life cycle model	5) Schedule
4) Job procedure, practice	6) Work breakdown structure
5) Schedule	8) Interface
9) Standard	11) Estimate
18) Process performance data	17) Project plan
22) Risk analysis	20) Progress status report
23) Risk management strategy/plan	21) Analysis result
24) Quality statement/policy	31) Review record
37) Project measure	30) Review strategy/plan
38) Process measure	33) Project's reuse strategy
50) Commitment /agreement	37) Project measure
51) Contract	45) Project's acquisition strategy/plan
52) Requirement specification (customer, software, system)	87) Communication mechanism
91) Configuration management strategy/plan	91) Configuration management plan
98) Tracking system	97) Corrective action
104) Development environment	108) Personnel record

Die Arbeitsprodukte in Abbildung 11–5 sind nummeriert und zu jedem Arbeitsprodukt sind unter dieser Nummer in TR 15504-5, Annex C mögliche Gestaltungshinweise angegeben. Abbildung 11–6 zeigt dies beispielhaft für die Arbeitsprodukte 20 und 21, die auch beim Projektmanagementprozess in Abbildung 11–5 aufgeführt sind. Diese Gestaltungshinweise sind ebenfalls nicht als verbindlich anzusehen.

Gestaltungshinweise für Arbeitsprodukte

20	Progress Status record/report	▓ Record of the status of a plan(s) (actual against planned) such as: ○ Status of actual tasks against planned tasks ○ status of actual results against established objectives/goals ○ status of actual resource allocation against planned resources ○ status actual cost against budget estimates ○ status of actual time against planned schedule ○ status of actual quality against planned quality ▓ Record of any deviations from planned activities and reason why
21	Analysis result	▓ What was analyzed ▓ Who did the analysis ▓ The analysis criteria used: ○ Selection criteria or prioritization scheme used ○ decision criteria ○ quality criteria ▓ Records the results: ○ What was decided/selected ○ reason for the selection ○ assumptions made ○ potential risks ▓ Aspects of correctness to analyze include: ○ Completeness ○ understandability ○ testability ○ verifiability ○ feasibility ○ validity ○ consistency ○ adequacy of content

Abb. 11–6

Gestaltungshinweise für zwei exemplarische Arbeitsprodukte des Projektmanagement-prozesses (Auszug)

Wir wenden uns abschließend noch der Frage zu, inwieweit die oben aufgeführten Anforderungen des Projektmanagements nach SPICE durch den Lehrplan »iSQI Certified Project Manager«, der diesem Buch zugrunde liegt, abgedeckt sind. Abbildung 11–7 zeigt die Zuord-

nung der Base Practices des Projektmanagementprozesses zu den Glie-
derungspunkten des Lehrplans. Wie aus der Abbildung ersichtlich,
sind alle Base Practices durch den Lehrplan abgedeckt mit Ausnahme
der Infrastrukturanforderungen und der organisatorischen Schnittstellen, die nicht explizit im Lehrplan erwähnt sind. Der Implementie-
rungsaufwand für diese beiden Praktiken ist jedoch im Vergleich zu
den anderen Base Practices gering.

Abb. 11–7
Kompatibilität des
Projektmanagements
nach ISO 15504 mit dem
Lehrplan iSQI Certified
Project Manager

ISO 15504 Forderung	Korrespondierender Gliederungspunkt des Lehrplans iSQI Certified Project Manager
MAN.2.BP1: Define the scope of work.	Projektstart
MAN.2.BP2: Determine development strategy.	Projektstart, Projektplanung
MAN.2.BP3: Select software life cycle model.	Prozess- und Vorgehensmodelle in der Softwareentwicklung
MAN.2.BP5: Develop work breakdown structure.	Projektplanung
MAN.2.BP6: Identify infrastructure requirements.	./.
MAN.2.BP7: Establish project schedule.	Projektplanung
MAN.2.BP8: Allocate responsibilities.	Projektplanung
MAN.2.BP9: Identify interfaces.	./.
MAN.2.BP10: Establish and implement project plans.	Projektplanung
MAN.2.BP11: Track progress against plans.	Projektkontrolle und -steuerung
MAN.2.BP12: Act to correct deviations.	Projektkontrolle und -steuerung

11.4 Zusammenfassung

▪ Reifegradmodelle sind Modelle zur Messung, Bewertung und Ver-
besserung des SW-Entwicklungsprozesses. Diese beinhalten Best
Practices, gegen die die realen Prozesse verglichen werden. Anhand
der Ergebnisse des Vergleichs werden neben Reifegradstufen auch
Stärken und Verbesserungspotenziale identifiziert und konkrete
Empfehlungen gegeben.

▪ Die am weitesten verbreiteten Modelle sind das stufenorientierte
Capability Maturity Model (CMM), das kontinuierliche Modell
ISO 15504 (genannt SPICE) sowie das Capability Maturity Model
Integration (CMMI), das beide Repräsentationen ermöglicht.

▪ Alle Modelle enthalten Projektmanagementprozesse sowie eine
Verknüpfung von Projektmanagementpraktiken mit den Reifegradstufen.

Anhang

A Firmenbeschreibung Mobile Widget AG

Die Mobile Widget AG ist ein junges Start-up-Unternehmen der Tele-kommunikationsbranche. Einziger Geschäftszweck besteht darin, die revolutionäre Idee des riechenden und Düfte übertragenden Mobiltele-fons zu realisieren und anschließend auch zu vermarkten. Die Finan-zierung der Produktentwicklung geschieht jeweils zur Hälfte durch Venture Capitalists bzw. durch zwei Pilotkunden. Letztere gestalten auch maßgeblich die Funktionalität des »riechenden« Mobiltelefons mit.

Die Mobile Widget AG ist ein in München ansässiges Unterneh-men, das zurzeit 20 fest angestellte Mitarbeiter beschäftigt. Etwa 3/4 der Mitarbeiter sind in der Entwicklung tätig, dabei handelt es sich hauptsächlich um junge und hoch motivierte Ingenieure der Fachrich-tungen Elektrotechnik, Nachrichtentechnik, Informatik und Physik. Etwa 60 % des Entwicklerteams arbeitet in der Softwareentwicklung, weitere 40 % in der Hardwareentwicklung. In der Softwareentwick-lung beträgt der Anteil der als Diplom-Informatiker ausgebildeten Mitarbeiter ca. 25 %, die Ingenieure der anderen Fachrichtungen haben zumindest eine mehrjährige Berufserfahrung als Programmierer. Die durchschnittliche Berufserfahrung der gesamten Entwicklermann-schaft beträgt 3 Jahre. Gerade in der Softwareentwicklung greift die Mobile Widget AG regelmäßig auf Unterauftragnehmer zurück, um die eigene Software-Entwicklungsmannschaft zu entlasten. Die spätere Produktion des Mobiltelefons wird ausschließlich durch das Partner-unternehmen Productive Period AG durchgeführt und nicht durch die Mobile Widget AG selbst.

A.1   Projektdefinition »Mobile Odors«

Projektmotivation

Geschäftszweck der Mobile Widget AG ist die Entwicklung des riechenden und Düfte übertragenden Mobiltelefons »Mobile Odors«. Die Produktidee stammt von Herrn Jack Pott, dem Gründer und Geschäftsführer der Mobile Widget AG. Ein Patentantrag für das riechende Mobiltelefon wurde bereits eingereicht. Die hoch motivierten Mitarbeiter der Mobile Widget AG verfügen bereits über einen breiten Wissens- und Erfahrungshintergrund in den Fachbereichen Elektrotechnik, Nachrichtentechnik, Informatik und Physik. Sowohl die Software- als auch die Hardwareentwicklung wird deswegen zum größten Teil inhouse erfolgen.

Die Produktidee für das innovative »Mobile Odors« hat bereits einige Interessenten gefunden, die als Pilotkunden die Produktentwicklung unterstützen werden. Der deutsche Zoll beispielsweise plant den Einsatz von »Mobile Odors« zur Unterstützung beim Aufdecken von Drogenschmuggel und verspricht sich drastische Einsparungen bei der Haltung und Ausbildung von Zoll-Hunden. Der Verband der Parfümindustrie dagegen sieht ein weitreichendes Anwendungsfeld für die Übertragung von Düften – angefangen von zielgruppenspezifischen Werbeaktionen über eine Erweiterung der Einkaufsportale um das duftende Handy bis hin zum konfigurierbaren Riechfläschchen als Dauerabonnement. Mit weiteren Firmen aus der Lebensmittelindustrie und Gastronomie ist die Mobile Widget AG bereits in Verhandlung.

Projektziele

Ziel des Projekts ist die Entwicklung des Produkts »Mobile Odors«. Dies umfasst die Entwicklung des kompletten Systems bis zur Übergabe an die Produktion. Die spätere Produktion des Mobiltelefons wird von dem Partnerunternehmen Productive Period AG durchgeführt.

Nach dem Projektstart im April 2003 erfolgt die erste Auslieferung von Prototypen an die Pilotkunden im September 2003. Dieser Prototyp soll zunächst eine minimale Menge von zwei unterschiedlichen Düften (Heroin und Lavendel) riechen und übertragen können. Die Entwicklungskosten für den ersten Prototyp (Fertigstellung zum Meilenstein M3, siehe Abschnitt Projektstrategie weiter unten) dürfen 0,5 Mio. Euro nicht übersteigen. Eine ausführliche Analyse und Spezifikation von Anforderungen der Pilotkunden ist Basis für die Projektdurchführung.

Produkte und Ergebnisse des Projekts

Folgende Projektergebnisse werden im Rahmen des Projekts für potenzielle Kunden, Pilotkunden oder Unterauftragnehmer erstellt:

- Produktspezifikation (ausführliche Anforderungsspezifikation)
- Prototyp des Mobiltelefons
- Herstellungsspezifikation (als Vorgabe für die Produktion des Mobiltelefons)
- Bedienungsanleitung

Projektstrategie

Da es sich um eine innovative Produktentwicklung handelt und ein wesentlicher Schwerpunkt des Projekts auf der Analyse und Festlegung von Produktanforderungen liegt, wird das Projekt nach einem iterativ inkrementellen Entwicklungsmodell durchgeführt. Folgende Meilensteine sind bis zur Erstellung des ersten Prototyps von »Mobile Odors« geplant:

Meilen-stein	Beschreibung	Ergebnisse	Zeitraum	Dauer
M1	Analyse der Produktanforderungen	Produktspezifikation	01.04.2003 – 30.04.2003	1 Monat
M2	Erstellung der ersten Demonstrationsprototypen von »Mobile Odors«	Demonstrationsprototyp »Mobile Odors« Herstellungsspezifikation Bedienungsanleitung	01.05.2003 – 31.05.2003	1 Monat
M3	Erstellung der ersten Version eines benutzbaren Prototyps, der zur Evaluation an die Pilotkunden verteilt wird; dieser Prototyp kann die Düfte Heroin und Lavendel riechen und übertragen.	Prototyp »Mobile Odors« Herstellungsspezifikation Bedienungsanleitung	01.06.2003 – 30.09.2003	4 Monate

Da bei der Entwicklung des Prototyps bereits wichtige Entscheidungen für die spätere Produktion getroffen werden, ist eine intensive Zusammenarbeit mit dem produzierenden Unternehmen Productive Period AG während der gesamten Projektdauer erforderlich.

Stakeholder

- Produktmanager
- Geschäftsleitung
- Pilotkunden
- Marketingleiter
- Vertriebsleiter

- Gesamtes Projektteam Mobile Odors
- Entwicklungsteam der Productive Period AG

Mitwirkungspflicht des Auftraggebers

Für die Klärung von Anforderungen werden Mitarbeiter der Pilotkunden als Ansprechpartner benannt. Diese Ansprechpartner stehen für die Durchführung von Workshops zur Anforderungsfindung, Reviews von Spezifikationen und als fester Ansprechpartner für Rückfragen aus der Produktentwicklung zur Verfügung. Zudem nehmen die Pilotkunden an den regelmäßigen Sitzungen des Lenkungsausschusses teil.

Projektorganisation

Für das Produktentwicklungsteam sind folgende Rollen zu besetzen:

- Projektleiter
- Qualitätsmanager
- HW/SW-Tester
- HW/SW-Entwickler
- HW/SW-Designer
- Technischer Redakteur
- Konfigurationsmanager

Als Entscheidungsgremium zur Steuerung des Projekts wird ein Lenkungsausschuss gebildet. Regelmäßige Sitzungen des Lenkungsausschusses finden mindestens einmal im Monat statt. Teilnehmer des Lenkungsausschusses sind:

- Produktmanager
- Geschäftsleitung
- Pilotkunden
- Marketingleiter
- Vertriebsleiter
- Projektleiter

Getroffene Annahmen, Chancen und Risiken

Chancen:

- alleinige weltweite Rechte für das Prinzip der Düfteübertragung (Alleinstellungsmerkmal des Produkts)
- Lizenzmodell für andere Mobiltelefonhersteller
- weltweite Vermarktung einer neuen Generation von Mobiltelefonen
- neue Anwendungsgebiete für die Duftübertragung (TV, Internet etc.)

Risiken:

- Gesundheitsrisiken bei der Wiedergabe von Düften
- Gefahr der kriminellen Manipulation sicherheitsrelevanter Düfte
- Echtzeitverhalten bei Analyse der Düfte: Die Übertragung könnte zu lange dauern.
- Finanzierung der Produktentwicklung

A.2   Projektstrukturplan

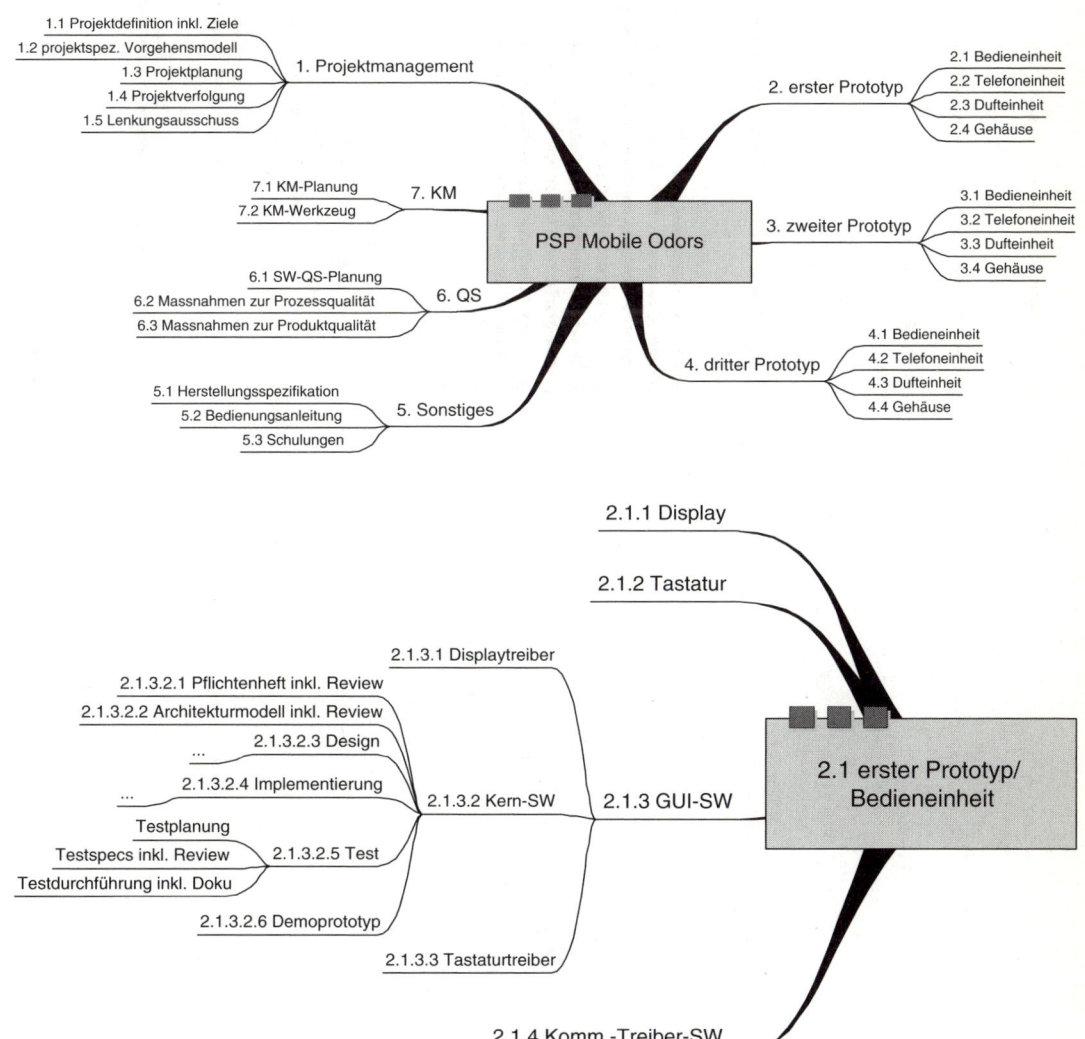

A.3   Aktivitätenzeitplan

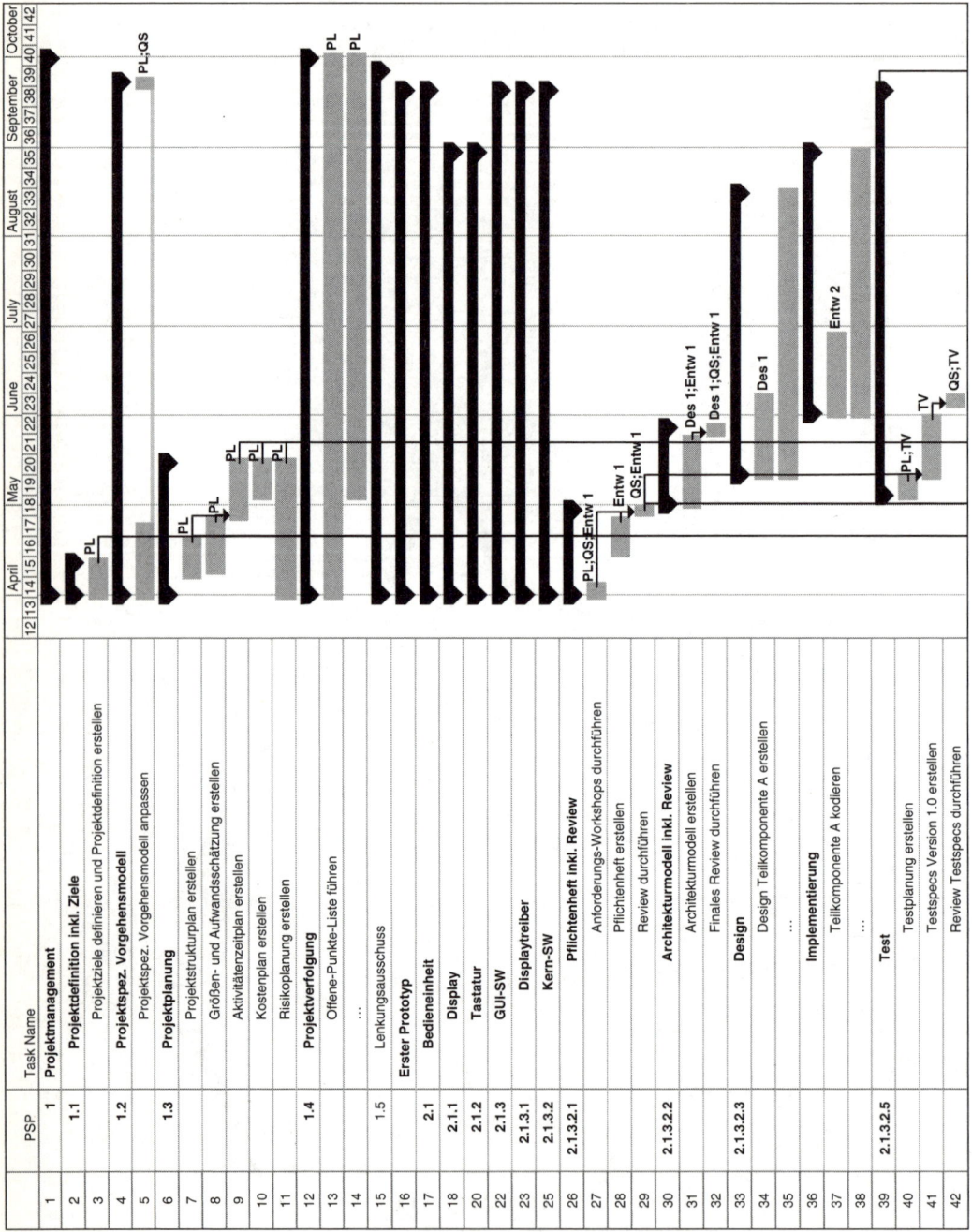

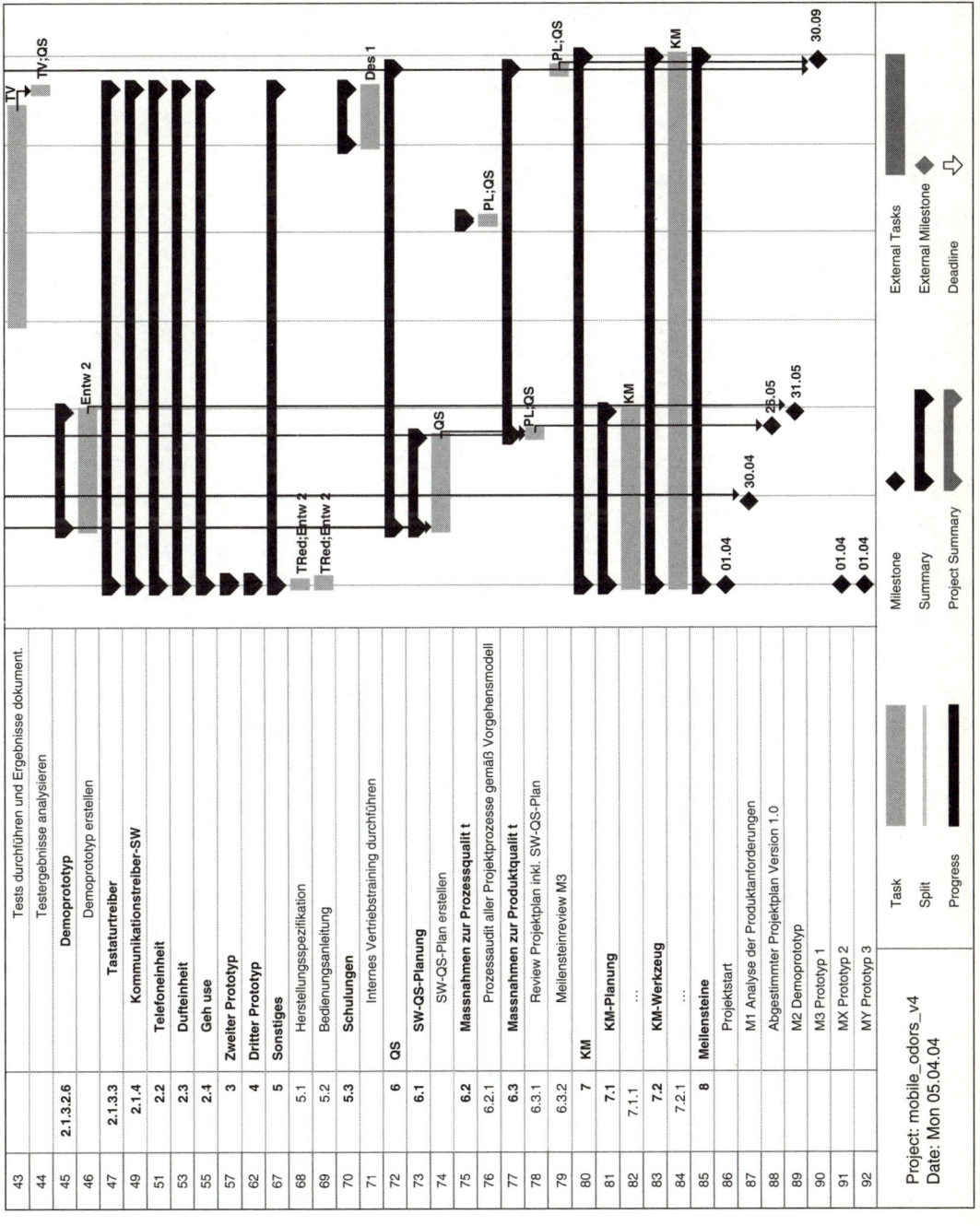

A.4   Personaleinsatzplan

Microsoft Project - mobile_odors_v4.mpp

File Edit View Insert Format Tools Project Window Help

No Group   All Resources

HW/SW-Entwickler 1

		Resource Name	Details	April 31.03	07.04	14.04	21.04	May 28.04	05.05	12.05	19.05	26.05	June
		⊞ Unassigned	Work	32h	40h	40h	40h	48h	80h	80h	80h	64h	
1	◇	⊟ Projektleiter	Work	22,97h	36,4h	32h	20h	14h	46h	34,8h	26h	26,4h	
		Projektziele definieren und Projektdefin	Work	8h	10h								
		Projektspez. Vorgehensmodell anpasse	Work	8h	10h	10h	6h						
		Projektstrukturplan erstellen	Work		6,4h	8h							
		Größen- und Aufwandschätzung erstelle	Work		4h	8h	8h						
		Aktivitätenzeitplan erstellen	Work					8h	8h	6,4h			
	📊	Kostenplan erstellen	Work						4h	3,2h			
		Risikoplanung erstellen	Work	3,2h	4h	4h	4h	4h	4h	3,2h			
		Offene Punkte Liste führen	Work	1,6h	2h	2h	2h	2h	2h	2h	2h	2,4h	
		...	Work						20h	20h	20h	24h	
		Anforderungs-Workshops durchführen	Work	2,17h									
		Testplanung erstellen	Work						8h				
		Prozessaudit aller Projektprozesse gen	Work										
		Review Projektplan inkl. SW-QS-Plan	Work								4h		
		Meilensteinreview M3	Work										
2		⊞ QS-Verantwortlicher	Work	10,17h	10h		10h	26h	21,78h	20h	20h	16h	3,55h
3		⊞ HW/SW-Testverantwortlicher	Work						40h	20h	20h	20h	
4		⊟ HW/SW-Entwickler 1	Work	10,85h		28,57h	40h	15,12h	40h	16h		14,22h	
		Anforderungs-Workshops durchführen	Work	10,85h									
		Pflichtenheft erstellen	Work			28,57h	40h						
		Review durchführen	Work					7,12h					
		Architekturmodell erstellen	Work						8h	40h	16h		
		Finales Review durchführen	Work									14,22h	
5		⊞ HW/SW-Entwickler 2	Work	0,82h			40h	40h	40h	40h	40h	40h	
6	◇	⊞ HW/SW-Designer 1	Work						4h	20h	40h	40h	38,22h
7		⊞ Technischer Redakteur	Work	11,18h									
8		⊞ Konfigurationsmanager	Work	32h	40h	40h	40h	40h	40h	40h	40h	44h	
			Work										

Ready

Start | Markus ... | Microsof... | mobile_... | Microsof... | Microsof... | Alcatel_... | Micros... | untitled ...

B   Wichtige Hinweise zum Lehrstoff und zur Prüfung zum Certified Project Manager

Dem vorliegenden Lehrbuch liegt der Lehrstoff zum »Certified Project Manager – Foundation Level« gemäß dem Lehrplan [iSQI PM Lehrplan] »Grundlagen des Software-Projektmanagements« zugrunde.

Der deutsche Lehrplan des iSQI wurde in Anlehnung an internationale Standards des Projektmanagements, so unter anderem unter Berücksichtigung der Arbeiten des Project Management Institute (PMI®), USA, erstellt [PMI]. Den iSQI-Lehrplan pflegt das »German Project Manager Board« [iSQI Board]. Zu erwähnen ist weiterhin, dass alle vier Autoren derzeit Mitglieder dieses Boards sind.

Grundlage für Prüfungen ist der jeweils zum Prüfungszeitpunkt aktuelle Lehrplan. Die Prüfungen werden vom iSQI angeboten und durchgeführt.

Der in diesem Lehrbuch enthaltene Stoff wird aus didaktischen Gründen gegebenenfalls in anderer Reihenfolge als im Lehrplan behandelt. Aus dem Umfang einzelner Kapitel kann nicht auf die Prüfungsrelevanz der dargestellten Inhalte geschlossen werden. Im Buch enthaltene Übungsaufgaben und Übungsfragen sind ausschließlich als Übungsmaterial und Beispiele zu verstehen. Sie entsprechen nicht den offiziellen Prüfungsfragen. Weiterführende Themen, wie zum Beispiel »Einzelprojekte-übergreifendes Programm-Management«, werden im Aufbaukurs bzw. in dem dann zugehörigen weiteren Buch enthalten sein.

International Software Quality Institute

The International Software Quality Institute (iSQI) provides comprehensive services around software quality. Building on established programs – from personnel certification to international standardization – it seeks to advance the field by coordinating efforts aiming at new, higher industry standards. iSQI simultaneously gathers industry input and educates professionals through regularly scheduled seminars and conferences, serving as a think-tank for practice-oriented solutions in software quality. Experts from around the world come together at iSQI to make an impact on the future of the field. **(www.isqi.org)**

The Certification Program for Further Education

Since 2001, specialists in independent working groups have committed their time to setting standards for further education now applied to the iSQI certified program. International experts with an industry, academic, or training background collaborate in working groups to develop the syllabi and examination questions. They also decide on the accreditation of training companies. iSQI currently hosts five certification programs, either on its own behalf, or through a cooperation agreement with the respective entity. **(www.isqi.org)**

- ISTQB® Certified Tester
- iSQI® Certified Professional for Software Architecture
- iSQI® Certified Project Manager
- iSQI® Certified Requirements Engineer
- IntACS™ (Int. Assessor Certification Scheme)

iSQI ■ info@isqi.org ■ www.isqi.org

| Wetterkreuz 19a | Tel. +49-9131-91910-0 |
| 91058 Erlangen ■ Germany | Fax +49-9131-91910-10 |

Berlin and Erlangen, Germany ■ Largo, USA

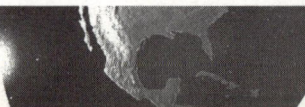

C Übungsaufgaben

C.1 Übungsaufgaben zu Kapitel 2

1. Was sind die Vorteile eines unternehmensspezifischen Vorgehens-modells?
2. Was sind die typischen Bestandteile eines Software-Entwicklungs-prozesses?
3. Was wird unter Prozess-Tailoring verstanden?
4. Was sind die Vorteile einer inkrementellen Entwicklungsweise?
5. Was unterscheidet Extreme Programming vom Rational Unified Process?

C.2 Übungsaufgaben zu Kapitel 3

1. Was sind typische Probleme beim Projektstart?
2. Was sind Eigenschaften eines gut definierten Projektziels?
3. Skizzieren Sie den Projektstartprozess in Ihrem Unternehmen.
4. Welche Arten der Kommunikation werden speziell im Projekt-startprozess durchgeführt?
5. Was sind Eigenschaften von gut formulierten Anforderungen?
6. Was ist bei den folgenden Anforderungen verbesserungsbedürftig? Formulieren Sie die Anforderungen neu:

   - Die Analyse eines Dufts sollte nicht mehr als drei Sekunden dauern.
   - Genaue Angaben über die Performance und Liefertermine des Prototyps sind Kapitel 7.2 des Terminplans bzw. dem Prototy-penplan zu entnehmen.
   - Es sind höchste Funktionalität und vollständige Abdeckung aller Funktionen der Mitbewerber-Produkte zu erreichen.
   - Das System prüft alle übertragenen Düfte auf Geruchsbelästigung.
   - Das gleiche Subsystem soll sichtbare oder hörbare Warnsignale für den Administrator oder das Wartungspersonal auslösen.
   - Die Anzeige einer Warnung sollte bei einer Überschreitung der maximalen Duftübertragungszeit erfolgen und die Duftübertra-gungszeit sollte vom Administrator konfigurierbar sein.

C.3 Übungsaufgaben zu Kapitel 4

1. Warum ist eine saubere Projektplanung unbedingt notwendig?
2. Was sind die wesentlichen Planungsschritte?
3. In welcher/welchen Phasen finden Planungsaktivitäten statt? In welcher Intensität?

4. Was sind Meilensteine?
5. Was ist der Projektstrukturplan (PSP)? Was ist der Inhalt eines PSP?
6. Welche Schätzmethoden kennen Sie?
7. Wie berechnet sich der gewichtete Schätzwert PERT?
8. Welcher Zusammenhang besteht zwischen Größen-, Aufwands- und Kostenschätzung?
9. Was sind die wesentlichen Schritte zur Erstellung eines Aktivitätenzeitplans?
10. Welche Anordnungsbeziehungen gibt es zwischen Aktivitäten im Rahmen eines Aktivitäten(zeit-)plans?
11. Was wird unter Resource Leveling verstanden?
12. Berechnen Sie den Netzplan (siehe Abb. 4–18) neu für den Fall, dass Aktivität 3 aufgrund einer neuen Schätzung nun drei Wochen dauert. Was ist nun der kritische Pfad?
13. Welche Möglichkeiten zur Planungsoptimierung kennen Sie?
14. Welche Dokumente kann ein Projektplan beinhalten?
15. Welche wesentlichen Fragen muss eine Projektplanung bei iterativer Entwicklung beantworten?

C.4   Übungsaufgaben zu Kapitel 5

1. Welche wesentlichen Aufgaben werden im Rahmen der Projektkontrolle und -steuerung durchgeführt?
2. Was beinhaltet die Fortschrittsüberwachung auf Aktivitätenebene?
3. Was beinhaltet die Fortschrittsüberwachung auf Projektebene?
4. Welche Arten von Meetings sollten im Rahmen der Projektkontrolle und -steuerung in der Regel durchgeführt werden?
5. Was sind typische Probleme bei der Interpretation von Aufwandszahlen, Fertigstellungsgrad und Restaufwand?
6. Was ist eine Meilensteintrendanalyse? Wie funktioniert diese?
7. Was ist Earned Value? Wie berechnet sich der Earned Value? Wie berechnen sich Cost Variance und Schedule Variance? Was sagen diese Kenngrößen über ein Projekt aus?
8. Welche Informationen sollte ein Projektfortschrittsbericht an das Management beinhalten?
9. Welche Eingriffsmöglichkeiten sollte ein Projektleiter im Falle von Termin-, Kosten-, Funktionalitäts- oder Qualitätsproblemen haben?
10. Was ist bei Änderungen des Projektumfangs zu beachten?
11. Was ist die Aufgabe eines Change Control Boards?

C.5   Übungsaufgaben zu Kapitel 6

1. Was sollte ein SW-Qualitätssicherungsplan enthalten?
2. Welche zwei Rollen sollte ein QS-Verantwortlicher innehaben? Was beinhalten diese Rollen?
3. Welche SW-Qualitätssicherungsmaßnahmen kennen Sie?
4. Worin unterscheidet sich ein Audit von einem Review?
5. Welche Kriterien sollte ein informelles Review zumindest erfüllen?

C.6   Übungsaufgaben zu Kapitel 7

1. Was können die Ursachen für einen Team-Selbstmord sein?
2. Worin besteht die Gefahr, wenn eine Qualitätsreduktion zugunsten der Projektlaufzeit angeordnet wird?
3. Worin unterscheidet sich ein Sportteam von einem Projektteam, das Software entwickeln soll?
4. Wodurch unterscheidet sich »Wissen« von »Können« und von »Erfahrung«?
5. Erstellen Sie Ihre eigenen Führungsgrundsätze für Ihr aktuelles oder nächstes Projekt.
6. Worin besteht die Gefahr beim »Führen durch Vorbild sein«?
7. Skizzieren Sie den Gesprächsverlauf einer »Idealen Anweisung«.

C.7   Übungsaufgaben zu Kapitel 8

1. Warum ist Risikomanagement notwendig?
2. Welche Methoden zur Risikoermittlung gibt es? Was ist das Ergebnis einer Risikoermittlung?
3. Wie werden Risiken typischerweise bewertet? Was ist das Ergebnis der Risikobewertung?
4. Welche möglichen Arten von Gegenmaßnahmen gibt es?
5. Was ist zu tun im Rahmen einer Risikoverfolgung?

C.8   Übungsaufgaben zu Kapitel 9

1. Was ist der Unterschied zwischen Validierung und Verifikation?
2. Was gehört typischerweise zu einem Abnahmeprotokoll?
3. Wann sollte das Vorgehen zur Abnahme definiert werden?
4. Wann sollten die Abnahmekriterien feststehen?
5. Erstellen Sie eine Gliederung für einen Projektabschlussbericht.

C.9   Übungsaufgaben zu Kapitel 10

1. Was sind die Ziele der Projektorganisation?
2. Nennen Sie die Vor- und Nachteile der verschiedenen Organisationsformen.
3. Wer sitzt typischerweise im Lenkungsausschuss?
4. Was wird im Lenkungsausschuss besprochen?

C.10   Übungsaufgaben zu Kapitel 11

1. Was sind Reifegradmodelle? Wie funktionieren diese prinzipiell?
2. Was sind die 5 bzw. 6 Reifegradstufen der Reifegradmodelle CMM(I) und ISO 15504 und was bedeuten diese sinngemäß?
3. Worin besteht der wesentliche Unterschied zwischen CMM und ISO 15504?
4. Was ist ein Assessment?

Glossar

Ablauforgansiation

Die Ablauforganisation beschäftigt sich mit dem »Ablauf« eines Projekts, d.h. der dynamischen Seite im Projekt. Thema ist daher, welches Phasenmodell im Projekt gelebt werden soll, welche Meilensteine existieren etc.

Abnahmetest

Der Abnahmetest überprüft mittels geeigneter Vorgehensweisen (zum Beispiel Validierung), ob die vom Auftragnehmer gelieferten Projektergebnisse gut befunden werden können. Ist dies der Fall, so kann anschließend vom Auftraggeber die formale Projektabnahme bescheinigt werden.

Aktivität

Während des Projektverlaufs durchzuführendes Ablaufelement. Eine Akivität hat eine erwartete Dauer, einen geschätzten Aufwand und zugeordnete Ressourcen, die dieses Ablaufelement durchführen.

Aktivitätenzeitplan (Schedule)

Plan, der alle Projektaktivitäten inkl. deren Abhängigkeiten, Ressourcenzuordnungen, Terminen und Meilensteinen enthält. Der Aktivitätenzeitplan wird im Englischen oft mit »schedule« bezeichnet und in der Regel mit einem Projektplanungswerkzeug (z.B. MS Project) erstellt und gepflegt.

Ampelmethode

Vereinfachte Darstellung des Projektfortschritts in Form von roten, gelben oder grünen Ampeln

Analogieschätzungen

Bei Analogieschätzungen werden Analogieschlüsse für Schätzungen oder Teile der Schätzung auf Basis von Erfahrungen und Daten ähnlicher/früherer Projekte durchgeführt.

Änderungsmanagement (Change Management)

Systematische Behandlung von Änderungen des Projektumfangs während des Projektverlaufs

Anforderungsanalyse (Requirements Analysis)

Die Anforderungsanalyse ist ein systematischer Prozess, um durch eine iterative und kooperative Problemanalyse Anforderungen zu finden. Die gefundenen Ergebnisse werden mit Hilfe von verschiedenen Notationen festgehalten, so dass eine Überprüfung des gewonnenen Problemverständnisses möglich ist.

Anforderungsmanagement (Requirements Management)

Das Anforderungsmanagement umfasst

- die Anforderungsanalyse und -erfassung
- das systematische Kennzeichnen der Anforderungen und die Anforderungsverfolgung durch den gesamten Entwicklungsprozess.

Anforderungsverfolgung (Requirements Traceability)

Alle Anforderungen des Kunden (bzw. aus der Analysephase) genauso wie Anforderungen, die aus Änderungsanträgen entstehen, müssen auf ihre korrekte Umsetzung hin verfolgt werden. Dies schließt die Umsetzung der Anforderungen in z.B. Designspezifikationen ebenso ein wie die Abnahme des Gesamtsystems am Projektende.

Anordnungsbeziehung

Eine Anordnungsbeziehung ist eine Abhängigkeit zwischen zwei Aktivitäten oder zwischen einer Aktivität und einem Meilenstein. Sie bestimmt die Reihenfolge der Abarbeitung der Aktivitäten.

Arbeitspaket (Work Package)

Ein Arbeitspaket ist in der Regel das unterste Element des Projektstrukturplans. Für Arbeitspakete können Aktivitäten und Liefergegenstände abgeleitet werden.

Assessment

In einem Assessment (ähnlich einem mehrtägigen Audit) werden die betrieblichen Abläufe mit den Anforderungen des Reifegradmodells verglichen. Ergebnis sind u.a. eine Reifegradaussage sowie Stärken und Schwächen in den einzelnen Prozessen.

Audit

Eine systematische und unabhängige Untersuchung oft mit externem bzw. formalem Charakter. In einem Audit wird festgestellt, ob die (qualitätsbezogenen) Tätigkeiten und die damit zusammenhängenden Ergebnisse den geplanten Vorgaben entsprechen und diese Vorgaben geeignet sind, die Ziele zu erreichen (angelehnt an [Spillner & Linz 04]).

Aufbauorganisation

Die Aufbauorganisation beschäftigt sich mit dem »Aufbau« eines Projekts, d.h. der statischen Seite im Projekt. Thema ist daher, wer bzw. welche Organisationen im Projekt mitarbeiten, wer für was verantwortlich ist und welche Informationsflüsse zwischen den Beteiligten gepflegt werden müssen.

Aufwandsschätzung

Schätzung der Aufwände zur Durchführung des Projekts. Aufwandsschätzungen sollten auf Größenschätzungen basieren.

Balkendiagramm

Das am weitesten verbreitete Werkzeug zur Darstellung von Aktivitätenzeitplänen, oft auch Gantt-Chart genannt. Dabei werden Aktivitäten in Form von Balken über die Zeitachse dargestellt.

Best Practices

Praktiken, die sich in der Industrie über Jahrzehnte hinweg in vielen Projekten als erfolgreich erwiesen haben und deren Implementierung erfahrungsgemäß zu Verbesserungen hinsichtlich z.B. Qualität, Termin- und Budgeteinhaltung führen.

CCB

siehe Change Control Board

Change Control Board (Änderungskontrollgremium)

Gremium zur Entscheidung bezüglich Änderungen auf Projektsteuerungsebene

CMM

Capability Maturity Model: Reifegradmodell

CMMI

Capability Maturity Model – Integrated: Reifegradmodell, Nachfolger/Weiterentwicklung des CMM

Cocomo

Software-Aufwandsschätzmethode, welche auf einer Analogieschätzung mittels Lines of Code (LOC) und gewichteten Einflussfaktoren wie Entwicklungsmodi (einfache Softwareentwicklung, ...) und Kostentreibern (benötigte Zuverlässigkeit, Änderungshäufigkeit im System, Erfahrung in Domäne, Verwendung von Tools) basiert.

COTS

Abkürzung für Commercial off the Shelf

Delphi-Methode

Die Delphi-Methode ist eine Expertenschätzmethode. Die Arbeitspakete werden durch Experten (dies ist zwingend erforderlich) unter Anleitung eines Moderators in einer gemeinsamen Sitzung meist anhand vorgefertigter Formulare gemäß eines standardisierten Ablaufs geschätzt. Gegebenenfalls werden die Schätzungen mehrfach durchgeführt, bis ein gemeinsam akzeptiertes Ergebnis der Expertenrunde vorhanden ist.

Drei-Punkt-Schätzung

Bei der Drei-Punkt-Schätzung werden die Experten nach drei Schätzungen (optimistisch, realistisch, pessimistisch) gefragt. Mit diesen drei Werten werden basierend auf statistischen Formeln der Schätzwert sowie die Unsicherheit der Schätzung ermittelt. Die Drei-Punkt-Schätzung ist eine Expertenschätzmethode.

Earned Value Analysis

Methode zur Projektfortschrittsbewertung, basierend auf dem tatsächlichen Wert der geleisteten Arbeit. Der Earned Value berechnet sich aus den Plankosten multipliziert mit dem Fortschrittsgrad.

Eintretenswahrscheinlichkeit

Wird im Zusammenhang mit Risikomanagement verwendet. (Numerische) Einschätzung, wie wahrscheinlich es ist, dass ein Risiko eintritt.

Eskalation

Eskalation dient der Konfliktlösung. Sofern die Konfliktlösung zwischen den beteiligten Personen nicht mehr direkt zu lösen ist, wird die Konfliktlösung »nach oben« weitergegeben.

EVA

siehe Earned Value Analysis

Function Point

SW-Schätzmethode, bei der der Aufwand direkt aus den Produktanforderungen, basierend auf Kategorien wie Eingaben, Abfragen, Datenbeständen etc., ermittelt wird. Die Kategorien werden klassifiziert und gewichtet. Einflussfaktoren korrigieren die erste Schätzung nochmals.

Gantt

Siehe Balkendiagramm

Größenschätzung

Bei zu entwickelnden SW-Produktteilen sollte eine Größenschätzung (zählbare Masse zur Bestimmung der »Größe« des Produkts, wie z.B. Anzahl Codezeilen, Module, Anzahl Masken oder Felder) durchgeführt werden. Die Basismessgröße ist oftmals Lines of Code. Nicht nur SW-Module können geschätzt werden, sondern auch Dokumente (Anzahl Seiten etc.).

ISO/IEC 15504/SPICE

Reifegradmodell bzw. Standard zur Prozessverbesserung und Reifegradbestimmung

Kick-off-Meeting

Das Kick-off-Meeting ist quasi der »offizielle« Startschuss für das Projekt. Es ist in der Regel eine Informationsveranstaltung für die Beteiligten im Projekt.

Konfigurationsmanagement

Die Aufgabe des Konfigurationsmanagements ist es, die Evolution eines Produktes über den gesamten Produkt-Lebenszyklus hinweg zu kontrollieren. Es umfasst

- ein Identifikationsschema, das die Struktur des Produktes, seine einzelnen Bestandteile sowie deren Art beschreibt,
- das Aufzeichnen der Entwicklungsgeschichte aller am Produkt beteiligten Objekte,
- die Sicherstellung der Vollständigkeit und der Konsistenz der jeweiligen Konfiguration,
- die Erzeugung einer bestimmten Konfiguration des Produktes,
- die Vorgabe bestimmter Vorgehensweisen, nach denen mit den am Produkt beteiligten Objekten verfahren werden darf,
- die Kontrolle der gleichzeitigen Bearbeitung der am Produkt beteiligten Objekte durch ein Team von Entwicklern,
- die Archivierung von gültigen Konfigurationen.

Kostenplanung

Die Kostenplanung ist die Zuordnung der geschätzten Kosten zu den einzelnen Arbeitspaketen (der Kostenschätzung) über die Zeit. Dabei werden die Kosten budgetiert und zeitlichen Phasen zugeordnet. Grundlage für die Kostenplanung ist die Kostenschätzung.

Kostenschätzung

Schätzung der Kosten des Projekts. Der größte Kostenfaktor in der SW-Entwicklung sind die personellen Kosten, die durch Multiplikation des geschätzten Arbeitsaufwands mit den zugehörigen Personalkostensätzen ermittelt werden. Betrachtet werden auch die Kosten für weitere Ressourcen wie technische Ausrüstung, Gerätenutzung, Materialen, Schulungen, Subunternehmer etc.

Kritischer Pfad (Critical Path)

Der kritische Pfad ist der Pfad, dessen Aktivitäten alle den Puffer 0 haben und der die kürzeste Gesamtdauer des Projekts bestimmt. Es gibt mindestens einen, gegebenenfalls auch mehrere kritische Pfade.

Lenkungsausschuss (Steering Committee)

Der Lenkungsausschuss, auch Projektsteuerkreis genannt, ist ein Gremium, in dem sich alle Entscheidungsträger des Projekts regelmäßig treffen. Er ist das oberste Entscheidungsgremium im Projekt und trifft wichtige und strategische Entscheidungen, die der Projektleiter alleine nicht entscheiden kann oder darf.

Liefergegenstand (Deliverable)

Jedes Ergebnis, welches im Rahmen eines Projekts erzeugt wird. Beispiele für Liefergegenstände sind Dokumente, Komponenten, SW-Module, Schulungen, weitere Dienstleistungen etc.

Lines of Code

Maß zur Messung der Größe von Software

LOC

siehe Lines of Code

Meilenstein (Milestone)

Ein Meilenstein ist das Erreichen eines messbaren, bedeutenden Ereignisses im Projekt (z.B. der Abschluss eines Liefergegenstandes, das Ende einer Phase) zu einem bestimmten, geplanten Termin.

Meilensteintrendanalyse

Methode zur Projektfortschrittsbewertung basierend auf einer Einschätzung der Termingenauigkeit von in der Zukunft liegenden Meilensteinen.

MTA

siehe Meilensteintrendanalyse

Multiplikatormethode

Es wird ein linearer Zusammenhang zwischen einer Produktgröße (z.B. in LOC) und einer Ergebnisgröße angenommen (z.B. Kosten, Entwicklungsaufwand, Testaufwand). Der lineare Zusammenhang wird durch Faktoren ausgedrückt, die Einflussfaktoren wie Schwierigkeitsgrad, Sprache etc. berücksichtigen. Die Multiplikatormethode ist eine Analogieschätzmethode.

Netzplan

Ein Netzplan ist eine schematische Darstellung der Projektaktivitäten und der logischen Beziehungen (Anordnungsbeziehungen) zwischen ihnen.

Notfallmaßnahmen (Contingency Activities)

Wird im Zusammenhang mit Risikomanagement verwendet. Sie ändern nichts an der Eintrittswahrscheinlichkeit, sondern treten erst dann in Kraft, wenn das Risiko eintritt.

Personaleinsatzplanung

Diese beschreibt, wie und wann Mitarbeiter in das Projektteam hinein- und wieder herausgenommen werden (gemäß [Gartner & Wuttke 00]).

PERT

Programm Evaluation and Review Technique

Phase

(Projekt-)Phasen bestehen aus zeitlich miteinander verknüpften Vorgängen, die in einem inhaltlich logischen Zusammenhang stehen.

Phasenabschluss

In größeren Projekten wird nicht nur am Projektende ein Projektabschluss gemacht, sondern bereits während des Projekts zu wichtigen Meilensteinen (zum Beispiel am Ende einer jeden Phase) ein Abschluss durchgeführt. Prinzipiell sind die Tätigkeiten bei einem Phasenabschluss ähnlich zu denen beim Projektabschluss.

Planungsbaseline

Definierte, verabschiedete Stände des Projektplans

Präventivmaßnahmen

Wird im Zusammenhang mit Risikomanagement verwendet. Maßnahmen, die im Vorfeld gestartet werden. Sie zielen darauf ab, das Risiko entweder völlig zu vermeiden (engl.: risk avoidance) oder setzen dessen Eintrittswahrscheinlichkeit herab (engl.: risk mitigation).

Projekt

Ein Projekt ist

- ein komplexes Vorhaben,
- welches zeitlich durch einen definierten Anfangs- und Endtermin begrenzt ist
- sowie durch die Einmaligkeit seiner Bedingungen, wie zum Beispiel Projektziele, Projektabgrenzung, an der Umsetzung mitwirkende Organisationen und Ressourcen etc., gekennzeichnet ist.

Projektabnahme (Acceptance)

Formale Abnahme des Projektergebnisses durch den Auftraggeber. Dem Akt der Projektabnahme geht normalerweise ein Abnahmetest (zum Beispiel in Form einer Validierung der Projektergebnisse) voraus.

Projektabschluss (Project Closure)

Der Projektabschluss findet nach der Projektabnahme statt und dient vor allem der Auswertung und Verbreitung der im Projekt gemachten Erfahrungen. Weiterhin stehen Aufgaben wie Projektarchivierung, Abschluss der Dokumentation oder auch Nachkalkulation des Projekts im Vordergrund.

Projektdefinition

In der Projektdefinition wird für alle Beteiligten festgehalten, was die wesentlichen Ziele und Inhalte für das Projekt sind, was die größten Risiken, aber auch was die größten Chancen für das Projekt sind und was letzten Endes dabei herauskommen soll. Die Projektdefinition legt damit die Basis für das einheitliche Verständnis des Projekts und seiner Ziele.

Projektmanagement

Nach der DIN 69901 wird unter Projektmanagement die Gesamtheit von

- Führungsaufgaben,
- Führungsorganisation,
- Führungstechniken und -mitteln

für die Projektabwicklung verstanden. Dabei ist der Begriff »Führung« als die Steuerung der verschiedenen Aktivitäten im Projekt in Hinblick auf die übergeordneten Projektziele zu interpretieren. Die Definition nach DIN stellt dabei besonders die Verbindung zwischen

- »Was ist zu tun« mit
- »Wer macht das« und
- »Wie wird das gemacht«

heraus.

Projektorganisation

Die Projektorganisation besteht aus dynamischen (Ablauforganisation) und statischen Apekten (Aufbauorganisation). Siehe dort.

Projektplan

Der Projektplan ist eine Sammlung der verschiedenen Planungsdokumente, die im Projektverlauf entstehen (der Großteil entsteht üblicherweise in der Planungsphase). Hierbei sollte darauf geachtet werden, dass die einzelnen Dokumente in der Summe ein zusammenhängendes, schlüssiges Dokument darstellen. Der Projektplan ist die Grundlage für die Projektkontrolle und -steuerung.

Projektplanung

Projektplanung ist das Treffen von Annahmen und Entscheidungen, was zukünftig im Projektverlauf gemacht wird. Die Ergebnisse der Planungsphase werden in den Planungsdokumenten beschrieben.

Projektstrukturplan (Work Breakdown Structure)

Wir verwenden PSP als Synonym für Work Breakdown Structure (WBS): Eine in der Regel an den Liefergegenständen (Deliverables) orientierte Anordnung von Projektelementen, die den Gesamtinhalt und -umfang des Projekts strukturiert und definiert. Jede niedrigere Ebene beinhaltet eine detailliertere Beschreibung eines Projektelements.

Projektumfang (Project Scope)

Festlegung der Inhalte eines Projekts, sprich was wird im Rahmen des Projekts geleistet und was nicht. Neben den Liefergegenständen gehören zum Projektumfang auch die Projektziele, Projektstrategie, getroffene Annahmen und weitere wichtige Informationen. Der Projektumfang wird in der Projektdefinition beschrieben (siehe auch Projektdefinition).

Projektziel

Ein Projektziel ist ein nachzuweisendes Ergebnis und/oder eine vorgegebene Realisierungsbedingung der Gesamtaufgabe eines Projekts.

Prozentsatzmethode

Kein eigenständiges Schätzverfahren. Es werden Werte einer Phase auf die anderen Phasen durch Multiplikation mit einem Faktor (»Prozentsatz«) übertragen. Es gibt meist unterschiedliche Prozentsätze je nach Art des Projekts/Produkts. Die Prozentsatzmethode ist eine Analogieschätzmethode.

Prozess

Ein Prozess besteht aus einer Folge von Aktivitäten mit eventuell parallelen und alternativen Aktivitäten, die Eingangsdaten in Ausgangsdaten transformieren. Die einzelnen Aktivitäten werden gegebenenfalls hierarchisch weiter zerlegt. Ein Software-Entwicklungsprozess ist eine hierarchische Gruppierung von Aktivitäten – wie zum Beispiel Anforderungsanalyse, Design, Implementierung und Test –, die die Anforderungen der so genannten Stakeholder in das Endprodukt, das Softwaresystem, umsetzt.

PSP

siehe Projektstrukturplan

PSP-Code

Jedem Element des PSP ist üblicherweise ein eindeutiger Identifier (PSP-Code) zugeordnet, der in weiteren Projektmanagementdokumenten (z.B. Aktivitätenzeitplan, Fortschrittsberichte) referenziert werden sollte. Der PSP-Code erlaubt somit, die Beziehungen zwischen den PM-Dokumenten leicht zu erkennen und zu verfolgen.

Q

siehe Qualität

QS

siehe Qualitätssicherung

Qualität

Qualität ist die Gesamtheit von Eigenschaften eines Produkts oder einer Dienstleistung bezüglich ihrer Eignung, festgelegte und vorausgesetzte Anforderungen zu erfüllen.

Qualitätsplanung

Die Aufgabe der Qualitätsplanung ist es, die für das Projekt anwendbaren Q-Ziele, Q-Anforderungen und Vorgaben zu ermitteln und zu planen, wie diese durch qualitätssichernde Maßnahmen erfüllt werden können. Die Ergebnisse der Qualitätsplanung werden in einem Softwarequalitätssicherungsplan (SW-QS-Plan) dokumentiert.

Qualitätssicherung

Qualitätssicherung ist die Summe der qualitätssichernden Maßnahmen während der ganzen Laufzeit eines Projekts, die sicherstellen, dass die Qualitätsziele erfüllt und definierte Anforderungen und Vorgaben eingehalten werden. Wir beschränken Qualitätssicherung auf Qualitätsmaßnahmen auf Projektebene.

Reifegradmodell

Dies sind Modelle zur Messung, Bewertung und Verbesserung des SW-Entwicklungsprozesses. Diese beinhalten Best Practices, gegen die die realen Prozesse verglichen werden. Anhand der Ergebnisse des Vergleichs werden neben Reifegradstufen auch Stärken und Verbesserungspotenziale identifiziert und konkrete Empfehlungen gegeben.

Reifegradstufen

Reifegradstufen werden verwendet, um verschiedene evolutionäre Stadien in der allmählichen Verbesserung der Prozesse zu beschreiben. In der Regel werden die Reifegradstufen von Level 0 bzw. 1 (inital bzw. performed) bis hin zu Level 5 (optimizing) angewendet.

Resource Leveling

Einplanen eines möglichst schwankungsarmen Verlaufs im Rahmen der Personaleinsatzplanung.

Review

Eine manuelle Prüfmethode mit mehr oder weniger festgelegtem Ablauf, die nach einer individuellen Vorbereitung der Gutachter in einer Teamsitzung Stärken und Schwächen eines schriftlich vorliegenden Prüfobjekts identifiziert (gemäß [Spillner & Linz 04]).

Risiko

Ein Risiko ist ein potenzielles, zukünftiges Problem, dessen Eintritt wichtige Projektziele oder die Projektergebnisse gefährden kann.

Risikobewertung

Systematik zur Bewertung von Risiken. In der Praxis wird oft eine Bewertung hinsichtlich Eintretenswahrscheinlichkeit und Schadenshöhe durchgeführt.

Risikoermittlung

Systematische Ermittlung von Risiken, meist in Form von Workshops

Risikomanagement

Risikomanagement ist ein kontinuierlicher, projektbegleitender Prozess und ein wichtiger Bestandteil der Projektmanagementaktivitäten mit dem Ziel, Risiken frühzeitig zu entdecken und etwas dagegen zu unternehmen.

Risikoprioritätszahl

oder Risikokennzahl; ist gleich dem Produkt aus Eintretenswahrscheinlichkeit x Schadenshöhe

Risikoverfolgung

Verfolgung der Risiken (Schadenshöhe und Eintretenswahrscheinlichkeit) sowie der Gegenmaßnahmen bezüglich der Risiken

Schadenshöhe

Wird im Zusammenhang mit Risikomanagement verwendet. (Numerische) Einschätzung, welchen Schaden das Risiko verursachen wird.

Stakeholder

Unter einem Stakeholder wird eine Person oder eine (Teil-)Organisation verstanden, die von dem Projekt oder dem Projektergebnis betroffen ist.

Hierzu können beispielsweise gehören: Geschäftsführung, Marketing- und Vertriebsleitung, Entwickler, Anwender des Systems, Wartungs- und Servicepersonal, Schulungspersonal.

UML

Unified Modeling Language

Validierung

Geplanter, systematischer Prozess mit dem Ziel zu demonstrieren, dass ein Arbeitsprodukt der beabsichtigten Nutzung in der vorgesehenen Wirkumgebung entspricht. Bei der Validierung steht die Frage »Haben wir das richtige Produkt entwickelt?« im Vordergrund.

Verifikation

Geplanter, systematischer Prozess mit dem Ziel sicherzustellen, dass ein Arbeitsprodukt seinen Anforderungen entspricht. Bei der Verifikation steht die Frage »Haben wir das Produkt richtig entwickelt?« im Vordergrund.

Walktrough

Reviewart: Der Autor präsentiert sein Prüfobjekt in der Sitzung den Gutachtern. Meist werden typische Benutzungssituationen (Szenarien) oder auch einzelne Testfälle ablauforientiert durchgespielt. Die Gutachter versuchen durch meist spontane Fragen, mögliche Fehler und Probleme aufzudecken.

Quellenverzeichnis

Literatur – Normen und Standards

[Balzert 98]	Balzert, H.: Lehrbuch der Software-Technik, Spektrum Verlag, 1998 (2 Bände)
[Beck 01]	Beck, K.: Extreme Programming Explained: Embrace Change, Addison-Wesley, 2001
[Boehm 81]	Boehm, B.: Software Engineering Economics, Prentice Hall, 1981
[Boehm 89]	Boehm, B.: Software Risk Management, Computer Society Press, 1989
[Boehm & Bradford 95]	Boehm, B.; Bradford, K. C.: An Overview of the Cocomo 2.0 Software Cost Model, Software Technology Conference, 1995
[Boehm et al. 00]	Boehm, B. et al. : Software Cost Estimation with Cocomo II, Prentice Hall, 2000
[Burghardt 00]	Burghardt, Manfred: Projektmanagement, Publicis MCD Verlag, 2000
[CMM 95]	Carnegie Mellon University, Software Engineering Institute: The Capability Maturity Model: Guidelines for Improving the Software Process, Addison-Wesley, 1995
[CMMI 03]	Chrissis, M. B.; Konrad, M.; Shrum, S.: CMMI ® Guidelines for Process Integration and Product Improvement, Addison-Wesley, 2003
[Cockburn 03]	Cockburn, Alistair: Use Cases effektiv erstellen, mitp Verlag, 2003
[DeMarco 97]	DeMarco, T.: Warum ist Software so teuer? Hanser, 1997
[DeMarco 98]	DeMarco, T.: Der Termin, Hanser, 1998

[DeMarco & Boehm 86] DeMarco, T.; Boehm, B.: Controlling Software
Projects: Management. Measurement and Estimates,
Prentice Hall, 1986

[DeMarco & Lister 87] DeMarco, T.; Lister, T.: Peopleware, Dorset House,
1987

[DIN 12119] DIN ISO/IEC 12119 Software-Erzeugnisse –
Qualitätsanforderungen und Prüfbestimmungen

[DIN 66272] DIN 66272 = ISO/IEC 9126 Bewerten von
Softwareprodukten – Qualitätsmerkmale und
Leitfaden zu ihrer Verwendung

[DIN 69901] DIN 69001-Projektwirtschaft – Projektmanagement
– Begriffe, 1987

[Ebert & Dumke 96] Ebert, C.; Dumke, R.: Software-Metriken in der
Praxis, Springer-Verlag, 1996

[Futrell 02] Futrell, R. T.: Quality Software Project
Management, Prentice Hall, 2002

[Gartner & Wuttke 00] Gartner, P.; Wuttke, T.: Projektmanagement –
A Guide to the Project Management Body of
Knowlegde (deutsche Ausgabe des PMBOK),
Westernacher, 2000

[GPM 01] Deutsche Gesellschaft für Projektmanagement
(GPM): Projektmanagement Fachmann, RKW
Verlag, Band 1 und 2, 6. Auflage, 2001

[Hörmann & Müller 02] Hörmann, K.; Müller, M.: SPICE und CMM(I) in
der Automobilindustrie. In: Koch, N. (Hrsg.):
Software Process Improvement – CMM & SPICE in
Practice, Verlag UNI-DRUCK, München, 2002

[Humphrey 87] Humphrey, W. S.: Characterizing the Software
Process: A Maturity Framework, Software
Engineering Institute, CMU/SEI-87-TR-11, 1987

[Humphrey 89] Humphrey, W. S.: Managing the Software Process,
Addison-Wesley, 1989

[Humphrey 97] Humphrey, W. S.: Introduction to the Personal
Software Process, Addison-Wesley, 1997

[Humphrey 00] Humphrey, W. S.: Introduction to the Team
Software Process, Addison-Wesley, 2000

[IEEE Std 1012] IEEE Std 1012-1986 Standard for Software
Verification and Validation Plans

[IEEE Std 1059] IEEE Std 1059-1993 Guide for Software
Verification and Validation Plans

[IEEE Std 730.1]   IEEE Std 730.1-1995: Guide fort Software Quality
                    Assurance Planning

[IEEE Std 730]   IEEE Standard for Software Quality Assurance
                    Plans, 1998

[IEEE Std 830]   IEEE Std 830: Guide for Software Requirements
                    Specifications

[ISO 15504]   ISO/IEC TR 15504:1998(E), Information
                    technology – Software Process Assessment,
                    First Edition 1999-05-01

[Jalote 02]   Jalote, P.: Software Project Management in Practice,
                    Addison-Wesley, 2002

[Kellner 94]   Kellner, H.: Die Kunst DV-Projekte zum Erfolg zu
                    führen, Hanser, 1994

[Kerzner 01]   Kerzner, H. : Project Management, 7th Edition,
                    Wiley, 2001

[KonTraG 99]   Gesetz zur Kontrolle und Transparenz im
                    Unternehmensbereich, siehe z.B. Saitz, Bernd;
                    Braun, Frank: Das Kontroll- und Transparenzgesetz.
                    Herausforderungen und Chancen für das
                    Risikomanagement; Th. Gabler, 1999

[KPMG 95]   Runaway projects: Causes and effects, Software
                    World 26, Nr. 3 (1995), 3-5

[Kruchten 99]   Kruchten, P.: The Rational Unified Process,
                    Addison-Wesley, 1999

[Mantel et al. 01] Mantel, S. et al.: Project Management in Practice,
                    Wiley, 2001

[Mult 99]   Mult, J.: Kreatives Führen, MVR-Trainings-
                    unterlagen, 1999

[Pagel & Six 94]   Pagel, U.; Six, H. W. : Software Engineering, Band 1:
                    Die Phasen der Softwareentwicklung, Addison-
                    Wesley, 1994

[Paulk et al. 93]   Paulk, M. C.; Weber, C. V.; Garcia, S. M.; Chrissis,
                    M. B.; Bush, M.: Key practices of the CMM, Version
                    1.1, Technical report CMU/SEI-93-TR-025, 1993

[Phillips 98]   Phillips, Dwayne: The Software project manager's
                    handbook, Computer Society, 1998

[PMBOK 00]   PMBOK: A guide to the Project Management Body
                    of Knowledge, 2000 Edition, Project Management
                    Institute

[Robertson & Robertson 99] Robertson, Suzanne; Robertson, James: Mastering the Requirements Process, Addison-Wesley, 1999

[Rupp 02] Rupp, Chris: Requirements-Engineering und -Management, Hanser, 2002

[Spillner & Linz 04] Spillner, A.; Linz, T.: Basiswissen Softwaretest – Aus- und Weiterbildung zum Certified Tester, dpunkt.verlag, 2. Aufl. 2004

[WEKA] Praxishandbuch Projektmanagement – Ergebnisorientierte und termingerechte Projektabwicklung in der Industrie, WEKA Verlag, Kissing, 1999

[Williams et al. 99] Williams, R. C.; Pandelios, G. J.; Behrens, S. G.: Software Risk Evaluation (SRE) Method Description, V2.0, Technical Report CMU/SEI-99-TR-029, Dec. 1999

[Zahrnt 02] Zahrnt, Christoph: Projektmanagement von IT-Verträgen, dpunkt.verlag, 2002

Webadressen

[Agile] *www.agilealliance.org*, Website der »agilen Software Entwicklung«. Guter Einstieg in das Thema.

[APM] *www.apmgroup.co.uk*, Association of Project Management

[ASQF] *www.asqf.de*, Website des ASQF: Der ASQF unterstützt den Austausch von Erfahrungen, Kenntnissen und Ideen auf den Gebieten Software-Entwicklung und Software-Qualitätsmanagement.

[Cocomo Center] *http://sunset.usc.edu/research/COCOMOII/index.html*, Website des Center for Software Engineering, University of Southern California, sehr viele hilfreiche Informationen und Veröffentlichungen rund ums Thema Cocomo

[DASMA] *www.dasma.de*, Webseite der deutschsprachigen Anwendergruppe für Software-Metrik und Aufwandschätzung e.V.

[IFPUG] *http://www.ifpug.org*, Website der International Function Point User Group, allerdings voll verfügbar nur für Mitglieder (ähnlich PMI)

[iSQI Board] *http://www.isqi.org/asqf/deu/cert/cswpm/board.php*, German Project Management Board

[iSQI PM Lehrplan] *http://www.isqi.org/asqf/deu/cert/cswpm/lehrplan.php*, Lehrplan »Grundlagen des Software-Projektmanagements«/ iSQI Certified Project Manager/Foundation Level

[PMI]	*http://www.pmi.org*, Homepage des Project Management Institute mit vielen Informationen zu Projektmanagement
[Prince2]	*www.prince2.org.uk*, Public Domain Projektmanagement-methode zu geringen Kosten (in England kostenfrei). Besitzer ist die englische Regierung. PRINCE2 ist in England sehr verbreitet und erfreut sich auch international einem wachsenden Zuspruch. Zur elektronischen Dokumentation, die als CD erhältlich ist, gehört auch eine umfangreiche Anzahl von Dokumententemplates.
[projektmagazin]	*www.projektmagazin.de*, Webseite einer PM-Zeitschrift, die einen kostenlosen Zugriff auf ein PM-Glossar mit guten Begriffserklärungen bietet
[Risknet]	*http://www.risknet.de*, zahlreiche nützliche Informationen bzgl. Risikomanagement, allerdings eher mit finanzwirt-schaftlichem Schwerpunkt
[SEIR]	*http://seir.sei.cmu.edu*, Software Engineering Information Repository des SEI mit vielen Beispielen und Dokumenten nicht nur zu Projektmanagement
[SEI]	*http://www.sei.cmu.edu*, Homepage des SEI mit einer Fülle von Informationen, Technical Reports etc., nicht nur zu Projektmanagement
[Standish]	*www.standishgroup.com*, Organisation, die u.a. regelmäßig den Chaos-Report über IT-Projekte veröffentlicht.
[Volere]	*http://www.volere.co.uk*, hier ist die Dokumentvorlage »Volere« für das Thema »Anforderungsmanagement« beziehbar.
[V-Modell 97]	*www.iabg.de*, hier kann das V-Modell des Bundes kosten-frei als Winword-Dokumente bezogen werden

Stichwortverzeichnis